Karl Kohler

Das allgemeine Kochbuch für die deutsche und deutsch-amerikanische Küche

Karl Kohler

Das allgemeine Kochbuch für die deutsche und deutsch-amerikanische Küche

ISBN/EAN: 9783944350165

Auflage: 1

Erscheinungsjahr: 2013

Erscheinungsort: Bremen, Deutschland

@ Kochbuch-Verlag in Access Verlag GmbH, Fahrenheitstr. 1, 28359 Bremen. Alle Rechte beim Verlag und bei den jeweiligen Lizenzgebern.

Das

Algemeine Kochbuch,

für die

Algemeine Deutsche- und Deutsch-Amerikanische
Küche.

— o —

Ein lehreiches und klares Anweisungsbuch für Hausfrauen
und Köchinnen nebst aller.
Art practischen Rath für das Speisezimmer.

Verfast und Verbessert von
Karl Kohler.

— o —

Chicago, Ill.,
Die Merchants Specialty Co.
1891.

Vorwort!

Von allen Künsten auf welche die menschliche Gesundheit beruht, ob in gesellschaftliches oder häusliches Thun, keine Kunst ist mehr vernachläßicht geworden als die Kochkunst und keine ist mehr nützlich oder werthvoll als diese, denn sie ist und erhält den wahren Brunnen des Lebens.

Viele Personen denken es ist nötig viel Geld zu vergeuden um eine gute Küche zu erhalten; andere denken wieder, daß irgend ein Kochens welches außerhalb des Gewöhnliches ist, als ungesund. Es ist eine wohlbekannte Thatsache daß eine gute Mahlzeit nicht nötigenfalls kostbar oder ungesund sein muß. Wenn es richtig gekauft und hergestellt ist, die Hauptsache ist daß die Person es versteht. Deswegen bringen wir dieses Buch vor das allgemeine Publikum zum Gebrauch und Nutzen.

Aller Art Fleisch ist gut je nachdem es zum Verdauungsfähigkeit bekommt bis zu dem Grad welches unter dem Wort Chyme bekannt ist, oder wenn der Milchsaft, welches in

Wirklichkeit das menschliche Blut formt. Nichts ist weiter entfernt von diesen Grad, als rohes Fleisch oder Gemüsen. Deshalb, für ein gutes Kochen oder Braten ist hauptsächlich Feuer nötig um dasselbe zu erweichen. Der Anfangsteil oder Prozeß vom Kochen ist die Kunst. Darauf besteht alles ob das Fleisch oder Gemüse nicht den Saft verliert und die Ernährungsfähigkeit dadurch vermindert wird, und auch zugleich dadurch unverdauungsfähig wird, und der wirkliche Geschmack des Fleisches oder Gemüsen verschwindet. Schweinefleisch, Kalbfleisch oder Lammfleisch und alle junge Fleischen sind ein absolutes Gift für den Magen, wenn sie nicht völlig gekocht oder gebraten sein, besonders bei Gemüsen ist es nötig, sehr aufmerksam zu sein, da dieselbe oftmals Magenkrankheiten vorführen, sogar die Cholera. Das ganze Geheimniß des Kochens oder Bratens liegt darin, daß man das genaue Maß Butter, Mehl und Gewürzen gebraucht, das Feuer recht regulirt, welches gewöhnlich ein langsames sein soll, denn gutes Kochen soll meistens simmern, nicht ein rasches aufkochen, welches das Fleisch erhärtet. Gutes Braten kann man nur durch Erfahrung lernen. Man soll nie das Fleisch zuviel würzen, wie es leider hier in Amerika täglich gethan wird, und Ich habe selbst bemerkt wie Fleisch zu Tisch gebracht wurde, welches genug gepfeffert war um den Magen eines Straußen zu verbrennen. Französische Kocherei wird gewöhnlich sehr mild gewürzt, und ist daher auch sehr berühmt wegen der Nährhaftigkeit und leichte Verdauungsfähigkeit. In diesem Buch ist alles meistens mit Grammen als Maß an=

gegeben, und deswegen das die Hausfrau ein ganz genaues Maß dadurch erzielt und nicht fehlgehen kann.

Beim Einkaufen

Ist es erstens nötig, daß eine jede Hausfrau das Einkaufen selbst vorsteht und baar bezahlt für jeden Artikel welches sie kauft, denn dadurch allein kann sie nur gewiß sein, daß sie nur das Beste von allem bekommt zu den niedrigsten Preisen, denn wenn man einen Bedienten mit dem Auftrag schickt, und derselbe nich gut erfahren ist, so wird er immer das zu Hause bringen, welcher mit dem wenigsten Geld kaufen konnte, und dieses ist gewöhnlich am Ende das theuerste. Wenn es nötig ist beim Buch zu kaufen, wie es oftmals vorkommt durch Familienverhältnisse, sollte die Hausfrau immer selbst im Buch hineinschreiben, was sie verlangt und der Verkaufer kann nachher den Preis der Waaren daneben schreiben, da es oftmals geschieht daß durch ein Fehler entweder zuviel oder zu wenig hinein gebracht wird und deshalb ein Verlust da ist.

Regel beim Essen.

Der berühmte Arzt De Halle giebt uns die folgende Tischregeln:

Erstens. Man soll nie versuchen zu essen in aufgeregtem Zustande, lieber die Mahlzeit verlieren, da es doch nur beitrogen würde den Magen außer Ordnung zu bringen.

Zweitens. Sollte man müde sein oder nach harten Schaffen physikalisch schlecht fühlen, so soll man lieber eine kleine Tasse Thee mit einem Stückchen Brot nehmen. Innerhalb 10 Minuten wird man sich schon gestärkt fühlen, welches Euch erstaunt; dann kann man mit völliger Sicherheit eine volle Mahlzeit essen.

  Achtungsvoll,
    Karl Kohler.

Erster Abschnitt.

Die Vorbereiteten Suppen.

Zur Bereitung einer guten und schmackhaften Suppe muß man vor allem gute reine Kochtöpfe haben; wenn möglich, bedient man sich eines kupfernen, verzinnten Schließtopfes mit einem Zapfen, daß man die Fleischbrühsuppe abzapfen kann. Das zur Fleischbrühe zu verwendete Fleisch, Geflügel oder Wild muß vor allem frisch geschlachtet sein. Von altem, kernigem Fleisch zu einer guten Fleischbrühe rechne man auf die Personen ein halbes Pfund Fleisch und ein halbes Pfund Knochen. Besonders zu beobachten sind die sogenannten weißen knochen; dieses sind die Schlüsselknochen. Das untere Ende dieser Knochen läßt man zurück, zur Verhinderung einer weißen Suppe.

Fleischbrühe für eine große Tafel macht man am besten von gemischtem Fleisch; man rechne auf jedes ¼ Kilo Fleisch reichlich 1 Liter Wasser, zum Verkochen rechnet man den dritten Theil; große Tafelfleischbrühe muß am Tage vor dem gebrauch gekocht werden, zur Verwendung verschiedenen Suppen. Die erste abkochung des Suppenfleisches nennt man die erste Brühe; wenn diese abgenommen und durchgegossen ist, wird der

Suppentopf gereinigt, das abgekochte Fleisch mit den Knochen sowie alle in der Speisekammer befindlichen Bratenknochen und Abfall von Fleisch, wieder mit kaltem Wasser und frischem Gemüse zum Feuer gebracht und zum zweiten Male gekocht. Diese Abkochung, die zweite Brühe genannt, wird zu Schleimsuppen, Beigüssen, Ragouts und andere Sachen gewendet.

Hierbei kann ich es nicht unterlassen, Euch junge Köchinnen oder Hausfrauen darauf aufmerksam zu machen, daß in jeder Küche, sei sie groß oder klein, alles zum Nutzen verwendet werden muß, zum Vortheil der Köchinnen und Herrschaften. Aus Bratenknochen macht man mit guten Gemüsen eine gute Suppe; ich werde später in den Abschnitten von den Suppen diesen Nutzen in Erwähnung bringen. Zu Beigüssen und Ragouts (geschnittenes Fleisch) ist Fleischbrühe besser als Wasser und öfteres wohlschmeckender, als viele dazu gebrauchte Butter.

Wir wollen jetzt zu den verschiedenen Brühen übergehen.

Leichte Fleischbrühe zum Trinken, zum Frühstük oder Abendessen.

4 Kilo Rindfleisch, von der dicken Brust, werden ausgeknöchelt, welches auf folgende Weise geschieht: Man lege das Fleisch auf ein Block, mit der Knochenseite nach oben, mache mit einem spitzen, scharfen Messer einen Einschnitt an jeder Seite der Rippen, löse diese sorgsam, ohne das Fleisch

zu verletzen, oder zerschneide von unten bis oben am Knochen, schneide längs des Brustknochens und löse alles vom Fleisch ab. Dieses wird fest zusammengerollt und mit Küchengarn zusammen gebunden. Hierauf bringe man die Knochen mit 2 Kilo Ochsenmarkpfeifen, ebensoviel Kalbsknochen und 10 Liter Wasser zum Feuer. Sind diese gut geschäumt, so gebe man die nötigen Suppengemüse und Gewürze, wie in Nr. 1 erwähnt, hinzu, lasse alles zusammen aufkochen, schäume die Suppe zum zweiten Mal und schließe den Topf fest zu. Nach einer Stunde langsamen Kochens lege man das Fleisch hinein und lasse es 3 Stunden langsam kochen; hierauf kann das Fleisch mit einem scharfen Beiguß zum Mittagessen aufgetragen werden; man gieße die Suppe durch, wie in Nr. 1 angegeben und verwende sie zum beliebigen Gebrauch.

Königliche Kraftsuppe

Zwei alte Hühner werden sehr fein zerhackt oder in einem Mörser gestoßen; dieses wird mit 2 Kilo Kalbsknochen, ¼ Kilo Schinkenscheiben und 8 Liter Wasser zum Feuer gebracht. Nachdem es gut verschäumt, gebe man eine Sellerie-, eine gelbe Wurzel, eine Petersilienwurzel, eine weiße Rübe, 2 fast von allen grünen Blättern befreite Porreestangen, etwas Salz und feinen Pfeffer hinzu, sowie 2 gebratene spanische Zwiebeln, 2 kleine oder eine große Zwiebel werde geschält, in dünne Scheiben geschnitten und mit Nierenfett, welches schon vorher in einer Pfanne heiß, aber nicht braun geworden, schön gelb geröstet; dann lasse man es fest zugedeckt 4 Stunden langsam kochen. Hierauf lege man ein Suppentuch über ein Sieb und gieße die Suppe in ein Gefäß zum Gebrauch für den nächsten Tag. 2 Kilo Ochsenfleisch, am liebsten von der Kluft, werden in kleine Würfel geschnitten, in einem Mörser ein ganzes Ei, das Weiße von 2 Eiern und ein viertel Liter Wasser schön fein gestoßen; dieses wird mit einem Löffel ausgehoben, in einen Topf gelegt und mit der von allem Fett befreiten, am Tage vorher gekochten Fleischbrühe zum Feuer gebracht. Sobald dieses anfängt zu kochen, schiebe man den Topf vom Feuer und lasse es langsam von der Seite simmern; der aufsteigende Schaum wird abgenommen. Jetzt lasse man die Brühe bis auf auf 4 Liter einkochen, nehme den Topf vom Feuer, lasse es einige Minuten stehen, lege ein Suppentuch über ein Sieb und gieße die Brühe mit einem Suppenlöffel durch. Sie muß von einer reinen gelben Farbe sein und wird mit verschiedenen Einlagen gereicht, wie Eierschwamm, Austern, Spargeln, Klößchen der anderen beliebigen Einlagen; jedoch darf gute Fleischsuppe nicht mit Einlagen überfüllt und bedeckt sein.

Hühnerbrühe.

Zwei zubereitete Hühner, von denen die Brust ausgelöst zum anderweitigen Gebrauch verwendet, werden zerhackt, mit 4 abgezogenen, zerhackten Kalbfüßen und 6 Liter Wasser zum Feuer gebracht und gut verschäumt. Man gebe nun eine gelbe Wurzel, eine Petersilienwurzel, eine weiße Rübe, eine Sellerie, 2 fast von allen grünen Blättern befreite Stangen Porree, etwas Salz und ein kleines Stück Ingwer hinzu, lasse es fest zugedeckt 4 Stunden langsam kochen, lege ein Suppentuch über ein Haarsieb und gieße die Suppe durch in ein Gefäß. Soll die Fleischbrühe zum sofortigen Verbrauch verwendet werden, so muß sie vor dem Durchgießen einige Minuten vom Feuer abgesetzt werden, um selbige vom Fett zu befreien. Dies muß mit einem flachen Abnehmer geschehen; bleiben dennoch einige Augen darauf, so werden diese mit steifem, naßgemachtem dickem Löschpapier abgenommen.

Kalbfleischbrühe.

Hierzu nimmt man am besten einen Nocken, von der Keule oder den Schultern. Ein 2 Pfund schweres Nockenstück wird mit 4 Liter Wasser zu Feuer gebracht; so dieses gut verschäumt, gebe man dieselben Gemüse und Gewürze, wie zur Fleischbrühe von Hühnern, hinzu und lasse sie 2 bis 3 Stunden langsam kochen, worauf das Fleisch mit Petersilie oder Capernbeiguß und Kartoffelmus aufgetragen werden kann. Man gieße die Fleischbrühe durch wie in voriger Nr. angegeben.

Fleischbrühe vom Wildgeflügel.

Diese macht man gewöhnlich von zum braten zu altem und zähem oder schlecht geschossenem Wilde. Das abgemachte Fleisch eines zubereiteten Hasen, 3 bis 4 abgemachte Rebhünerbrüste oder anderes Geflügel werden in einem Topf, worin 2 in Scheiben geschnittene Zwiebeln, eine in Scheiben geschnittene gelbe Wurzel, mit 125 Gramm Butter braun gebraten; jetzt gebe man die zerhackten Knochen, sowie 6 Liter schwache Fleischbrühe, 2 Lorbeerblätter, ein paar schwarze Pfefferkörner, ein Sträußchen Thymian und etwas Salz hinzu, lasse die Fleischbrühe, nachdem sie gut geschäumt, 2 Stunden langsam kochen und beende sie wie Hühnerbrühe.

Fleischthee von Ochsenfleisch für Schwache und Kranke.

2 Pfund von allem Fett befreites, kerniges Ochsenfleisch, am besten von der Lende, werden in kleine Würfel geschnitten, mit 2 Liter Wasser in einen steinernen, mit einem festem Deckel versehenen Topf gegeben. Dies lasse man in einem heißen Ofen 3 bis 4 Stunden ausziehen und soweit einkochen, daß man von jedem $\frac{1}{2}$ Pfund Fleisch eine Tasse Thee erhält. Dieser wird nach Geschmack gesalzen und mit geröstetem Brot aufgetragen.

Fleischthee von Kalbfleisch.

Hierzu eigenen sich am besten ein paar Schnitte aus der Keule (Kalbsteak). Die Behandlung ist dieselbe, wie voriger angegeben.

Kraftsuppe mit Nudeln.

In 2 Pint kochender Kraftsuppe werden 45 Gramm italienische Suppennudeln eingebrochen und 10 Minuten gekocht.

Hierbei werden auf einen Teller geriebene Parmesankäse und Schnittchen von geröstetem Brot mit der Suppe gereicht.

Kraftsuppe mit Maccaroni.

Sechzig Gramm Pfeifen=Maccaroni werden in einen Zoll lange Stücke zerbrochen, in Salzwasser gekocht, beim Anrich=ten zu der Kraftsuppe gegeben und wie die beiden vorigen zu Tische gebracht.

Zur ferneren Angabe der klaren Suppen, s. Beilagen zu den Abschnitten von den Suppen, die entweder bei oder in der Suppe gegeben werden.

Kraftsuppe mit Eierschaum.

Hierbei nehme man für 4 Personen 2 Eier.

Kraftsuppe von verlorenen oder poschierten Eiern.

Für jede Person rechne man ein Ei. Die Kraftsuppe wird über kleinen gebratenen Brotschnitten, Filets oder gerö=steten Brot angerichtet. Die verlornen Eier werden schön zu=geschnitten, auf einen Teller gelegt, mit gehackten Peterfilie be=sstreut und zur Suppe gereicht.

Kraftsuppe mit Austern.

Hierzu rechne man auf die Personen 6 kleine Austern; die englischen sind die besten. Nachdem die Austern geöffnet, nehme man die Bärte ab, lege diese mit dem in der Schale be=

findlichen Austerwasser in einen kleinen Topf, daß sie bedeckt sind und lasse es einige Minuten langsam kochen. Durch einen Suppentuch geseiet, giebt man dieses Austerjus in denselben Topf, welcher jedoch erst ausgewaschen wird, zurück; hierin lege man die abgemachten Austern, stelle diese an einen heißen Platz auf den Herd zum anziehen, daß sie steif werden, welches in ein paar Minuten geschieht; sie dürfen jedoch nicht kochen. Jetzt werden die Austern in eine Kumme gegossen und vor dem Anrichten in eine Suppenschüssel gegeben und die Kraftsuppe darüber angerichtet. Zu dieser Suppe reicht man gewöhnlich geröstete Brotscheiben.

Kraftsuppe mit Spargel.

Hierzu nimmt man nur die Köpfe und das Weiche der Spargel; sie werden in 1 Zoll lange Stücke geschnitten. Man giebt etwas von der schon zubereiteten Kraftsuppe in einen kleinen Topf und giebt zuerst die Enden hinein; sind diese teilweise mürbe, so gebe man auch die Köpfe hinzu, lasse sie langsam dämpfen und gebe sie beim Anrichten mit ein wenig geriebener Muskatnuß in die Suppe.

Gemüsesuppe nach Julienne.

Ein kleiner Kopf weißer Kohl wird in 4 Teile geschnitten, von den harten Rinden befreit, wieder der Quere nach in lange Streifen geschnitten, sowie das Rote von 2 gelben Wurzeln, 2 weiße Rüben, 1 Zwiebel und 1 Sellerie in ei=

nen Zoll lange feine Streifen geschnitten. Diese Gemüse werden mit einem Stück Butter und ein paar Löffeln Fleischbrühe langsam gedämpft. So wie die Gemüse mürbe werden, gebe man nach und nach soviel kochende Fleischbrühe hinzu daß die Gemüse reichlich in der Suppe sind, stelle sie vom Feuer und nehme die aufsteigende Butter ab; beim Anrichten gebe man in kleine Stücke geschnittene Milchbrotrinden in die Suppenschüssel. Diese Suppe kann für 12 Personen sehr gut von der leichten Fleischbrühe (Nr. 5), gemacht werden.

Kraftsuppe nach Brunoise.

Für 10 bis 12 Personen bereite man eine Kraftsuppe (s. Nr. 13 u. 14). Hierzu werden folgende Gemüse in Salzwasser abgekocht: 2 gelbe Wurzeln, 2 weiße Rüben, 2 Sellerieköpfe und 40 bis 50 kleine Köpfe Rosenkohl; von diesen werden die äußeren losen Blättern abgeschnitten, so daß es ein kleiner fester Kopf ist; dann lasse man sie in kochendem Salzwasser, in welches mit den Köpfen zugleich ein haselnußgroßes Stück Soda geworfen, daß diese schön grün bleiben, mürbe kochen; die Sellerie werden, nachdem sie in Fleischbrühe mürbe gekocht, in kleine, lange Stücke geschnitten, die Wurzeln und Rüben werden mit verschiedenen Ausstechern, wie kleine Erbsen, verschobene Vierecke, Sternblätter ꝛc. ausgestochen, in Salzwasser halb gar gekocht, auf ein Sieb gegossen, wieder mit einem Teil der Fleischbrühe zum Feuer gebracht und langsam gedämpft; kurz vor dem Anrichten gebe man die Wurzeln mit der Fleischbrühe, worin sie gedämpft sind, sowie die Sellerie und Kohlköpfe zu der Suppe und richte sie über in Stücke geschnittener Milchbrotrinde an.

Frühlingssuppe (Printanier).

Man mache eine Tafelbrühe (s. Nr. 12). Hierzu bereite man folgende Gemüse: ¼ Quart sehr junge, ausgepflückte Pahlerbsen, ebensoviel schön lang geschnittene Schneidebohnen, einen kleinen Kopf Blumenkohl, 20 Spargel, 12 kleine gelbe Wurzeln, 6 kleine weiße Rüben, 4 sehr junge Stangen Porree. Die Wurzeln werden der Länge nach einmal durchgeschnitten, die kleinen Rüben in der Form der Wurzeln, die Spargel und der Porree in einen Zoll lange Stücke, der Blumenkohl in Röschen zerlegt. Die Schneidebohnen werden in Salzwasser, mit einem kleinen Stück Soda, daß sie schön grün bleiben, gekocht, die übrigen Gemüse außer den Spargelköpfen werden in Fleischbrühe langsam gedämpft; sind alle Gemüse etwas weich geworden, so gebe man die Spargelköpfe hinzu, gebe nach und nach die kochende Suppe zu den Gemüsen; beim Anrichten gebe man die Schneidebohnen, sowie einige Kerbel Estragonblätter und kleine Fleischklöße von Kalb, oder Hühnerfleisch hinzu.

Französische Gemüsesuppe.

2 Pfund Ochsenfleisch und ein Kalbsnocken von 2 Pfund werden mit 6 Quart Wasser zum Feuer gebracht; wenn dieses

FLEISCH UND GEFLUGEL.

gut verschäumt, gebe man 2 Zwiebeln, worin 2 bis 3 Gewürznelken gesteckt sind, etwas weißen Pfeffer, Salz und ein kleines Stück Muskatblüte daran, lasse es langsam 2 Stunden kochen und nehme den Kalbsnocken heraus, da dieser zum Gebrauch verwandt werden kann; die Suppe mit dem Ochsenfleisch muß jedoch noch 2 Stunden langsam einkochen; hierauf lege man man ein Suppentuch über ein Haarsieb und gieße die Suppe durch in ein Gefäß. Frische, junge Gemüse werden folgenderweise bereitet: Eine Handvoll Spinat, Kerbel, Sauerampfer, 4 bis 5 Salatherzen, ein paar kleine Köpfe Sommerkohl, kleine weiße Rüben, von denen ein die jungen Blätter (das Herz) zur Suppe verwandt werden, gelbe Wurzeln, Sellerie, zerlegter Blumenkohl, junge Pahlerbsen, 20 bis 30 Spargeln, in einen Zoll lange Stücke geschnitten; die Gemüse, Wurzeln, Rüben and Sellerie schneide man in feine Streifen, gebe alles in einen Topf, worin 90 Gramm Butter heiß geworden und lasse die Gemüse mit der Butter eine halbe Stunde langsam dämpfen. Jetzt nehme man den Topf vom Feuer, die aufsteigende Butter, sorgsam von den Gemüsen und bringe diese wieder mit den Spargelenden, den Erbsen und einem Quart von allem Fett befreiter Fleischbrühe zum Feuer. Nachdem der Spargel ziemlich weich geworden, gebe man den Blumenkohl mit mehr Fleischbrühe hinzu; ist auch dieser weich geworden, so gebe man die Spargelköpfe mit der übrigen Fleischbrühe hinzu; so auch diese mürbe geworden, rühre man die Suppe mit 4 Eidottern ab und richte sie über kleinen, abgerührten Mehlklößen oder gerösteten Milchbrotscheiben an.

Ochsenschwanzsuppe.

Hierzu mache man am Tage vor dem Gebrauch eine leichte Fleischbrühe, Nr. 6 für 12 Personen. Es werden dann 3 Ochsenschwänze in Glieder zerlegt, abgebrüht, getrocknet und in einer Pfanne, worin 125 Gramm Butter heiß geworden, schön braun gebraten. Jetzt lege mau die Schwänze in den zur Suppe bestimmten Topf und schwitze in der Butter 4 Kochlöffel Mehl. Ist diese unter beständigem Rühren schön braun geworden, so gebe man nach und nach soviel Fleischbrühe hinzu, daß es ein schlanker Beiguß wird, gieße diesen über die Ochsenschwänze, gebe 2 Lorbeerblätter und ein paar schwarze Pfefferkörner hinzu und lasse die Schwänze so lange langsam dämpfen, daß man das Fleisch mit einem Löffel von den Knochen nehmen kann. (Zu bemerken: Das Verkochen des Beigusses muß stets durch Fleischbrühe ersetzt werden.) Sind die Schwänze demnach zu dieser Weiche gedämpft, so nehme man den Topf vom Feuer, lege die Schwänze mit einem Löffel aus dem Beiguß, befreie diesen von der aufsteigenden Butter, bringe ihn wieder zum Feuer und rühre soviel kochende Fleischbrühe hinzu, wie zur Suppe nötig ist, lasse sie gut aufkochen and gebe ein wenig Cayennepfeffer und ein paar Gläser Sherry oder Madeirawein hinzu. Jetzt muß es eine seimige Suppe sein. Ist dies jedoch nicht mit dem Mehl erreicht, so gebe man ein wenig in Wasser ausgerührtes Kartoffelmehl hinzu. Endlich reibe man die Suppe durch ein feines Haarsieb, gebe die Ochsenschwänze wieder hinein und halte sie heiß zum Gebrauch.

Falsche Schildkrötensuppe (Mock=Turtle).

Ein gebrater Kalbskopf wird in 2 halbe zerlegt, von Zunge und gehirn befreit und mit 4 Quart Wasser zum Feuer gebracht. Wenn dieses gut verschäumt, gebe man eine gelbe Wurzel, Sellerie, eine weiße Rübe, ein Krautbund (s. Krautbund, Nr. 1), 2 bis 3 Schallotten, 4 Lorberblätter, etwas Salz, einen kleinen Löffel schwarze Pfefferkörner und ein kleines Stück Muskatblüte daran und lasse alles gut aufkochen und verschäumen zum zweiten male. Hierauf lasse man fest zugedeckt drei Stunden langsam kochen, nehme den Kopf aus der Suppe, ziehe die Knochen vom Fleische, spüle die am Fleische sitzenden Gemüse mit kaltem Wasser ab, lege den Kopf ausgebreitet zwischen 2 Schüsseln, so daß die obere Schüssel mit der unteren Seite die Oberfläche des Fleisches bedeckt und gieße die Suppe durch ein Suppentuch zum Gebrauch. Am nächsten Tage befreie man die Suppe von allem Fett und bringe sie mit 2 Quart guter Ochsenfleischbrühe zum Feuer. Vier gute Kochlöffel Mehl werden in einem Topf mit 90 Gramm Butter schön braun geschwitzt; darauf gebe man unter fortwährendem Rühren die kochende Fleischbrühe hinzu und lasse diese einige Minuten gut fortkochen. Jetzt muß die Suppe schön seimig sein. Ist dieses jedoch nicht erreicht, so wird ein kleiner Löffel Kartoffelmehl, mit Wasser ausgerührt, hinzugeben. (Um der Suppe ein reiches Ansehen zu geben, hebe man die Farbe mit ein paar Tropfen Soda.) Man schneide dann die Kopfhaut mit etwas Fleisch daran, in Stücke, einen Zoll in Durchmesser, lasse diese in der Suppe aufkochen, gebe ein wenig Cayennepfeffer und ein paar Gläser Madeira hinzu und richte sie über kleinen Gehirnklösen an.

Klare Ochsenschwanzsuppe.

Hierzu mache man am Tage vor dem Gebrauch eine Kraftbrühe Nr. 3; doch nimmt man statt des Fleisches 3 Ochsenschwänze. Von diesen wird das obere Ende des Schwanzes, sowie die Spitzen mit der Fleischbrühe gekocht. Die Schwänze werder in Stücke geschnitten, abgebrüht und mit den Zwiebeln schön braun gebraten. Hierauf nimmt man die Zwänze aus der Pfanne. Diese werden zurückgesetzt und die Zwiebeln zu der Fleischbrühe gegeben, worauf man diese, wie in Nr. 3 angeführt, beendet. Am nächsten Tage werden die Schwänze, mit einem Teil der abgefetteten Fleischbrühe bedeckt, zum Feuer gebracht und langsam gedämpft, bis man das Fleisch mit einem Löffel von den Knochen nehmen kann. Bis zu dieser Zeit hat man die zur Suppe bestimmte Fleischbrühe zum Kochen gebracht und giebt die Brühe der Schwänze hinzu. Jetzt peitscht man das Weiße von 3 Eiern mit $\frac{1}{2}$ Quart Wasser ab und schlägt dieses langsam zu der kochenden Suppe. Hiermit läßt man die Suppe eben aufkochen und nimmt sie vom Feuer ab. Nachdem sie nun einige Minuten geruht, wird sie klar und glänzend hervortreten; sie wird dann langsam durch ein Suppentuch geseihet, wieder zum Feuer gebracht und langsam zur beliebten Stärke eingekocht. Beim Anrichten lege man die Schwänze in die Suppenschüssel.

Kalbschwanzsuppe.

2 Pfund Kalbsbrust, ein altes Huhn und vier gebrühte Kalbsschwänze werden mit 6 Pint Wasser zum Feuer gebracht; nachdem dieses gut verschäumt, gebe man dieselben Gemüse und Gewürze (s. Brühe von Kalbfleisch) hinzu, lasse alles zusammen aufkochen, verschäume die Suppe zum zweiten Mal und lasse sie zugedeckt 2 bis 3 Stunden langsam kochen. Dann hebe man das Fleisch und das Huhn mit einer Fleischgabel, die Schwänze mit einem Schaumlöffel aus, um diese nicht zu verletzen, lege ein Suppentuch über ein Sieh und gieße die Suppe durch in ein Gefäß; jetzt löse man vom Huhn das Fleisch von Brust und Keule, befreie es von Haut und Sehnen hacke es mit einem Hackmesser fein, gebe einen Löffel gehackte Petersilie, etwas geriebene Muskatnuß, Salz und weißen Pfeffer hinzu, verrühre dieses zusammen mit gutem, süßem Rahm und 2 Eidottern in einer Kumme zu einem dünnen Brei, stelle die Kumme in einen Topf mit kochendem Wasser, so daß die Kumme halb im Wasser steht, bedecke diese mit

einem Papier und setze den Topf in den Ofen oder auf schwaches Feuer, bis der Teig steif wird. Von diesem werden beim Anrichten kleine Klöße abgesteckt und in die Suppe gegeben. Die Suppe, nachdem sie sich gesetzt, wird dann, von allem Fett befreit, zum Feuer gebracht und zu einer beliebten Stärke eingekocht; die Schwänze werden in kleine Stücke geschnitten und mit den schon erwähnten Klöße in der Suppe aufgetragen. Nach Belieben kann man Suppenreis als eine andere Beilage geben.

Ochsennierensuppe.

Für 6 Personen rechne man 2 Nieren; diese sind am besten von einem kleinen, jungen Ochsen; hierzu mache man am Tage vor dem Gebrauch eine leichte Fleischbrühe, Nr. 15. Die Nieren werden sauber gewaschen, der Länge nach durchgeschnitten und von allen in den Nieren befindlichen Pfeifen befreit; hierauf schneide man sie der Quere nach in 2 messerrückendicke Scheiben und gebe 50 Gramm abgeklärte Butter in einen Topf. Wenn diese heiß geworden, gebe man 2 sehr fein gehackte Schallotten hinzu und lasse diese einige Minuten mit der Butter schwitzen. Alsdann gebe man die Nieren hinein, decke den Topf fest zu und lasse sie eine Stunde dämpfen, schütte 2 Kochlöffel Mehl über die Nieren, schwitze alles zusammen gut durch, gebe nach und nach soviel Fleischbrühe (die inzwischen schon in einem Topf heiß geworden) hinzu, daß es ein schlanker Beiguß wird. Hierzu gebe man die abgeriebene Schale einer Zitrone, wie den Saft derselben, ein kleines

Bündel junger Kräuter, bestehend aus Estragon, Thymian nud Kerbel; Salz und Pfeffer muß man nach der Fleischbrühe und dem Geschmack beurteilen. Man lasse die Nieren in diesem Beiguß vollends gar dämpfen. Sowie diese mürbe sind, giebt man die Fleischbrühe, welche auf dem Herde heiß steht, hinzu. Jetzt muß es eben seimige Suppe sein, aber nicht zu stark gebunden. Vor dem Anrichten nehme man die Kräuter heraus, gebe ein wenig Cayennepfeffer und nach Belieben etwas Sherrywein oder Madeira hinzu.

Schottische Hammelfleischbrühe (Mutton Brot).

Zwei Pfund mageres Hammelfleisch (gewöhnlich benützt man das Halsstück) werden in mehrere Stücke geschnitten und mit 5 Pint Wasser zum Feuer gebracht; nachdem es gut verschäumt, gebe man 2 weiße Rüben, 2 Zwiebeln, eine Sellerie, 2 Stangen Porree, ein Sträußchen Thymian, etwas Petersilie, Salz und etwas weißen Pfeffer hinzu, lasse sie fest zugedeckt 4 Stunden langsam kochen, lege ein Suppentuch über ein Sieb und gieße die Suppe durch in ein Gefäß. Ist diese Brühe für Kranke bestimmt, so bleiben die Gemüse weg; sie wird in Tassen mit geröstetem Brod gereicht.

Schottische Hammelfleischsuppe (Hodge Podge).

Hundert und fünfundzwanzig Gramm kleine Graupen werden mit einem Pint Wasser eine Stunde gekocht. Während diese Zeit brühe man folgende Gemüse ab: eine gelbe Wurzel, eine Petersilienwurzel, 2 Zwiebeln, 2 weiße Rüben, das Weiße von 2 Stangen Porree. Die Würfel und Rüben werden in sehr kleine Würfel geschnitten, die Zwiebeln in dünne Scheiben. Jetzt bereite man 12 Hammelrippen wie zum Braten, lege diese in einen Topf, gebe die abgebrühten Gemüse, sowie die Graupen hinzu und bringe alles mit Wasser bedeckt zum Feuer. Nachdem der Schaum gut abgenommen, gebe man ¼ Pint kleine Pahlerbsen hinzu, etwas Salz und weißen Pfeffer und lasse alles mit wenigem Wasser wiederum eine Stunde langsam dämpfen. Hiernach befreie man die Suppe vom aufsteigenden Fett, gebe soviel kochendes Wasser hinzu, bis die Rippen mürbe sind. Vor dem Anrichten menge man auf einem Teller ein kleines Stück Butter, einen kleinen Löffel Mehl, 4 Löffel abgekochten durchgeriebenen Spinat, etwas gehackte Petersilie und ein Paar Thymianblätter, reibe alles mit einem Messer glatt und gebe es zur Suppe. Das Fleisch wird in die Suppe gegeben.

Schottische Hühnersuppe (Cocky Leeky).

Zwei Pfund Kalbfleisch und ein junges Huhn werden mit 5 Pint Wasser zum Feuer gebracht. Nachdem es gut verschäumt gebe man eine gelbe Wurzel, 2 weiße Rüben, eine Sellerie, Salz, weißen Pfeffer und Muskatblüte hinzu und lasse es zugedeckt 3 Stunden langsam kochen, (das junge Huhn muß, sobald es gar ist, herausgenommen werden), gieße die Suppe durch ein Sieb in einen Topf, gebe 125 Gramm abgebrühten Reis, sowie das Weiße von 6 bis 8 Porreestangen, einen Zoll lang und wieder der Länge durchschnitten, hinzu, und lasse die Suppe langsam kochen, bis der Reis und Porree mürbe sind. Das Hühnerfleisch wird in kleine Stücke geschnitten in die Suppe gegeben.

Spanische Suppe (Bouillabaisse).

Zwei Spanische Zwiebeln werden in 4 Teile und wieder der Länge nach in dünne Scheiben geschnitten, in feinem Olivenöl schön hellbraun gebraten und auf Löschpapier gelegt. Dann lege man ein zweites Papier darüber, presse dieses mit leichter Hand, ohne die Scheiben zu verletzen, und das Öl abzuziehen, gebe diese mit den Filets von 2 Seezungen und ein wenig spanischem Pfeffer in 2 Pint kochende Fleischbrühe, lasse es 5 Minuten langsam kochen und reiche die Suppe mit in Butter gerösteten Milchbrotscheiben.

Die spanische Suppe kann von jedem Fisch und ohne Fleischbrühe gemacht werden; alsdann werden die Fischknochen zu einer Fleischbrühe bereitet; in klarer Kraftsuppe ist es jedoch eine sehr feine Suppe.

Schleimsuppe nach Bonne Femme.

Man nehme eine abgeschälte, vom Saamen befreite Gurke, 6 bis 8 Salatköpfe, von denen die großen Blätter zurückbleiben, 2 junge Zwiebeln und eine Handvoll Kerbel. Die Kerbelblätter werden von den Stengeln gepflückt, der Salat, die

Zwiebeln und die Gurke in Stufen geschnitten, mit 60 Gramm Butter und einen kleinen Stück Zucker 5 Minuten gedämpft. Jetzt gebe man einen Löffel Mehl daran, verrühre dieses mit 2 Pint kochender Kalbfleischbrühe, und lasse die Suppe 15 Minuten kochen. Vor dem Anrichten schlage man ½ Pint Rahm auf dem Feuer ab, lasse es bis zum Kochen kommen und gebe zu der Suppe, wonach diese nicht wieder kochen darf.

Weiße Graupensuppe auf Frankfurter Art (Creme d'Orge.

Hundert und fünfundzwanzig Gramm feine Graupen werden in 2 Pint kräftiger, von allen Fett befreiter Kalbfleischbrühe sehr mürbe gekocht. Beim Verkochen muß die Fleischbrühe nachgefüllt werden. Man nehme jetzt die Hälfte der Graupen, reibe diese durch ein Sieb, gebe das durchgerührte (Mus) wieder zur Suppe und lasse sie wieder aufkochen. Die Suppe muß seimig, aber nicht steif sein. Vor dem anrichten gebe man ½ Pint gekochten Rahm hinzu.

Königinsuppe (a la Reine).

Man bereite eine Kalbfleischbrühe. Zwei Hühner werden mit 250 Gramm gut gewaschenem Reis, 250 mageren Schinkenscheiben, etwas Salz und 2 Pint Wasser gar gedämpft. Ist dies geschehen, so pflücke man alles Fleisch von den Hühnern, das Brustfleisch und die Schinkenscheiben werden zurückgesetzt, das übrige Fleisch sehr fein gehackt und mit dem

Reis durch ein Sieb gerieben. Dann verrühre man das Mus mit der gemachten Fleischbrühe; diese wird zum zweiten Mal durch ein sehr feines Sieb gerieben und die nötige Fleischbrühe hinzugegeben, so daß die Suppe von der Dicke eines guten Rahms ist. Jetzt bereite man von den Hühnerbrüsten und Schinkenscheiben, welche sehr fein zusammengehackt werden, folgende kleine Fleischklöße: 60 Gramm Butter zu Salbe gerührt, 60 Gramm feingehacktes Nierenfett, 125 Gramm in Milch eingeweichtes Milchbrot, 4 Eidotter, eine Tasse Rahm, etwas Salz, weißen Pfeffer und geriebene Muskatnuß, rühre die Eidotter zu der zu Salbe gerührten Butter, gebe die andern Teile hinzu und verrühre alles mit dem Rahm zu einem festem Teig, forme hiervon kleine Klöße und lasse sie in der Suppe gar kochen. Zu bemerken ist noch, daß die Suppe erst, nachdem die Klöße gemacht sind, wieder zum Feuer gemacht sind, um rasch aufzukochen, da diese Suppe sich sehr leicht ansetzt. Vor dem Anrichten rühre man die Suppe mit 4 Eidottern und $\frac{1}{4}$ Pint Rahm ab. Diese Suppe kann danach gemacht werden, daß sie für 12 Personen reicht.

Weiße Sagosuppe..

Neunzig Gramm großer Sago werden in 2 Pint starker Kalbs- oder Hühnerbrühe sehr mürbe gekocht. Die Fleischbrühe muß beim Verkochen nachgefüllt werden. Vor dem Anrichten koche man $\frac{1}{4}$ Pint Rahm, gebe dieses mit einem Löffel sehr fein gehackter Petersilie in die Suppenschüssel, richte die

Suppe darüber an, rühre alles gut durcheinander und reiche auf einem Teller geröstete Milchbrotscheiben.

Hasensuppe.

Diese macht man am besten von einem Gebirgshasen, weil diese im Kochen und Schmorren, wie die Landhasen im Braten, den Vorzug haben. Man mache am Tage vor dem Gebrauch der Suppe eine Knochenbrühe von 3 Pfund Kalbs- und Rindmarkspfeifen, mit reichlich 6 Pint Wasser, Gemüse und Gewürzen. Der Hase wird sorgsam abgezogen, auf daß kein Blut verloren geht, hierauf in einem Eimer Wasser gewaschen und auf ein Brett gelegt. Hierauf mache man einen Einschnitt in den Bauch, fasse den Hasen bei Schultern und Keule und gieße das Blut in einer Kumme ab, nehme das Innere aus, wovon die Leber und das Herz zurückgesetzt werden. Jetzt löse man alles Fleisch von den Knochen; dieses wird in Mehl gewendet, in Butter schön braun gebraten, sowie 2 Pfund in Würfel geschnittenes und in Mehl gewendetes, mageres Ochsenfleisch. Darauf bringe man alles Fleisch mit Ausnahme des Rückenfleisches (Filets), mit den fein zerhackten Knochen und dem Kopf, mit 2 bis 3 Pint Fleischbrühe zum Feuer, gebe 4 Lorbeerblätter, 2 Schalotten, einen kleinen Löffel schwarze Pfefferkörner und etwas Salz hinzu und lasse es 2 Stunden langsam kochen. Jetzt gieße man die Suppe von den Knochen ab durch ein Sieb in ein Gefäß, begieße das Fleisch zum zweiten Mal mit Fleischbrühe und lasse es gut aufkochen, damit man die am Fleisch sitzende Kraft bekommt, reibe dieses mit dem gebratenem Leber durch das Sieb zu der schon durchgegossenen Suppe, gebe 2 Gläser Madeira und ein wenig Cayennepfeffer hinzu, lasse alles zusammen aufkochen und rühre das zurückgesetzte Blut, welches vorher durch ein Haarsieb geseihet ist, zur Suppe, wonach sie sogleich angerichtet wird und nicht wieder kochen darf. Die gebratenen Filets werden in Stücke geschnitten in die Suppe gegeben. Ist der Hase blutarm, so muß das Blut durch Mehl ersetzt werden, die Suppe muß rahmartig sein und wird berechnet auf 12 Personen.

Fasanensuppe.

Man bereite am Tage vor dem Gebrauch eine Tafelfleischbrühe. Zwei Fasanen werden wie zum Braten hergerichtet, die Brust mit einem Stück Butter bedeckt, 15 Minuten, so daß das Brustfleisch sich gesetzt, in einem Ofen gebraten; dann löse man das Brustfleisch von den Knochen mit einem scharfen Messer und lege es auf einen Teller zum ferneren Gebrauch. Die Knochen mit dem übrigen Fleisch werden gehackt und folgenderweise zum Feuer gebracht: Man belege den Boden eines Topfes mit 250 Gramm in Scheiben geschnittenen Schinken; wenn dieser heiß geworden, gebe man ein Stück Butter, 2 Zwiebeln, und eine gelbe Wurzel, in Scheiben geschnitten, hinzu, lasse alles schön braun werden, schwitze 4 Löffel Mehl daran, gebe die fein gehackten Fasanen hinzu, menge alles gut durcheinander und lasse es mit 4 Pint Fleischbrühe, 2 Lorbeer=

blättern, ein paar schwarzen Pfefferkörnern und einem kleinem Blatt Muskatblüte 2 Stunden langsam dämpfen, lasse das Fleisch mit der Suppe durch ein Sieb, befreie diese von dem aufsteigenden Fett und bringe sie mit der nötigen Fleischbrühe zum Feuer, lasse die Suppe aufkochen, gebe ein wenig Cayenne=pfeffer, ein paar Gläser Madeirawein und das in kleine Stücke geschnittene Fasanenfleisch hinzu, lasse dieses in der Suppe einige Minuten simmern und bewahre sie heiß zum Gebrauch.

Indische Suppe (Mullagatawny).

Diese indische Suppe wird von jedem Fleisch oder Wild gemacht. Wild, Geflügel oder Hammelfleisch eignet sich am besten dazu. Überreste von gebratenem Geflügel, Wild oder Bratenknochen werden zu dieser Suppe sehr oft verwendet. Die Fleischbrühe wird dann wie vom Hasen zubereitet; vom Fleisch gemacht, rechne man auf 2 Pfund Fleisch 4 Pint Was=ser. Um dieser guten Suppe eine besondere Klarheit zu er=teilen, wollen wir einmal die Speisekammer nachsehen und sehen, was gemacht werden kann; hieraus nehmen wir die Überreste zweier wilder Enten, sowie die beinahe von allem Fleisch befreiten Überreste eines Hasen; Hierzu nehme man für 6 Personen 1 Pfund mageres Hammelfleisch; dieses wird in mehrere Stücke zerschnitten und mit 5 bis 6 Pint Wasser zum Feuer gebracht. Nachdem es gut verschäumt, gebe man gewöhnliche Gemüse und Gewürze hinzu, lasse es 3 Stunden langsam kochen, gieße die Brühe durch ein

Sieb auf die schon gehackten Überreste, lasse dieses mit zwei Lorbeerblättern und einem Sträußchen Thymian eine Stunde kochen, wonach es durch ein Sieb in ein Gefäß gegeben wird. Vier große in Scheiben geschnittene Äpfel, sowie 4 Zwiebeln werden in 90 Gramm brauner Butter geschwitzt; hierauf gebe man 4 Kochlöffel Mehl, einen Löffel Curry und ein paar Tropfen Soja hinzu, schwitze alles einige Minuten durch, lege den geschwitzten Teig auf die untere Seite eines feinen Haarsiebes, reibe ihn mit der Suppe durch (weil mit der rechten Hand gerieben wird, gebe man mit der linken vermittelst eines Suppenlöffels die Suppe über den Teig), lasse die Suppe wieder aufkochen und reiche sie mit gekochtem Reis. Es ist eine beliebte Suppe für Herren bei kaltem Wetter nach der Jagd.

Kohlsuppe.

250 Gramm geräucherter Speck vom Bauch wird in kleine Würfel geschnitten, mit 2 großen, in Scheiben geschnittenen Zwiebeln leicht geröstet; jetzt gebe man 2 Löffel Mehl daran und schwitze dieses mit dem Speck einige Minuten durch. Ein kleiner Kohlkopf wird in 4 Teile zerlegt, von den Knorpeln befreit, der Quere nach in dünne Streifen geschnitten, ein Kopf Sellerie in mehrere Teile zerlegt, das Weiße mit einem Teil von den grünen Enden von 2 Stangen Porree und eine Petersilienwurzel in dünne Scheiben geschnitten; diese Gemüse gebe man mit etwas Salz und weißem Pfeffer zu der geschwitzten Masse, gebe 3 Pint Wasser hinzu und lasse die Suppe lang=

sam kochen, bis alles schön mürbe geworden. Man richte die Suppe über in Würfel geschnittenem, geröstetem Brot an.

Erbsensuppe von jungen Pahlerbsen.

Ein Pint Pahlerbsen wird in kochendem Salzwasser, worin man mit den Erbsen zugleich ein kleines Stück Soda wirft, weichgekocht, abgegossen und durch ein Sieb gerieben. Jetzt lege man 60 Gramm Butter auf einen Teller, reibe hierzu mit einem Messer einen kleinen Löffel Mehl und menge es mit dem Erbsenmus, lasse das Mus mit 2 Pint Knochenbrühe oder Wasser aufkochen und richte die Suppe über gehackter Petersilie an. Man reiche auf einem Teller kleine Brotschnittchen.

Kerbelsuppe.

125 Gramm Hafergrütze werden mit 2 Pint Wasser, 2 Schalotten, etwas Petersilie, 2 Stangen Porree, etwas Salz, weißem Pfeffer, einem kleinem Stück Muskatblüte und Butter zum Feuer gebracht. Nachdem die Grütze schön gemürbe geworden, reibe man alles durch in ein feines Haarsieb; ist der Haferschleim zu dick geworden, so gebe man Knochenbrühe oder Wasser hinzu, so wie 4 bis 5 Löffel gehackten Kerbel, lasse die Suppe aufkochen und richte sie über verlornen Eier an. Man reiche auf einem Teller in Scheiben geröstetes Milchbrot.

Spinatsuppe.

Zwei kleine Schalotten werden sehr fein gehackt und mit Gramm Butter und einem kleinem Löffel Mehl leicht geschwitzt; sie dürfen jedoch nicht braun werden. Jetzt gebe man den durchgeriebenen Spinat hinzu, rühre alles durch einander und lasse es einige Minuten anziehen; hierauf gebe man unter fortwährendem Rühren soviel Knochenbrühe hinzu, daß es ein gut gebundenes Mus bleibt, gebe eine Tasse gekochten Rahm und ein Achtel geschnittene, hart gekochte Eier in die Suppenschüssel, richte die Suppe darüber an und verrühre sie mit einem Löffel.

Sauerampfersuppe.

Vier bis fünf Handvoll rein belesener, abgewaschener Sauerampfer werden mit einem Wiegenmesser gröblich gehackt und in einen Topf gegeben, worin 90 Gramm Butter heiß geworden. Dieses läßt man ¼ Stunde langsam dämpfen. Darauf gebe man einen Löffel Mehl hinzu und lasse dieses einige Minuten zusammen schwitzen. Jetzt gebe man 2 Pint weiße Fleischbrühe unter fortwährenden Rühren hinzu und lasse die Suppe ¾ Stunden langsam fortkochen. Man reiche auf einem Teller geröstetes Brot.

Spargelsuppe.

Zehn bis fünfzehn Spargel werden geschält und in einen Zoll lange Stücke geschnitten; hiervon werden die Köpfe zurückgelegt, die übrigen Spitzen mit einem Pint Wasser, einem kleinen Krautbund, bestehend aus zwei kleinen jungen Wurzeln, 2 kleinen Rüben, an denen die jungen Blätter sitzen bleiben, Petersilie und dem weißen Teile einer jungen Stange Porree, etwas Salz und weißem Pfeffer zum Feuer gebracht. Sowie die Spargel mürbe geworden, werden diese mit dem Wasser durch ein Sieb gerieben; jetzt gebe man in Topf 30 Gramm Butter, rühre einen kleinen Löffel Mehl hinzu, sowie unter fortwährenden Rühren die durchgeriebene Spargelbrühe. Nachdem dies gut aufgekocht, gebe man die Spargelköpfe hinzu und lasse die Suppe mit den Köpfen langsam von der Seite kochen. Vor dem Anrichten gebe man einem Tasse gekochten Rahm hinzu. Man reiche auf einem Teller geröstete Milchbrotscheiben.

Von Kalbfleischbrühe gemacht, ist es eine sehr feine Suppe.

Kartoffelsuppe.

20 bis 30 Kartoffeln werden geschält, in Scheiben geschnitten, mit einem Kopf in Stücke geschnittener Sellerie, 2 großen in Scheiben geschnittenen Zwiebeln, 2 bis 3 Stangen Porree, in einen Zoll lange Stücke und wieder der Länge nach in 4 Teile geschnitten, mit etwas Salz, weißem Pfeffer und 2 Pint Wasser zum Feuer gebracht und langsam gekocht, bis alles mürbe ist und die Kartoffeln zu einem Mus gekocht sind; hierauf zerschneide man ein kleines Stück geräucherten Speck in kleine Würfel, lasse dieser in einer Pfanne hellbraun

braten, schwitze einen Löffel Mehl daran und rühre dieses mit 5 Löffel gehackter Petersilie zu der Suppe, lasse es zusammen aufkochen und richte die Suppe über gerösteten Brotscheiben an.

Kartoffelsuppe mit Milch.

20 bis 30 Kartoffeln werden mit einer Sellerie, 2 Petersilienwurzeln, 2 Zwiebeln, 30 Gramm Butter, etwas Salz, weißem Pfeffer nnd 2 Pint Milch zum Feuer gebracht. Nachdem die Gemüse mürbe geworden, wird alles durch ein Sieb gerieben, wieder zum Feuer gebracht und mit 2 Eidottern abgerührt über gehackter Petersilie angerichtet.

Grüne Winterkohlsuppe.

Ein gepökelter Schweinsnocken von 1 Pfund und 1 Pfund gepökeltes Ochsenfleisch werden mit 6 Pint Wasser zum Feuer gebracht und gut verschäumt; darauf gebe man ein Pfund Hafergrütze, eine Sellerie, 2 Zwiebeln und weißen Pfeffer hinzu und lasse es 2 Stunden langsam kochen; hierauf nehme man das Fleisch heraus, reibe die Suppe durch ein Haarsieb und bringe sie wieder zum Feuer. 5 bis 6 Köpfe Winterkohl werden dann sauber gewaschen und gestreubelt in kochendem Wasser aufgekocht, abgegossen und fest abgedrückt, mit einem Wiegemesser sehr fein gehackt und zur Suppe gegeben; jetzt lasse man die Suppe langsam von der Seite kochen und bereite folgende kleine Fleischklöße. Von 150 Gramm gehacktem Ochsenfleisch bereite man Ochsenfleisch=Füllsel, forme hiervon kleine, wallnußgroße Fleischklöße, brate sie in Butter schön braun und richte die Suppe darüber an.

Zu bemerken ist dabei, daß das Fleisch nicht zu lange gepökelt sein darf; in solchem Falle wird alleiniges Abwaschen nicht hinreichen und muß selbiges je nach der Zeit, welches es gelegen hat, in kaltem Wasser gut auszuziehen. Der Schweinsnocken wird nach der Suppe mit Bratkartoffeln, gestobten Rüben und Kapernbeiguß gereicht.

Grüne Kohlsuppe mit Rahm.

Man mache einen Haferschleim von 60 Gramm Hafergrütze und 2 Pint Fleischbrühe. ½ Pfund kleine Bratwürstchen wird mit sehr fein gehackten Schalotten in 30 Gramm Butter, welche in einem Topf hellbraun geworden, in 10 Minuten schön braun gebraten; dann rühre man den Haferschleim durch ein Sieb zu den Würstchen und lasse es zusammen aufkochen; hierauf rühre man den wie in voriger Nummer zubereiteten Kohl hinzu, und lasse die Suppe ¼ Stunde langsam von der Seite kochen. Beim Anrichten gebe man ¼ Pint gekochten Rahm in die Suppenschlüssel, verrühre die Suppe mit einem Kochlöffel und reiche sie mit geröstetem Brot.

Suppe von getrocknetem Erbsen.

½ Pfund grüne oder Splittererbsen wird am Abend vor dem Gebrauch in kaltem Wasser eingeweicht, am nächsten Tage abgewaschen und mit 3 Pint Wasser, 150 Gramm in Würfel

geschnittenen, mageren Schinken, 30 Gramm Butter, einer
Sellerie, einer Petersilienwurzel, einer gelben Wurzel, einen
Krautbund, etwas Salz und weißem Pfeffer zum Feuer ge=
bracht. Nachdem die Erbsen schön mürbe geworden, nehme
man das Krautbund und die gelbe Wurzel heraus, reibe alles
andere durch ein Sieb und stelle die Suppe heiß zum Gebrauch.
Man reiche auf einem Teller gebratene Brotschnittchen, sowie
auf einem zweiten getrocknete, geriebene Salbeiblätter.

Suppe von getrockneten weißen Bohnen.

½ Pfund eingeweichte Bohnen wird mit 2 Pint Fleisch=
brühe oder Wasser, einer Sellerie, einer gelben Wurzel, einer
Petersilienwurzel, einem Krautbund, 60 Gramm Butter, et=
was Salz, und weißem Pfeffer zum Feuer gebracht. Nach=
dem die Bohnen schön mürbe geworden, nehme man das Wur=
zelwerk und die Hälfte der Bohnen heraus, streiche diese durch
ein Haarsieb, gebe das Bohnenmuß mit den in kleine Stücke
geschnittenen Gemüsen zur Suppe und richte sie über gehackter
Petersilie an. Man kann die Bohnen auch alle ganz lassen.

Linsensuppe.

Diese wird ganz wie die Erbsensuppe zubereitet, die Brot=
schnitten werden mit 2 feingehackten Schalotten gebraten und
die Suppe über diesen angerichtet.

Zweiter Abschnitt.

Hechtsuppe.

Von einem 1½ Pfund schweren, gereinigten Hecht wird das Rückenfleisch, die Filets, ausgeschnitten und das Rückgrat mit dem Kopfe fein zerhackt. Man lasse nun 90 Gramm Butter in einem Topf heiß werden, gebe den zerhackten Fisch hinein, streue 2 Löffel Mehl darüber und schwitze alles zusammen gut durch; hierauf gebe man eine zerschnittene, gelbe Wurzel, eine Petersilienwurzel, 2 Schalotten, 10 schwarze Pfefferkörner, 2 Lorbeerblätter, etwas Salz, ein kleines Blatt Muskatblüte und 2 Pint kochendes Wasser hinzu und lasse es eine Stunde langsam kochen, wonach die Suppe durch ein feines Haarsieb gerieben und wieder zum Feuer gebracht wird. Von dem zurückgesetzten Fischfleisch bereite man kleine Klöße (s. Füllsel vom Hecht), koche sie in der Suppe gar und richte sie über gehackter Petersilie an.

Störensuppe.

Zwei Zwiebeln, eine gelbe, zerschnittene Wurzel, eine weiße Wurzel, eine Sellerie, zwei Lorbeerblätter, eine Stange Porree, ein kleines Stück Muskatblüte und etwas Salz werden mit 2 Pint Wasser ½ Stunde gekocht. Hierauf gebe man je nach der Größe 15 bis 20 Stuhren, welche gereinigt und denen die Köpfe abgeschnitten sind, hinzu, lasse sie ¼ Stunde kochen, nehme mit einer Schaumkelle die Stuhren aus der Suppe, gieße diese durch ein Sieb, pflücke alles Fleisch der Fische von den Gräten, reibe dieses durch ein Haarsieb in eine Kumme, gebe einen Löffel Mehl und 60 Gramm Butter hinzu, reibe alles mit einem Messer durcheinander und gebe es in einen Topf, gebe die Suppe unter fortwährendem Rühren hinzu, lasse sie gut aufkochen und richte sie über gehackter Petersilie an.

Holsteinische Aalsuppe.

Ein 2 Pfund schwerer Kalbsnocken wird mit 6 Pint Wasser zum Feuer gebracht und gut verschäumt; hierauf gebe man folgende Gemüse hinzu: 2 in Würfel geschnittene Petersilienwurzeln, desgleichen 2 gelbe Wurzeln, 2 in Achtel geschnittene Sellerieköpfe, das Weiße von 2 Porreestangen, in kleine Scheiben geschnitten, etwas Salz und feinen, weißen Pfeffer. Sind diese Gemüse aufgekocht, verschäume man die Suppe zum zweiten Mal und lasse sie 2 Stunden von der Seite simmern. 2 Pfund Aale werden abgezogen, in einen Zoll lange Stücke geschnitten, mit warmen Essig übergossen, worin sie eine geraume Zeit liegen bleiben, und in der Suppe gar gekocht. Vor dem Anrichten rühre man die Suppe mit 4 Eidottern ab, gebe ein paar Löffel gehackte Petersilie und Majoran hinzu und richte sie über leichten Klößen an. Man gebe den Kalbs=

nocken nach der Suppe mit gebratenen Kartoffeln, Spinat und
Petersilienbeiguß.

Hamburger Aalsuppe.

8 Pfund Ochsenmarkpfeifen werden mit einem frischen
Schinkenknochen oder 1 Pfund magerem Schinken,, 6 Pint
Wasser zum Feuer gebracht und gut verschäumt; darauf gebe
man 2 Lorbeerblätter, einen kleinen Löffel schwarze Pfeffer=
körner, 2 Stangen Porree, 2 Zwiebeln, etwas Salz und ein
kleines Blatt Muskatblüte daran, lasse dies 3 Stunden lang=
sam kochen und gieße die Suppe durch ein Sieb in ein Gefäß.
Nachdem die Suppe sich gesetzt, wird sie, von allem Fett be=
freit, in dem zur Suppe bestimmten Topf zum Feuer gebracht.
Jetzt hat man nachstehende Gemüse in folgender Weise zu be=
reiten: 2 gelbe Wurzeln, 2 Petersilienwurzeln, 2 Selleries,
in sehr kleine Würfel geschnitten, einen Teller ausgeplückte
Aalerbsen und ein paar Dutzend schöne Suppenspargel, in
einen Zoll lange Stücken geschnitten. Von diesen legt man
die Köpfe zurück und läßt die andern Enden mit den Wurzeln
in der Suppe kochen. Die Erbsen werden mit den Köpfen
der Spargel in Fleischbrühe langsam gedämpt. Sowie die
Wurzeln schön mürbe geworden, rührt man 2 Löffel Mehl
mit einem Stück Butter zusammen, rührt dieses mit einigen
Löffeln Suppe glatt und giebt es zu der Suppe. Diese muß
schön gebunden und seimig, aber nicht zu dick sein. Jetzt
giebt man die gedämpften Erbsen und Spargel hinzu, sowie

mit etwas Wein und Zucker gekochte, kleine Birnen und die gehackten Kräuter, als Dragon, Kolle, Thymian, Majoran, Trittmadam, Portulack und Petersilie, lasse alles zusammen aufkochen und richte die Suppe mit kleinen Schwimmklößen an. Die Aale werden abgezogen, in einen Zoll lange Stücke geschniten, mit feinem Salz überstreut und mit gutem, warmen Essig übergossen, worin sie eine Stunde liegen bleiben. Herausgenommen, legt man die Aale in einen Topf und bringt sie, mit Fleischbrühe bedeckt, zum Feuer, giebt ein paar Gläser guten Wein hinzu, einige schwarze Pfefferkörner, ein Lorbeerblatt und läßt sie zugedeckt langsam weich dämpfen. Hierauf legt man die Aalstücke mit einem Löffel in eine Schüssel, giebt die Brühe darüber und reicht die bei der Suppe.

Schildkrötensuppe (Real Turtle).

Hierzu bereitet man am Tage vor dem Gebaruch eine leichte Fleischbrühe. Vier Kochlöffel Mehl werden in einem Topf mit abgeklärter Butter schön braun geschwitzt; darauf gebe man unter fortwährendem Rühren soviel kochende Fleischbrühe hinzu, daß es ein schlanker Beiguß wird; in diesen lege man so viel gekochten Krötenstücken, daß es ein wohlgemachtes Ragout ist und gebe etwas geriebene Muskatnuß, ein wenig Cayennepfeffer, eine halbe Flasche Madeira, den Saft einer einer Citrone und ein wenig Soja hinzu und lasse das Fleisch in diesem Beiguß eine halbe Stunde dämpfen (anziehen). Hierauf wird das Ragout mit einem Teil der Krötenbrühe und Fleischbrühe verdünnt. Es muß dann eine seimige, gebundene, aber nicht zu steife Suppe sein. Beim Anrichten legt man Stücke von Leber, sowie kleine, abgekochte Klöße in die Suppenschüssel und richte die Suppe darüber an.

Die Klöße zur Schildkrötensuppe (s. Klöße) unter den Beilagen zur Suppe.

Schlachten der Schildkröten.

Eine Schildkröte wird am Abend, zum Zerlegen des nächsten Tages, geschlachtet. Man bindet der Kröte die Füße, hängt sie auf, und sobald sie nach ihrer Weise den Kopf aussteckt, legt man eine Schlinge um, hällt mit dieser den Kopf aus dem Schilde und schneidet ihn ab; jetzt läßt man die Kröte über nacht an einem luftigen Ort hängen und ausbluten. Am nächsten Morgen legt man sie auf dem Tisch, löst die untere, weiße Platte ringsum mit einem Messer ab, nimmt die innern Teile aus, befreit die Leber von der Galle und legt diese mit dem Herzen in frisches Wasser. Hierauf schneide man die Ruder, sowie die Hinterfüße aus, schneide die Füße ab, und lege dieses mit der unterplatte in kochendes Salzwasser, lasse sie aufwallen, bis man die harte Haut abziehen kann; jetzt wird alles sehr sauber gereinigt und ein paar Stunden in kaltes Wasser gelegt. Dann bringt man die Kröte mit kaltem Wasser zum Feuer, läßt sie einige Mal gut überkochen und gießt das Wasser ab, giebt soviel Fleischbrühe zu, daß die Kröte bedeckt ist, eine Flasche Madeira und guten

Weißwein, ein paar Lorbeerblätter, Gewürznelken und schwarze Pfefferkörner, ein paar Schalotten, Dragon und Thymian und lasse sie fest zugedeckt langsam weiß dämpfen, welches wohl in 2 Stunden geschieht. Das Herz wird darauf mit dem Fleisch gekocht, die Leber dämpft man in Fleischbrühe allein Jetzt nimmt man das Fleisch aus der Brühe, schneidet es abgekühlt in kleine Stücke einen Zoll im Durchmesser, giebt diese in einen Topf und gießt die Brühe darüber; so zubereitet wird das Fleisch zur Suppe und Ragout verwendet, welches man nach den Personenzahl berechnen muß. Man macht nämlich 2 Suppen, die klare und die gebundene, diese werden jedoch nicht stets von einer frischen Kröte gemacht; man benutzt auch hierzu die in Blechdosen eingekochte Kröte, sowie die getrocknete; letztere ist für Privathäuser, weil in diesen keine Kröte geschlachtet wird (oder nur selten) meiner Meinung und Erfahrung nach ausgezeichnet. Man kauft diese, sowie die in Blechdosen, pfundweise in Delikatessenhandlungen.

Weiße Krebssuppe.

Zu dieser Suppe bereite man eine leichte weiße Fleischbrühe von Hühner= Tauben= oder Kalbsfleisch, wovon das Fleisch wieder verwendet wird, mit den nötigen Suppengemüsen und Gewürzen. Von Kalbsfleisch gemacht, würde ein Nocken, oder von der Keule, $2\frac{1}{4}$ bis 3 Pfund, oder die dicke Brust vorteilhaft sein. Von 2 Hühnern oder 4 Tauben verwerte man das Fleischklößchen oder Ragouts u. s. w. Auf diese Weise können diese guten Suppen ohne Kosten gemacht werden, hinreichend für 12 Personen. Man breche das Fleisch aus Schwanz und Scheren von 4 Dutzend guten, gekochten Suppenkrebsen, bereite von der Schale mit 12 gut ausgewaschenen Sardellen und der nötigen Hühnerbrühe eine Krebsbutter, gieße die Krebsbrühe durch ein Sieb in ein Gefäß, worin 8 bis 10 abgeschälte Milchbröte gelegt sind. Jetzt wird 250 Gramm in Wasser eingeweichtes Milchbrot fest ausgedrükt und mit der Krebsbutter auf dem Feuer abgebacken. So dieses verkaltet, gebe man ein von 4 Eiern gemachtes, durch ein Sieb geriebenes Rührei hinzu, sowie das fein gehakte Fleisch der Krebse, 2 Eidotter, ein wenig sehr fein gehackte Petersilie, etwas Salz, weißen Pfeffer und Muskatblüte, menge alles mit einem Löffel Rahm zu einem Teige und forme hiervon sehr kleine, runde Klöße. Die Suppe wird mit dem geweichten Brot durch ein Sieb gerieben und mit soviel Hühnerbrühe zum Feuer gebracht, wie zur Suppe nötig ist; sobald diese kocht, gebe man die Klöße hinein, lasse sie einige Minuten langsam kochen, gebe ½ Pint gekochten Rahm hinzu, 4 Eidotter mit 2 Gläsern Sherry und rühre dieses an die Suppe, wonach diese nicht wieder kochen darf, und am besten gleich angerichtet wird.

Braune Krebssuppe.

3 Pfund mageres Kalbfleisch wird in Stücke geschnitten und 125 Gramm Butter in einem Topf sehr braun gebraten.

Hierauf lege man die Kalbfleischstücke in einen Suppentopf, bringe dieser mit 6 Pint Wasser, Suppengemüse und Gewürz zum Feuer, lasse dies 2 bis 3 Stunden langsam kochen und gieße die Suppe durch ein Sieb in ein Gefäß. Während des Kochens der Fleischbrühe werden die Krebse gebrochen, das Fleisch aus Schwanz und Schere genommen, die Schale gestoßen und zu der braunen Butter gegeben, worin das Fleisch gebraten; dieses lasse man einige Minuten unter fortwährendem Rühren schwitzen, gebe 2 Pint Fleischbrühe hinzu und lasse es $\frac{1}{2}$ Stunde kochen. Hierauf nehme man den Topf vom Feuer, nehme die aufsteigende Butter ab in einen zur Suppe bestimmten Topf und gieße die Suppe durch ein Sieb in ein Gefäß. Jetzt rühre man zu der abgenommenen Krebsbutter 4 Löffel Mehl, gebe unter fortwährendem Rühren die Krebsbrühe mit der noch übrigen Fleischbrühe hinzu, lasse die Suppe gut aufkochen, gebe ein paar Gläser Sherrywein hinzu und richte sie über den Krebsschwänzen, welche der Länge nach in 2 halbe geschnitten, und den Scheren an.

Hummersuppe.

Die Hummersuppen werden ganz wie die Krebssuppen bereitet; hierbei muß man die Größe der Hummer berechnen; die der mittleren Größe sind die besten.

Krabbensuppe.

Von 4 Pint gekochten Krabben wird die Hälfte ausge=

pflückt und die andere Hälfte mit der Krabbenschale sehr fein gestoßen. Hierauf läge man in einen Topf 2 gehackte Schalotten mit 90 Gramm Butter einige Minuten schwitzen. Darauf gebe man den gehackten Krabben, eine geriebene, gelbe Wurzel, ein wenig feinen Pfeffer und ein kleines Blatt Muskatblüte hinzu, schwitze dies unter fortwährendem Rühren einige Minuten durch, gebe 3 Pint kochendes Wasser hinzu und lasse es unter öfterem eine Stunde langsam kochen. Hierauf setze man den Topf vom Feuer, nehme die aufsteigende Butter ab, reibe die Suppe durch ein Haarsieb in ein Gefäß, wasche und trockne den Topf gut aus, gebe die abgenommene Butter hinein, verrühre diese mit 2 Löffel Mehl nnd gebe die durchgeriebene Suppe unter fortwährendem Rühren hinzu, lasse dies einmal gut aufkochen und stelle sie zur Seite. Jetzt koche man in einem kleinen Topfe $\frac{1}{4}$ Pint Rahm; sobald dieser kocht, gieße man ihn über einige Löffel sehr fein gehackter Petersilie, welche zuvor in die Kuppenschüssel gegeben worden ist, gebe die ausgepflückten Krabben hinzu, rühre alles gut mit einem Kochlöffel durch und richte die Suppe darüber an.

Austernsuppe.

Für 12 Personen rechne man 5 bis 6 Dutzend Austern. Diese werden, nachdem sie geöffnet, von den Bärten befreit, und mit Fleischbrühe bedeckt zum Feuer gebracht, daß sie steif werden, dürfen jedoch nicht kochen. Hierauf nehme man die Austern mit einem Schaumlöffel aus der Brühe, gebe die

Bärte, den Saft der Austern und ein Pint Fleischbrühe hinzu, lasse es ¼ Stunde kochen und gieße die Brühe durch ein feines Haarsieb in ein Gefäß. 3 bis 4 Dutzend Champignons werden abgezogen, in 2 oder 4 Teile zerschnitten, mit einem Stück Butter, ein wenig Salz, dem Saft einer Citrone und einer Tasse Fleischbrühe zum Feuer gebracht und langsam gedämpft. Die Austern werden bald durchgeschnitten, zu den gedämpften Champignons gegeben und zurückgesetzt. Jetzt lasse man 90 Gramm Butter in einem Topf heiß werden, gebe einen Löffel Mehl hinzu, und schwitze dieses einige Minuten mit der Butter durch; es darf jedoch keine braune Farbe annehmen; dann rühre man die Austernbrühe mit 4 Pint kochender Fleischbrühe nach und nach hinzu, lasse es gut zusammen aufkochen und eine Zeitlang von der Seite simmern. Jetzt gebe man die zurückgesetzten Champignons und Austern, sowie eine Tasse gekochten Rahm hinzu und rühre die Suppe mit 4 Eidottern ab, wonach sie sogleich angerichtet wird und nicht wieder kochen darf.

Man mache die Fleischbrühe zu dieser Suppen von 4 Pfund Kalbsknochen und einem alten Huhn; dies wird mit 7 Pint Wasser und den nötigen Suppengemüse und Gewürzen zum Feuer gebracht.

Dritter Abschnitt.

Milchsuppe mit Reis.

125 Gramm abgewaschener Reis wird in 2 Pint kochender Milch und einem Stück Kanehl oder Citronenschale ½ Stunde gekocht und mit Zucker und Salz gewürzt.

Milchsuppe mit Klößen.

Die Milch wird aufgekocht, mit Salz und etwas Zucker gewürzt und über Schwemm- oder anderen beliebigen Klößen angerichtet.

Milchsuppe mit Sago.

In einem Pint Milch wernen 60 Gramm gut abgewaschener Sago ½ Stunde langsam gekocht; darauf gebe man etwas Salz und Zucker hinzu und rühre die Suppe mit einem Eidotter ab.

Milchsuppe mit Nudeln.

90 Gramm Suppennudeln werden gebrochen und in einem Pint kochender Mich 10 Minuten gekocht. Dann gebe man Zucker und Salz hinzu, rühre die Suppe mit einem Ei ab und richte sie über gerösteten Milchbrotscheiben an.

Mondaminsuppe für Kinder.

Man läßt Milch, soviel man bedarf mit einem Stück Zucker aufkochen und macht sie mit in Wasser oder kalter Milch ausgerührtem Mondamin seimig.

Eine gute Fastensuppe von Mondamin.

Man läßt eine große gehackte Zwiebel mit einem Stück Butter weich, aber nicht braun rösten, giebt 2 Pint kochendes Wasser hinzu und macht die Suppe mit Mondamin leicht seimig. Zuvor hat man eine Tasse süßem Rahm mit 2—3 Eidottern verschlagen. Man zieht die Suppe vom starken Feuer ab, rührt ein paar Löffel zu den verschlagenen Eidottern und rührt es zu der Suppe, wanach diese nicht wieder kochen darf, Nach Belieben kann man etwas gehackte Petersilie daran geben und Salz nach Geschmack.

Milchsuppe mit Hafergrütze.

125 Gramm feine Hafergrütze wird mehrere Stunden eingeweicht, in 2 Pint Milch ½ Stunde gekocht, durch ein Sieb gerieben und wieder zum Feuer gebracht, mit Zucker, Salz und einen kleinem Stück Butter aufgekocht und angerichtet. Man reicht auf einem Teller mit geröstete Milchbrotscheiben.

Eiermilch.

Ein Pint kochende Milch wird mit 4 Eidottern abgerührt,

mit Zucker und Salz gewürzt und sogleich angerichtet. Man lege das zum steifen Schnee geschlagene Weiße der Eier wie Klöße auf die Suppe, bestreue diese mit gestoßenem Kanehl und decke die Suppenschüssel rasch zu, damit der Schnee von der Hitze anzieht und nicht zerrinnt.

Schokoladensuppe.

Schokolade wird in kleine Stücke zerbrochen, in ein wenig kalter Milch eingeweicht, und glatt gerührt zu einem Pint kochender Milch gegeben und auf einem gelindem Feuer mit der Rute bis zum Steigen geschlagen, hierauf mit 2 Eidottern abgerührt. Man reiche die Suppe mit gerösteten Scheiben, Bisquitkuchen oder Zwieback.

Buttermilchsuppen.

Die Buttermilchsuppen werden wie die Milchsuppen mit Reis, Graupen, Nudeln, Sago, ꝛc. eingekocht. Man muß die Milch bis zum Kochen rühren, damitt das Wasser nicht hervortritt und die Milch in kleine Klumpen zusammenläuft. Sie werden nach Geschmack und nach der Säure der Buttermilch gesüßt.

Buttermilchsuppe mit Birnen und Klößen.

Vier Pint Buttermilch werden bis zum Kochen gerührt und nach Geschmack gesüßt. Hierauf setze man kleine Kartoffelklöße, von $\frac{1}{2}$ Pfund Mehl gemacht, in die kochende Suppe und läßt diese 6 Minuten langsam kochen. Die getrockneten Birnen werden mit einem Teil der Buttermilch und etwas Kanehl und Citronenschale gekocht; man giebt diese beim Anrichten in die Suppenschüssel, nimmt dann die Klöße mit einem Schaumlöffel aus und richtet die Suppe darüber an. Statt der Birnen kann man auch getrocknete Pflaumen nehmen.

Weinsuppe mit Graupen.

125 Gramm feine Graupen werden abgewaschen, mehrere Stunden mit einem Pint kaltem Wasser eingeweicht, mit diesem Wasser, sowie einem kleinen Stück Kanehl und Citronenschale zu 2 Pint kochendem Wasser gegeben und langsam gekocht, bis die Graupen mürbe sind. Hierauf nehme man den Kanehl und die Zitronenschale aus der Suppe, gebe $\frac{1}{2}$ Pint weißen Wein und nach Geschmack Zucker hinzu, lasse die Suppe aufkochen und rühre sie mit 3 Eidottern ab. Nach Belieben können Korinthen und kleine Rosinen in dieser Suppe gekocht werden.

Schaumsuppe.

60 Gramm zur Salbe verrührte Butter, ein kleiner Löffel Kartoffelmehl, 90 Gramm Zucker, die abgeriebene Schale einer Citrone (die Citrone wird auf dem Zucker abgerieben, wonach dieser gestoßen) und 6 Eidotter werden mie einem Pint Wasser verrührt; jetzt gebe man eine Flasche Weißwein hinzu, schlage alles auf dem Feuer bis zum Steigen, menge mit der Rute das zum festen Schaum geschlagene Weiße der Eier leicht

darunter und richte die Suppe über kleinen gebratenen oder gerösteten Brotschnitten an.

Weißweinsuppe mit Sago.

125 Gramm gut abgewaschener Sago wird mit einem Stück Kanehl, ein wenig Citronen- oder Apfelsinenschale und 60 Gramm gut abgewaschenen Korinthen zu einem Pint kochendem Wasser gegeben und eine halbe Stunde langsam gekocht; hierauf nehme man den Kanehl und die Schale heraus, gebe ein halbes Pint Wein, das nötige Wasser und 60 Gramm Zucker hinzu, lasse alles zusammen aufkochen und rühre die Suppe mit 2 Eidottern ab.

Rotweinsuppe mit Sago.

Zu 125 Gramm in Wasser gekochtem Sago, worin ein kleines Stück Kanehl gegeben, gebe man eine halbe Flasche Rotwein und das nötige Wasser zu einer angenehmen Dicke, und Zucker nach Geschmack.

Eierbier.

Sechs Eidotter werden mit 60 Gramm Zucker $\frac{1}{4}$ Stunde stark nach einer Seite gerührt; dann gebe man unter fortwährendem Rühren ein Pint kochendes Bier und ein wenig geriebenen weißen Ingwer oder Muskatnuß hinzu.

Biersuppe zum Trinken.

Ein gutes Liter Braunbier wird mit einem kleinen Stück

Ingwer gekocht; hierauf verrühre man 2 Eidotter, eine Tasse süßen Rahm und ein wenig Zucker, schlage mit einer Rute das gekochte Bier hinzu, wonach es in Tassen mit gerösteten Feinbrotscheiben gereicht wird.

Biersuppe mit Brot.

Alte Krusten von Fein- und Weißbrot werden in Wasser erweicht, mit diesem und dem nötigen Bier, sowie ein wenig Citronenschale gekocht, durch ein Sieb gerieben und wieder zum Feuer gebracht, nach Geschmack gesüßt und mit einigen Eidottern abgerührt.

Weißbiersuppe mit Sago.

30 Gramm gut abgewaschener Sago wird in einem Pint Weißbier gekocht; hierauf verschlage man in einer Kumme einen Löffel Zucker, ein paar Tropfen Citronensaft und 2 Eier, rühre die Suppe hinzu und richte sie sogleich an.

Hafersuppe.

250 Gramm eingeweichte Hafergrütze wird mit dem Wasser, worin sie geweicht ist, nnd etwas Citronenschale in 2 Pint kochendem Wasser eine halbe Stunde gekocht, durch ein Sieb gerieben und wieder zum Feuer gebracht. Darauf gebe man so viel kochendes Wasser hinzu, daß es eine gute, seimige Suppe wird, sowie 125 Gramm aufgekochte Rosinen mit dem Wasser, 60 Gramm Butter, den Saft einer Citrone und

etwas Salz und Zucker, lasse alles zusammen aufkochen und reiche die Suppe mit gerösteten Milchbrotscheiben. Zu dieser Suppe eignen sich am besten große Traubenrosinen; diese werden in warmes Wasser gelegt, vermittelst eines kleinen Messers von den Steinen befreit, mit Wasser bedeckt zum Feuer gebracht und langsam gekocht.

Haferschleim für Kranke.

125 Gramm Hafergrütze wird in 2 Pint Wasser gekocht, durch ein Sieb gerührt und wieder zum Feuer gebracht und mit so viel Wasser aufgekocht, daß der Schleim zum Trinken angenehm ist, gebe etwas Salz, Zucker oder für den Kranken dienlichen Saft hinzu.

Graupenschleim für Kranke.

60 Gramm feine Graupen werden abgewaschen, mehrere Stunden in einem Pint Wasser, worin sie eingeweicht sind, zum Feuer gebracht, langsam gekocht und durch ein Sieb gerieben, mit dem Saft einer Citrone und Zucker gewürzt.

Haferbrei für Kinder.

90 Gramm Hafergrütze wird mit der linken Hand in ein Pint kochendes Wasser gestreut, während mit der rechten gerührt wird. Dann gebe man ein wenig Salz hinzu und lasse es eine halbe Stunde unter öfterem Rühren langsam kochen. Man gebe den Brei in Suppenteller und übergieße ihn mit frischer Milch.

Fruchtsuppen.

Die Fruchtsuppen werden im Sommer von frischen Früchten, im Winter von Fruchtsaft oder getrockneten Früchten gemacht. Die frischen Fruchtsuppen müssen teilweise von Stärke und Süßigkeit nach Geschmack gemacht werden, da die Früchte sehr verschieden sind. Die besten Früchte werden nicht sehr oft zur Suppe verwendet, auch kommt es ganz darauf an, wie die Früchte gereift sind, und auf die verschiedenen Arten, als von Stachelbeeren, Himbeeren, Johannisbeeren, Kirschen ꝛc. Die Säfte und Säuren der verschiedenen Sorten sind sehr verschieden, also werde ich so genau wie möglich die Bereitung der verschiedenen Fruchtsuppen angeben.

Fruchtsuppe von gemischten Früchten.

Ein halbes Pfd. rote Johannisbeeren und ebensoviel Himbeeren werden mit 3 Pint Wasser, einem kleinen Stück Kanehl und etwas Citronenschale zum Feuer gebracht und langsam gekocht, bis die Früchte gänzlich gebrochen; hierauf setze man ein Haarsieb auf ein Gefäß und gieße die Suppe durch. Jetzt bringe man 250 Gramm Zucker mit einer kleinen Tasse Wasser zum Feuer. Sobald dieses recht klar aufkocht, gebe man ½ Pint gute Erdbeeren hinzu und lasse diese 10 Minuten kochen, wonach sie mit einer Schaumkelle gehoben werden. Der Erdbeersaft wird mit dem schon durchgegossenen Saft der anderen Früchte zum Feuer gebracht. Man gebe je nach der Stärke der Früchte das genügende Wasser, und nach Geschmack den nötigen Zucker hinzu. Kleine Brot- oder Schwemmklöße werden, mit einem Löffel abgesteckt, in der Suppe gekocht. Beim Anrichten gebe man die Erdbeeren hinzu.

Stachelbeersuppe mit Sago.

Ein halbes Pfund schöne, gut gereifte, rote Stachelbeeren werden von Stiel und Blüte befreit, zu 250 Gramm mit einer kleinen Tasse Wasser gekochten Zucker gegeben, worin sie 20 Minuten langsam gekämt werden. Ein Pfund Stachelbeeren werden mit 3 Pint Wasser und etwas Citronenschale gekocht, durch ein Sieb gerieben, wieder zum Feuer gebracht und mit 125 Gramm gut abgewaschenem Sago eine halbe Stunde langsam gekocht; jetzt gebe man ein Glas Rotwein und die in Zucker gekochten Stachelbeeren hinzu und reiche Zwieback oder geröstetes Brot mit der Suppe.

Bickbeersuppe.

1½ Pfund Bickbeeren werden mit 3 Pint Wasser, einer in Scheiben geschnittenen, von den Kernen befreiten Citrone zum Feuer gebracht, langsam gekocht, durch ein Sieb gerieben und wieder zum Feuer gebracht; man gebe dann ein Glas Rotwein und den nötigen Zucker daran; kleine, beliebige Klöße werden in der Suppe gar gekocht, wonach diese sogleich angerichtet wird.

Bickbeersuppe mit Weißbrot.

Nachdem die Bickbeeren wie die vorigen gekocht, gebe man

ein Glas Rotwein und den nötigen Zucker hinzu, lege in Würfel geschnittenes, geröstetes Milchbrot in die Suppenschüssel und gieße die Suppe durch ein Sieb hinzu, wonach diese nach Belieben kalt oder warm zu Tische gebracht wird.

Kirschensuppe.

2 Pfund Kirschen werden mit den Steinen in einem Mörser zerstoßen, mit 3 bis 4 Pint Wasser zum Feuer gebracht und mit einem kleinen Stück Citronenschale aufgekocht; hiernehme man dieses heraus und süße diese Suppe nach Geschmack. Kleine Kartoffel-, Schwemm- oder Brotklöße werden, mit einem Löffel abgesteckt, in die kochende Suppe gegeben, einige Minuten gekocht und dann diese sogleich angerichtet.

Gerstengrütze mit Himbeersaft.

125 Gramm Gerstengrütze wird in 2 Pint kochendes Wasser gerührt, worin ein kleines Stück Kanehl und etwas Citronenschale gegeben sind, und $\frac{1}{2}$ Stunde langsam gekocht; hierauf nehme man den Kanehl und die Citronenschale aus der Grütze, gebe den genügenden Himbeersaft hinzu und reiche Zwieback mit der Suppe.

Himbeersuppe.

250 Gramm Zucker werden mit der Schale einer Citrone einem kleinem Stück Kanehl und einer Tasse Wasser zum

Feuer gebracht; sobald der Zucker klar verkocht, gebe man ein halbes Pfund Himbeeren hinzu und lasse diese ½ Stunde kochen, wonach sie, durch ein Sieb gerieben, mit 2 Pint Wasser zum Feuer gebracht werden, lasse alles zusammen aufkochen und mache die Suppe mit einem kleinen Löffel in Wasser ausgerührtem Kartoffelmehl oder Arrowroot seimig und gebe die Suppe kalt mit kleinen Kuchen oder geröstetem Brot.

Haferschleim mit Äpfeln.

250 Gramm eingeweichte Hafergrütze wird mit 2 Pint frischem kaltem Wasser und ein wenig Salz zum Feuer gebracht, ½ Stunde langsam gekocht, durch ein Sieb gerieben und wieder zum Feuer gebracht. Während der Zeit des Kochens bereite man die Äpfel folgender Weise: Zwölf gute Äpfel werden geschält, in Viertel geschnitten, vom Kernhaus befreit und wieder der Länge nach in 2 bis 3 Teile geschnitten. Jetzt lege man sie in einen irdenen Topf oder in ein gut ausgezinnten Topf, gebe 2 Gewürznelken, ein kleines Citronenschale, 30 Gramm Butter, 2 Löffel Wasser und 125 Gramm Zucker hinzu, schließe den Topf fest zu und stelle ihn in einen heißen Ofen, worin die Äpfel in 15 bis 20 Minuten gedämpft sind, nehme die Gewürznelken davon, gebe die Äpfel zu dem kochenden Haferschleim, rühre die Suppe mit 2 Eibottern ab und richte sie über Milchbrotscheiben an.

Vierter Abschnitt.

Stachelbeeren.

Zwei Pfund rote Stachelbeeren werden mit 2 Pint Wasser zum Feuer gebracht; darauf gebe man ein Pfund Zucker, worauf die Schale einer Zitrone abgerieben ist, ein Stück Kanehl, den Saft der Zitrone und eine Flasche leichten Rotwein hinzu, lasse alles zusammen aufkochen und einige Minuten simmern, gieße es durch ein Sieb in eine Suppenschüssel, lasse die Kaltschale erkalten und stelle sie bis zum Gebrauch auf Eis; kleine Zuckerplättchen oder Bisqritkuchen werden mit der Kaltschale gereicht.

Erdbeeren.

1½ Pfund gut gereifte Erdbeeren werden durch ein feines Haarsieb gerieben, mit 250 Gramm feinem Zucker, dem Saft einer Zitrone und einer Flasche guten Wein verrührt, in eine Schüssel gegossen und bis zum Gebrauch auf Eis gestellt.

Bickbeeren mit Milch.

Zwei Pint frisch gemolkene Molkenmilch wird mit einem Stück Kanehl und der Schale einer halben Zitrone aufgekocht; eine halbe Stunde vor dem Anrichten werden 1 Pfund gut belesene Bickbeeren nach Geschmack gesüßt, die Milch wird vor dem Gebrauch über die Bickbeeren gegeben.

Himbeeren und Johannisbeeren.

Diese werden wie die Erdbeeren behandelt und beendigt.

Kirschen.

Ein halbes Pfund schwarze und dieselbe Quantität saure Kirschen werden in einem Mörser zerstoßen, mit einem Pint Wasser, der Schale einer Zitrone und einem Stück Kanehl eine halbe Stunde gekocht und durch ein Sieb gerieben. Jetzt rühre man den nötigen Zucker, den Saft einer Citrone und ½ Flasche Wein hinzu, gebe es in die Schüssel und stelle diese bis zum Gebrauch auf Eis.

Aprikosen.

Zwei Dutzend gut gereifte Aprikosen werden ausgesteint, in einen Topf gegeben, mit einem Liter kochendem Wasser übergossen, eine halbe Stunde gekocht und durch ein Sieb gerieben; hiernach zerschlage man die Steine mit einem Hammer, welches sehr sorgsam geschehen muß, um die Kerne nicht zu zerbrechen; diese werden abgebrüht und zurückgesetzt. Ein halbes Pfund Zucker, woran die Schale einer Citrone abgerieben, wird mit einer Tasse Wasser zum Feuer gebracht; sobald dieses klar fortkocht, gebe man den Saft der Citrone, die abgebrühten Kerne und ein paar Gläser Madeira hinzu, lasse alles zusammen aufkochen und rühre den Zucker mit ½ Flasche Weißwein zu den durchgeriebenen Aprikosen, wonach die Kaltschale in die Schüssel gegeben und bis zum Gebrauch auf Eis gesetzt wird.

Bier mit Rahm.

Man gebe in eine Schüssel 5 bis 6 Löffel geriebenes Feinbrot, die Schale einer Citrone oder Apfelsine, auf Zucker gerieben (man nimmt ein großes Stück Zucker, reibt die Schale darauf ab und schabt dieses mit einem Messer zu dem Brot) und ein wenig geriebene Muskatnuß, verrühre alles mit ¼ Pint süßem Rahm und gebe 1 Pint Weißbier und den noch nötigen Zucker hinzu.

Funfter Abschnitt.

Reismehlklöße.

Diese werden ganz wie die vorigen behandelt; man nehme halb so viel Reismehl wie Milch.

Abgerührte oder Schwammklöße.

Man bringe ½ Pint Milch mit 125 Gramm Butter zum Feuer. Wenn die Milch kocht, gebe man ¼ Pint Mehl hinein, rühre es so lange auf dem Feuer ab, bis der Teig von

Kartoffelklöße.

½ Kilo geriebene Kartoffel, 60 Gramm geschmolzene Butter, etwas Salz und 2 Eier knete man mit so viel Mehl zusammen, daß es ein fester Teig wird; kleine Klöße werden mit den Händen ausgerollt und in Salzwasser gekocht.

Hamburger Klöße.

In 1 Pfund Mehl mache man eine Vertiefung, gebe ein wenig Salz und 150 Gramm heißes Bratenfett hinein, rühre dies mit heißem Wasser zu einem ziemlich festen Teige, forme mit den Hände Klöße davon und koche sie in Salzwasser gar. Wenn derselbe noch warm ist, rühre man 8 ganze Eier hinein. Die Klöße setze man mit einem Löffel ein.

Brotklöße.

250 Gramm Brot wird in Milch eingeweicht, gut ausgedrückt und mit 60 Gramm Butter abgebacken. Wenn der Teig abgekühlt ist, gebe man etwas Salz und geriebene Muskatnuß, 3 Eidotter und das Weiße zum festen Schaum geschlagen, daran. Die Klöße können gerollt und mit einem Löffel eingesetzt werden.

Griesklöße.

60 Gramm gestoßene, süße Mandeln und 3 bis 4 bittere bringe man mit ½ Pint Milch und 60 Gramm Butter zum Feuer. Wenn die Milch kocht backe man 125 Gramm Gries

darin ab, gebe dazu ein wenig Salz und die abgeriebene Schale einer Citrone, 2 Eidotter, das Weiße der Eier zu Schaum geschlagen, und setze Klöße davon in süße Suppen.

Reisklöße.

125 Gramm Reis werden in einem Pint Milch zu einem dicken Brei gekocht. Wenn der Reis erkaltet ist, gebe man etwas Salz, geriebene Muskatnuß und 4 ganze Eier darunter und mache mit den Händen kleine, lange Klöße davon. Diese werden in verschlagenem Ei und Semmelbröseln gewendet und in Butter zu einer schönen Farbe gebraten. Dieselben werden in Fruchtsuppen gegeben.

Buchweizengrützklöße

werden ganz wie Reisklöße behandelt.

Markklöße.

Man nehme 250 Gramm fein gehacktes Ochsenmark, 125 Gramm geriebenes Weißbrot, 250 Gramm feines Mehl, 2 ganze Eier, 2 Schalotten und einen Löffel gehackte Petersilie. Das Ochsenmark wird mit dem Mehl und Brot in einer Kumme gemengt, die Zwiebel sehr fein gehackt in 30 Gramm Butter geschwitzt und dann mit der Petersilie über die gemengten Sachen gegeben. Jetzt macht man in diese eine Vertiefung, giebt zwei Eier hinein, verrührt diese mit einem Kochlöffel, giebt etwas Salz hinzu und rührt Alles zusammen mit

Milch zu einem ziemlich festen Teige. Hiervon werden kleine Klöße geformt oder mit einem Löffel abgesteckt und 6 bis 7 Minuten gekocht.

Zwiebackklöße.

Man nehme 125 Gramm feingestoßenen Zwieback, 45 Gramm Ochsenmark, etwas Salz und 3 Eidotter. Der Zwieback wird mit 2 Löffeln Madeira und ein paar Löffeln Rahm getränkt und mit dem gehackten Ochsenmark und einem kleinen Stück Butter auf dem Feuer abgebacken. Wenn der Teig erkaltet ist, rühre man einen Löffel Kartoffelmehl, Salz und die 3 Eidotter daran. Diese Klöße werden sowohl in Frucht, als in Kraftsuppen gegeben.

Schokoladenklöße.

Nachdem 60 Gramm Butter zu einer Salbe gerührt sind, rühre man nach und nach 4 Eidotter und darauf 125 Gramm geriebene Schokolade hinzu, gebe so viel geriebenes Weißbrot daran, daß es ein steifer Teig wird, sowie den Eiweißschaum, und lege diese Klöße mit einem Löffel auf kochendes Wasser. Die Klöße dürfen nur anziehen und nicht stark kochen. Man giebt diese Klöße in kochender Milch (Milchsuppe).

Zitronenklöße für süße Suppen.

Man nehme 90 Gramm Butter, 60 Gramm Zucker, 2 Eier, 180 Gramm geriebenes Weißbrot und eine Citrone.

Die Butter wird zu einer Salbe gerührt; dann rührt man die Eidotter, den Zucker und die abgeriebene Schale der Citrone so lange damit durch, bis der Teig recht pflaumig wird und Blasen schlägt, mengt den Saft mit dem Brot leicht darunter, und zuletzt das zum festen Schnee geschlagene Weiße der Eier. Die Klöße werden, mit einem Löffel abgesteckt, in kochendes Wasser gelegt. Dieselben dürfen nur anziehen und schwach simmern; durch rasches Aufkochen würden sie wegen ihrer Leichtigkeit platzen. Es sind sehr gute Klöße für Fruchtsuppen.

Russische Klöße.

Man steche aus Nudelteig kleine runde Plättchen, gebe in die Mitte einen kleinen, mit der Hand gerollten Fleischkloß, schlage den Teig über das Fleisch zusammen und rolle die Klöße wieder mit den Händen aus. Diese Klöße werden in der Suppe gar gekocht.

Schwammklöße von Kalbfleisch.

Nachdem ½ Pfund Kalbsteak in einem Mörser fein gestoßen, reibe man das Fleisch durch ein Sieb, gebe etwas Salz weißen Pfeffer und geriebene Muskatnuß daran und rühre nach und nach so viel dicken Rahm hinzu, daß es ein steifer Pfannkuchenteig wird; dieser Teig muß 4 bis 5 Stunden vor dem Gebrauch gemacht und am besten auf Eis gestellt werden, oder in einen kühlen Keller; bis zu der Zeit wird es ein fester Teig sein. Dann stecke man mit einem Löffel Klöße davon ab und lege sie auf kochendes Wasser zum Anziehen; die Klöße dürfen nicht kochen. Man giebt diese Klöße in Kraftsuppen, sowie in feinen Ragouts.

Fleischklöße mit Ochsenfleisch.

½ Pfund sehr fein gehacktes Ochsenfleisch, 250 Gramm gehacktes Nierenfett, 250 Gramm in Milch eingeweichtes Weißbrot, 2 Eier, etwas Salz, ein wenig weißen Pfeffer, Muskatnuß und eine Handvoll gehackte Petersilie knete man zusammen zu einem Teig, forme mit den Händen kleine runde Fleischklöße davon und koche dieselben in Suppe gar.

Schwammklöße von Hühnerfleisch.

Man ziehe die Haut von einem Huhn ab, löse das Fleisch von den Knochen und verfahre wie beim Kalbfleisch.

Fleischklöße für Schildkröten- und Kraftsuppen und Ragouts.

250 Gramm von allem Fett befreites Kalbfleisch wird sehr fein gehackt und durch ein Sieb gerieben, 6 hartgekochte, durch ein Sieb gerührte Eidotter, 60 Gramm in Wasser eingeweichtes Milchbrot, werden mit 30 Gramm Butter auf dem Feuer abgebacken. Jetzt nehme man 3 Eidotter und 60 Gramm Butter. Die Butter wird zu einer Salbe gerührt; dann rührt man die Eidotter nach und nach hinzu. Nachdem dann

ein wenig Salz, feiner, weißer Pfeffer und geriebene Muskatnuß hinzugekommen, giebt man die durchgeriebenen Eier und das abgebackene Brot und Fleisch hinzu, knetet Alles zusammen durch und formt kleine, runde Klöße von der Größe einer Haselnuß. Man legt diese Klöße, sowie sie geformt sind, auf einen mit Mehl bestäubten Teller, hält den Teller etwas schräge über kochendes Wasser, worin ein wenig Salz gegeben, schiebt die Klöße mit einem Messer ab und läßt sie 6 Minuten langsam kochen.

Fischklöße.

Hierzu nimmt man die Überreste von Fischen jeder Art pflücke das Fleisch sorgfältig von den Gräten und hacke es sehr fein, gebe ebensoviel geriebene Kartoffeln hinzu, etwas gehackte Petersilie, Salz und weißen Pfeffer, knete mit 2 bis 3 Eiern einen festen Teig, rolle die Klöße mit den Händen und koche sie in Fischsuppen gar.

Gefüllte Nudeln oder Raviolis.

30 Gramm Butter werden mit 180 Gramm Mehl auf dem Backbrett verrieben; dann macht man in der Mitte ein Loch, giebt 2 verschlagene Eier hinein und rührt dieses mit einem Messer zu einem Teig. Dieser wird zu der Dicke eines Papiers ausgerollt und dann kleine Plättchen, 4 Centimeter im Durchmesser ausgestcckt und mit folgender Fülle belegt: 160 Gramm völlig von Haut und Sehnen befreites gebrate=

nes oder gekochtes Fleisch jeglicher Art oder Geflügel und 30 Gramm magerer, gekochter Schinken werden sehr fein gehackt und durch ein Sieb gerieben, 30 Gramm geriebener Parmesankäse, 60 Gramm Butter, 2 Eidotter und ein wenig gehackte Petersilie oder Schnittlauch. Die Butter wird zu einer Salbe gerührt; dann rühre man die Eidotter und den Käse hinzu, würze dieses mit etwas weißem Pfeffer und geriebener Muskatnuß, ohne Salz, gebe das Fleisch und die Petersilie hinzu und rühre alles durcheinander mit einem Löffel dickem Rahm. Von dieser Fülle belege man die Hälfte der Plättchen mit einem nußgroßen Stück, bestreiche die Ränder mit verschlagenem Ei und lege ein anderes Plättchen darüber, so daß die Ränder genau zusammenkommen, und presse die Nudeln leicht nieder. Diese werden in kochendem Wasser 6 Minuten gekocht, mit einer Schaumkelle auf ein Sieb gelegt und in die angerichtete Suppe gegeben. Die Nudeln eignen sich besonders für Kraftsuppen.

Eierschwamm.

4 Eier werden mit ¼ Pint Fleischbrühe verschlagen; dann reibe man ein wenig Muskatnuß daran und gebe die Masse in eine Form. Diese wird in einer Pfanne mit Wasser halb bedeckt und in einen heißen Ofen gesetzt. Hat der Schwamm sich gesetzt, so nehme man die Form heraus und stecke mit einem Löffel Stücke davon ab in Kraftsuppen.

Eierklöße.

6 hartgekochte Eidotter werden durch ein Sieb gerieben und mit 2 geriebenen Kartoffeln, etwas Salz, weißem Pfeffer, geriebener Muskatnuß und 2 Eidottern gemengt. Aus diesem Teig werden mit etwas Mehl kleine Klöße gemacht, die man auf kochendem Salzwasser 5 Minuten sieden läßt und in eine beliebige Suppe giebt.

Suppenreis.

125 Gramm gut abgewaschener Reis wird in einem Pint kochendem Wasser mit etwas Salz gekocht. Der Reis darf nicht gerührt werden, auf daß die Körner nicht zusammen kleben. Man richte ihn erhöht auf einer Schüssel an. Nach Belieben kann man denselben, wenn er bei Kraftsuppe gegeben wird, mit Fleischklößen und Gemüse bekränzen.

Geschnittene Pfannkuchen für klare Suppen.

Es werden dazu 3 Eier, 3 kleine Löffel Mehl, 1 Löffel gehackte Petersilie und das gehackte Weiße einer Stange Porree genommen. Das Gelbe der Eier wird mit dem Mehl, ein wenig Salz, den gehackten Kräutern und mit Milch so dünn verrührt, daß es ein rahmartiger Teig ist. Jetzt giebt man das zum festen Schnee geschlagene Weiße der Eier hinzu und hackt aus dieser Masse 3 Pfannkuchen. Beim Backen des ersten legt man ein Löschpapier auf einen Teller, den Pfannkuchen darauf und wieder ein Stück Löschpapier darüber, und so fort, bis alle drei gebacken sind, damit man die Butter abzieht, worin sie gebraten sind, da auf einer guten Suppe kein Fettauge hervortreten darf. Die Kuchen werden in kleine Streifen geschnitten, in die Suppenschüssel gegeben und die Suppe darüber angerichtet.

Gebratene Brotkrümel.

Von einem Milchbrot wird die Rinde abgeschnitten; dann zerlege man das Brot in kleine Würfel und brate diese in Butter hellbraun. Diese Schnittchen dienen als Bei- und Einlage verschiedener Suppen.

Geröstetes Brot zur Suppe.

Hierzu nimmt man ein einen Tag altes Milchbrot, welches in nicht zu dünne Scheiben geschnitten, auf einer Gabel zum hellen Feuer gehalten und auf beiden Seiten leicht braun geröstet wird. Die Scheiben werden in fingerlange, einen Zoll breite Streifen geschnitten und kreuzweise erhöht, auf einem Teller angerichtet und mit der Suppe gereicht.

Sechster Abschnitt.

Vorbereitung der Gemüse.

Die erste Vorbereitung der Gemüse ist ein sauberes Abwaschen der Wurzeln, Knollen 2c. Von diesen Teilen wird wird der Sand sehr sorgsam gewaschen, ehe man eine fernere Reinigung, wie Schaben, Schälen 2c., vornimmt. Blättergemüse sind am besten frischgepflückt; diese werden gut verlesen, abgewaschen und bleiben bis zum Kochen in frischem, kaltem Wasser liegen. Schotengemüse sind am besten frisch entschotet, wie z. B. sehr junge, große Bohnen. Sollte jedoch die Zeit in einer großen Haushaltung nicht vorhanden sein und die Gemüse werden am Abend zum Gebrauch für den nächsten Tag entschotet, so werden sie zugedeckt an einem kühlen Orte aufbewahrt. Zum Abkochen der Gemüse nimmt man sehr reichlich Wasser und einen offenen Kessel. Grüne Gemüse zum Verzieren legt man eine kurze Zeit vor dem Einwaschen auf ein Sieb oder Durchschlag, giebt, wenn das Wasser aufkocht, etwas Salz hinzu und mit den Gemüsen zugleich ein kleines Stück Soda; kleine Salatherzen und kleine Köpfe Rosenkohl werden, um sie schön zu erhalten, mit einem Schaumlöffel gehoben, auf ein Sieb gelegt und sogleich mit reinem, kalten Wasser übergossen.

Geschälte Kartoffeln.

Die Kartoffeln werden gut abgewaschen, geschält und hierbei gleich in frisches Wasser gelegt. Aus demselben wäscht man sie in ein anderes und aus diesem in einen Topf. Mit etwas Salz und kaltem Wasser zum Feuer gebracht, läßt man sie langsam dämpfen; hierauf werden sie abgegossen und einige Minuten fest zugedeckt, so daß sie recht mit ihrem Dampfe durchziehen.

Junge Kartoffeln zu kochen.

Die jungen Kartoffeln werden sauber gewaschen in einen Topf gegeben, dann giebt man zu einem Pint Kartoffeln und etwas Salz den Saft einer halben Citrone, übergießt sie mit heißem Wasser und läßt sie zugedeckt langsam kochen. Hierauf gießt man die Kartoffeln ab, trocknet den Topf, befreit die Kartoffeln von der Schale und giebt sie hierbei in den noch heißen Topf zurück. Mit einem Stück Butter und feiner Petersilie geschwungen, werden sie sogleich angerichtet.

Gebackene Kartoffeln.

Die Kartoffeln werden roh geschält, in dünne Scheiben geschnitten, gewaschen und wieder abgetrocknet, aus heißem Schmalz, so daß sie darin schwimmen, zu einer hellbraunen Farbe gebacken, auf ein Sieb geschüttet, welches mit einem Löschpapier belegt sein muß, um das Fett anzuziehen, mit Salz und Pfeffer bestreut, umgeschüttet und sogleich zu Tisch gegeben.

Zum guten Abbacken sollte in jeder Küche ein Fettkessel sein, und zwar von folgender Beschaffenheit: ½ Meter lang, ¼ Meter hoch, worin sich ein Sieb befindet, womit man alles zugleich ausheben kann.

In diesen Kessel giebt man 2—2½ Pfund Schmalz oder gutes Bratenfett. Die Hitze zum Ausbacken erkennt man daran, wenn man ein kleines Stück Brot hineinwirft; dieses muß sogleich wieder aufspringen. Das Fett wird noch warm in ein Gefäß gegossen, damit es immer rein bleibt. Die zum Ausbacken bestimmten Kartoffeln werden ferner mit einem Ausstecher ausgesteckt, oder große Kartoffeln in 4 schöne Viertel geschnitten. Ganz besonders gut werden sie auf folgende Weise: Die Kartoffeln werden abgewaschen geschält, wieder abgewaschen und getrocknet. Jetzt schneidet man sie in reichlich ¼ Zoll dicke Scheiben, schält diese rund um, bis man zuletzt ein langes Ende verschlungener Schale hat. Sind alle Kartoffelstücke so geschält, so werden sie wie die Scheiben gebacken und sehr leicht pyramidenartig angerichtet.

Kartoffelbrei oder -Mus.

Gute, mehlige Kartoffeln werden geschält, in Salzwasser abgekocht, durch ein Sieb gerieben und mit einem Stück Butter und Milch auf dem Feuer abgeschlagen, hierauf angerichtet und mit in Butter gebratener, fein gehackter Petersilie bestreut.

Gedämpfte Bechamelle-Kartoffeln.

Hierzu werden recht große Kartoffeln geschält, von denen

man mit einem Kartoffelausstecher kleine Kartoffeln abdreht. Vorher hat man schon einen guten schlanken Bechamellebeiguß zubereitet; in diesem werden die Kartoffeln langsam gedämpft und sogleich angerichtet.

Kartoffeln in der Schale.

Die Kartoffeln werden aus mehreren Wassern ausgewaschen, damit der Sand davon kommt, mit einer Handvoll Salz und Wasser bedeckt zum Feuer gebracht und langsam weich gedämpft. Alsdann gießt man Wasser ab und läßt die Kartoffeln zugedeckt einige Minuten in ihrem Dampfe stehen.

Gebratene Kartoffeln.

Die nach vorhergehender Beschreibung behandelten Kartoffeln werden in mehrere Teile oder Scheiben geschnitten, gesalzen und gepfeffert und in heißer Butter, worin eine Zwiebel geschnitten, schön hellbraun gebraten.

Wiener Kartoffel-Schmarren.

Die Kartoffeln werden in kleine Stücke zerschnitten, etwas Salz und Brotkrümel darüber geworfen und die Butter braun gebraten.

Kartoffelpudding zum Sauerbraten und zum Schmorbraten (Beef a la Mode.)

20 große Kartoffeln werden geschält, in Salzwasser abgekocht und, während sie nach warm sind, durch ein Sieb gerie-

GEMÜSE UND KARTOFFEL SPEISEN.

ben. 8 bis 10 Sardellen werden abgewaschen, ausgegrätet und gut ausgewässert, getrocknet und in kleine Stücke geschnitten. Diese werden mit 30 Gramm Butter, 30 Gramm geriebenem Parmesankäse und 4 Eidottern zu den Kartoffeln gemengt. Hierauf läßt man gutes Bratenfett oder zerlassene Butter in einer Kumme herumlaufen, bestreut dieses mit feinen Semmelbrösseln, giebt die Masse hinein und läßt den Pudding in einem heißen Ofen ½ Stunde backen. Aus dem Ofen genommen, läßt man ihn einige Minuten stehen, stürzt ihn dann in eine Gemüseschüssel und reicht ihn mit dem bestimmten Fleisch.

Kartoffel-Bällchen.

20 große Kartoffeln werden geschält, in Salzwasser abgekocht, durch ein Sieb gerührt, Pfeffer und Salz daran gegeben und mit 4 Eidottern gebunden. Jetzt rolle man mit den Händen kleine Kartoffelklöße davon. Diese werden in verschlagenen Eiern und Semmelnbrösseln gewendet und aus heißem Schmalz zu einer goldgelben Farbe gebacken.

Bällchen von Kartoffeln nach Herzoginnen Art (Croquetten von Kartoffeln a la Duchesse).

12 große Kartoffeln werden geschält, mit etwas Salz abgekocht und warm durch ein Sieb gerieben; alsdann läßt man 30 Gramm Butter in einem Topf zergehen, giebt die Kartoffeln hinein, streut etwas feinen, weißen Pfeffer und geriebene Muskatnuß darüber und schlägt die Kartoffeln auf dem

Feuer ab, bis der Teig von dem Topf läßt; dann schlägt man noch warm 3 Eidottern hinein, formt mit den Händen kleine Bälle und drückt diese mit einem Messer platt in der Form einer Kotelette. Diese werden in verschlagenem Ei und Weißbrot gewendet und in einer Pfanne mit Butter auf beiden Seiten zu einer goldgelben Farbe gebacken.

Blumenkohl mit Rahmbeiguß.

Der Bzumenkohl wird geputzt und 2 Stunden vor dem Gebrauch in kaltes Wasser gelegt, damit die im Kohl befindlichen Raupen herauskommen, die den Kohl oft sehr bitter machen, dann in kochendes Salzwasser gelegt, in einem nicht zu kleinen Kessel, so daß die Köpfe darin wallen, langsam gekocht und mit einer Schaumkelle gehoben, worauf sie einen Augenblick abtropfen, hierauf angerichtet und mit Blumenkohlbeiguß übergossen.

Gebackener Blumenkohl mit Käsekruste.

Der Blumenkohl wird in Salzwasser gekocht, auf ein Sieb gelegt, damit das Wasser herausläuft, auf eine Schüssel gelegt und mit dem Rahmbeiguß übergossen, dann mit geriebenem Parmesankäse dick überstreut, im Ofen schön braun gebaken und mit Rahmbeiguß aufgetragen.

Weißer Kohl.

Ein Kohlkopf wird in mehrere Teilen zerschnitten, die innere, harte Rinde ausgeschnitten und in Salzwasser gekocht, auf einen Durchschlag gegeben und gut abgedruckt. Eine große Zwiebel wird fein geschnitten und in etwas Butter geschwitzt, einige Löffel Fleischbrühe, Pfeffer und Salz daran gegeben, der Kohl wieder hinein gegeben und gut durchgeschwitzt.

Sauerkohl.

Ein Kohlkopf wird in 4 Teile zerlegt, von der Rinde befreit, sehr fein geschnitten, mit etwas Weinessig, Fleischbrühe, 125 Gramm Bratenfett, etwas Salz, weißem Pfeffer, einem Löffel Brotkümmel und 6 großen, in Würfel geschnittenen, sauren Äpfeln gar gedämpft. Beim Anrichten lege man um den Kohl kleine Bratwürstchen

Grüner Winterkohl mit Speck und Kartoffeln.

Ein Stück gut gereinigter, sauber gewaschener, geräucherter Speck vom Bauch, nach Verhältniß der Familie, wird mit kaltem Wasser zum Feuer gebracht und verschäumt; nach einstündlichem Kochen wäscht man den Kohl hinein und zwar nach und nach; man läßt ihn immer, da die Brühe auf dem Speck nicht so reichlich sein muß, etwas wieder kochen. Ist auf diese Weise der letzte Kohl hineingekommen, so muß dieser fest zugedeckt werden und langsam gar dämpfen. Hierauf nimmt man den Speck heraus, gießt den Kohl auf einen Durchschlag, drückt ihn fest ab und giebt das auf dem Wasser befindliche Fett mit einem Stück Butter wieder in den Topf hinein. Wenn dieses recht heiß geworden, giebt man sehr kleine, in der Schale gekochte, abgeschälte Kartoffeln, ein paar Löffel Fleischbrühe und feinen, weißen Pfeffer hinzu, läßt die Kartoffeln einige Minuten stehen, damit die Fleischbrühe von diesen recht seimig wird, giebt dann abgedrückten Kohl hinzu, stobt alles zusammen gut durch, giebt das noch fehlende Salz hinzu und richtet den Kohl in einer Gemüseschüssel oder um den Speck an.

Kohlrabi.

Die Kohlrabi werden geschält, in fingerlange Stücke geschnitten und in Salzwasser weich gekocht, hierauf mit dem nötigen Rahmbeiguß übergossen, mit etwas Muskatnuß überstreut, gut umgeschwenkt und wieder aufgekocht.

Teltower Rüben.

Die Rüben werden in Salzwasser abgekocht und in einem Durchschlag abgegossen. Hierauf läßt man etwas Zucker mit einem Stück Butter braun werden, giebt die Rüben hinein und schwenkt sie leicht darin um; mit etwas feinem, weißem Pfeffer und Muskatnuß bestreut, giebt man soviel Fleischbrühe hinzu, daß die Rüben bedeckt sind und läßt diese fest zugedeckt langsam dämpfen, bis sie zuletzt zu einer schönen Glasur einkochen.

Sellerie mit Rahmbeiguß.

Die Sellerie werden geschält, in vier Teile geschnitten, mit etwas Fleischbrühe, Salz und Pfeffer zum Feuer gebracht und langsam gar gekocht; mit der Brühe und etwas gutem Rahm bereite man einen Beiguß und gebe ihn beim Anrichten über die Sellerie.

Mairüben.

Die Rüben werden in Salzwasser abgekocht und mit Petersilienbeiguß angerichtet.

Selleriemus.

Die Sellerie werden in Fleischbrühe weich gekocht, durch ein Sieb gerieben, mit ein paar Löffel Rahm, einem kleinen Stück Butter, etwas Salz und weißem Pfeffer durchgerührt und wieder aufgekocht.

Englischer Sellerie.

Die Sellerie werden bis zum weißen Kern von allen Blättern befreit, die Wurzel schön abgeputzt und in halb Wasser, halb Milch und etwas Salz weich gekoch; sie werden auf einem Stück geröstetem Brot halb durchgeschnitten, angerichtet und mit einem Butterbeiguß übergossen.

Spinat.

Der Spinat wird sauber belesen, von den Stielen befreit und gut abgewaschen, in kochendem Salzwasser in einem offenen Kessel rasch abgekocht, auf einen Durchschlag abgegossen und mit kaltem Wasser rasch überspült, damit er schön grün bleibt, fest ausgedrückt und mit einem Wiegemesser gehackt. Hierauf läßt man eine kleine, feingehackte Zwiebel mit einem Stück Butter leicht rösten, giebt dem gehackten Spinat ein wenig feinen weißen Pfeffer und einen kleinen Löffel Semmel=

bröffel hinzu, oder geftoßenen Zwieback, fchwitzt alles zufammen gut durch und richtet ihn fogleich an.

Ausgebackener englifcher Sellerie.

Die Sellerie werden in Fleifchbrühe gedämpft und gut einglafirt, dann auf eine Schüffel gelegt, halb durchgefchnitten, mit einem dick eingekochten deutfchen Beiguß übergoffen und zum Erkalten an einen kühlen Ort gefetzt, alsdann in verfchlagenem Ei und Semmelbröfeln gewendet und eben vor dem Anrichten aus heißem Schmalz zu einer fchönen Farbe gebacken.

Spinat-Pudding.

¼ Pint durchgeriebener Spinat wird mit 2 Löffel dickeren Rahmbeiguß, etwas geriebener Muskatnuß und 3 Eidottern verrührt; dann giebt man das zum feften Schnee gefchlagene Weiße der Eier leicht darunter, füllt die Maffe in eine mit Butter ausgeftrichene und mit Semmelbröffeln beftreute Form und läßt den Pudding eine halbe Stunde dämpfen. Diefer Pudding wird beim Geflügel gereicht.

Geftobte Erbfen.

Die Erbfen werden wie die vorigen abgekocht und abgegoffen; dann gebe man in den Topf ein Stück Butter und einen Löffel Mehl und mache mit dem Erbswaffer den Beiguß, gebe die Erbfen hinein mit einem kleinen Löffel Zucker und gehackter Peterfilie, fchwenke alles gut um und richte fie an.

Grüne Erbsen.

Die Erbsen werden in Salzwasser abgekocht und auf einen Durchschlag gegeben, mit einem Stück Butter und gehackter Petersilie geschwenkt und angerichtet.

Pahlerbsen auf englische Art.

Die ausgepflückten Erbsen werden mit einem kleinen, nuß= großen Stück in Soda reichlich kochendes Wasser geschüttet, worin etwas Salz gegeben worden. Hierzu giebt man ein Stückchen junger Pfefferminze und läßt die Erbsen in einem offenen Topf langsam kochen, damit sie nicht aus der Schale kochen. Auf ein Sieb abgegossen, werden sie über einem Stück frischer Butter, welches man in die Gemüseschüssel legt, angerichtet; man hebt sie dann mit einem Löffel leicht durch erhebt sie schön in der Schüssel, deckt diese rasch zu und bringt sie sogleich zur Tafel.

Man kann auch die Erbsen mit feinem, weißen Pfeffer bestreuen, welches jedoch meistens erst bei der Tafel nach Ge= schmack geschieht. Die großen Mark= oder Zuckererbsen sind den kleinen vorzuziehen; sie sind sehr zu empfehlen zu gutem Rostbeaf.

Schneidebohnen auf deutsche Art.

Die Schneidebohnen werden in Salzwasser gekocht, abge= gossen und mit einem Stück Butter, etwas Pfeffer und gehack= ter Petersilie geschwenkt und angerichtet.

Grüne Schneidebohnen auf englische Art.

Die Schneidebohnen werden kurz vor dem Gebrauch abgezogen, in schöne, lange Schnitte geschnitten und dann wie die Erbsen mit einem kleinen Stück Soda in kochendem Salzwasser etwa 10 Minuten gekocht und auch wie die Erbsen angerichtet.

Schneidebohnen mit Rahm.

Vorhergehende Bohnen werden, nachdem sie abgegossen, mit Rahmbeiguß geschwenkt.

Brechbohnen mit Lammfleisch.

Eine Lammsbrust wird mit kaltem Wasser und etwas Salz zum Feuer gebracht; gut verschäumt, man läßt sie zehn Minuten überkochen, nimmt sie dann aus dem Wasser, spült sie mit kaltem Wasser, schneidet sie in schöne viereckige Stücke und legt diese in einen Topf. Mit etwas Salz, feinem, weißem Pfeffer, einem Bündel Kräuter, bestehend aus Thymian, Majoran und Portulack, sowie einer kleinen Zwiebel und kaltem Wasser bedeckt, läßt man das Fleisch $\frac{1}{4}$ Stunde dämpfen, nimmt die Kräuter und die Zwiebel heraus, sowie das zu viele Fett ab, giebt die Bohnen hinein und läßt sie mit dem Fleisch weich dämpfen. Ein Löffel Mehl wird mit einem Stück Butter und etwas Wasser in einer Kumme glatt gerieben; dann rührt man etwas von der Brühe hinzu und giebt alles wieder in den Topf zurück, streut jetzt etwas gehackte Petersilie darüber und schwenkt es leicht zusammen durch. Beim Anrichten legt man das Fleisch um die Bohnen.—Wachsbohnen werden auf dieselbe Weise zubereitet.

Wachsbohnen mit Rahm.

Recht junge, von den Fasern befreite Bohnen werden, ohne sie zu zerbrechen, in Salzwasser mit einem kleinen Stück Butter weich gedämpft und auf ein Sieb abgegossen. Jetzt bereitet man mit einem Teil des Bohnenwassers, guter Milch oder Rahm einen Beiguß, in diesem werden die Bohnen geschwungen und in schöner Ordnung wie Spargel angerichtet.

Große Bohnen.

Die jungen, großen Bohnen werden in reichlich kochenden Salzwasser geschüttet, langsam gekocht und abgegossen und in einem Butterbeiguß, mit etwas feingehackter Petersilie und junger Kolle geschwenkt. Sie werden am besten mit einem gekochten Schinken gereicht.

Schlepp=Spargel.

Die Spargel werden mit einem Messer abgeschabt, in Bündel zusammengebunden, in Salzwasser abgekocht und mit Spargelbeiguß aufgetragen.

Brech=Spargel.

Die Spargel werden geschält, in 2 Zoll lange Stücke geschnitten und in Fleischbrühe gar gekocht. Man verreibe in einer Kumme ein Stück Butter und ein Löffel Mehl mit einem Teile der Brühe, gebe 2 bis 3 Löffel guten Rahm, etwas Zucker, Salz und geriebene Muskatnuß daran, gebe dieses unter die Spargel, lasse alles zusammen aufkochen und richte sie sogleich an.

Schwarzwurzeln.

Die Schwarzwurzeln werden geschabt, in 2 Zoll lange Stücke geschnitten und sogleich in Wasser gelegt, woran mit einigen Löffeln Weinessig etwas Mehl gerührt ist, damit sie nicht blau werden, mit Fleischbrühe und einem Stück Butter zum Feuer gebracht, langsam gedämpft und mit Eidottern, einem Löffel Mehl und dem Saft einer Citrone abgerührt.

Junge, gelbe Wurzeln und Karotten.

Die jungen Wurzeln und Karotten werden geschabt, sauber gewaschen, mit kaltem Wasser bedeckt, mit einem Stück Butter, etwas Salz und einem kleinen Löffel Zucker zum Feuer gebracht und langsam gedämpft. Nachdem sie weich geworden läßt man die Brühe ganz mit den Wurzeln einkochen; sie werden alsdann mit einem Stück Butter und frisch gehackter Petersilie geschwenkt.

Junge Wurzeln mit Rahmbeiguß.

Die Wurzeln werden in Fleischbrühe mit einem Löffel Zucker, Salz und einem Stück Butter gedämpft. Nachdem sie weich geworden, rührt man einen Löffel mit Rahm oder guter Milch und giebt es unter die Wurzeln. Es muß ein gebundener und nicht zu dicker Beiguß sein, zu dem man noch etwas feinen, weißen Pfeffer und etwas geriebene Muskatnuß giebt

Junge Wurzeln mit Erbsen.

Die kleinen, jungen Wurzeln werden wie die vorigen zum Feuer gebracht. Wenn sie kochen, werden die Erbsen eingewaschen und wie die vorigen beendet.

Artischoken

Von den Artischoken wird die Spitze, sowie auch die Spitzen von den Blättern, abgeschnitten und so lange in Salzwasser gekocht, bis man die Blätter ausziehen kann, auf ein Sieb zum abtropfen gelegt, die obersten Blätter mit den Fingern abgepflückt, die Faden herausgenommen und auf einer Serviette eingerichtet. Hierzu kann man Butter oder spanischen Beiguß geben.

Kopfsalat mit Rahmbeiguß.

Derselbe wird wie der vorige gewaschen und geputzt, in Salzwasser rasch abgekocht, auf ein Sieb zum abtrocknen gelegt, angerichtet und mit Rahmbeiguß übergossen.

Gedämpfter Kopfsalat

6 Köpfe werden von allen äußeren Blättern befreit, abgewaschen, dicht neben einander in einen Topf gesetzt, mit weißem Pfeffer, Salz und feinem Zucker überstreut, Fleisch=

brühe und ein kleines Stück Butter darunter gegeben und langsam gedämpft; dann hebe man die Köpfe mit einem Schaumlöffel heraus, rühre die Brühe mit 2 Eidottern und dem Saft einer Citrone ab und gieße sie über den Salat.

Gefüllte Gurken.

Die Gurken werden geschält, in 1 Zoll hohe Ringe geschnitten, mit einem Ausstecker ausgesteckt, so daß nur eine gute Rinde bleibt, die Rinde mit Rindfleischfüllsel gefüllt, in eine Pfanne gesetzt und soviel Fleischbrühe und Weinessig hinzugegeben, daß sie nicht schwimmen; im Ofen gebacken, richte man die Gurken in einer Pyramide an und gebe Kapernbeiguß darüber.

Gedämpfte Endivien.

Die Endivien werden geputzt und wie der Kopfsalat behandelt und beendet.

Endivienmus.

Die Endivien werden sehr kurz gedämpft, durch ein Sieb gerieben und mit dem nötigen Butterbeiguß gemengt.

Tomaten oder Liebsäpfel.

Die Tomaten werden mit weißem Pfeffer und Salz bestreut, auf jeden ein kleines Stück Butter gelegt, im Ofen gebacken, angerichtet, mit spanischem Beiguß übergossen und beim Hammelbraten gereicht.

Römische Pasteten von Tomaten. (Tomato au Gratin).

Von 6 schönen Tomaten wird eine Platte unten am Stengel abgeschnitten und der Samen, ohne die Seiten zu verletzen, ausgenommen. 12 gehackte Champignons werden mit 2 gehackten Schalotten, einem Löffel Petersilie, 30 Gram geschabten Speck oder Schinken, etwas Salz und feinem, weißem Pfeffer ein Paar Minuten auf dem Feuer abgebacken, dann giebt man das gelbe von 3 Eiern darunter, mischt alles gut durcheinander und füllt die Masse in die schon zubereiteten Tomaten, welche dann mit mit Semmelbrösseln überstreut werden. Alsdann setzt man die Tomaten neben einander in eine Backschüssel, giebt ein paar Löffel Salatöl darunter und backt sie in 10 Minuten zu einer schönen Farbe. Beim Anrichten giebt man einen guten braunen Beiguß um die Tomaten. Dieselben eignen sich besonders zum Hammelfleisch, sowie zu einem Hammelrücken, oder als Verzierung mit Hammelkoteletten.

Römische Pasteten van Champignons.

Aufgegangene Champignons werden soviel wie möglich von einer Größe genommen; von diesem werden die Stengel abgeschnitten, der Schirm abgezogen und das Innere etwas ausgenommen. Sie werden alsdann mit Kalbfleischfüllsel gefüllt, die Füllung mit einem Messer schön rund zugeglättet und nebeneinander in einen Topf eingesetzt. Dann giebt man ein Stück Butter, den Saft einer Citrone und ein paar Löffel Fleischbrühe darunter und läßt sie zugedeckt $\frac{1}{4}$ Stunde langsam dämpfen. Während der Zeit werden sie mehrere Male mit dem Jüs begossen. Beim Anrichten werden sie mit einem dicken Rahmbeiguß, zu dem man das eingekochte Jüs der Champignons giebt, überzogen. Die Schüssel wird mit Schnittchen von geröstetem Brot oder Butterteig verziert. Diese Champignons werden auf verschiede Weise gereicht, nach der Suppe, sowie auch als Beilage um ein grünes Gemüse und als alleinige Schüssel.

Champignonmus.

Hierzu nimmt man die größeren, schon aufgegangenen Champignons, zieht die Haut ab, schneidet die Stiele kurz ab und hacke sie auf einem Brett sehr fein; sie werden dann mit einem Stück Butter, weißem Pfeffer, Salz und einem Paar Tropfen Citronensaft zum Feuer gebracht, lansam in ihrem Safte gedämpft und mit dickem, braunen Beiguß gebunden. Dieses Mus wird zum Füllung kleiner Pasteten gebracht, als Unterlage verschieder Fleischsachen und in einer Gemüse=schüssel, mit Schnittchen von Butterteig besteckt, als alleinige Schüssel nach der Suppe gegeben.

Frische Trüffeln zu kochen.

Die Trüffel werden aus mehreren Wassern, mit einer kleinen Bürste gut ausgebürstet, daß der Sand heraus kommt, in einen Topf gegeben, mit Salz bestreut und in Weißwein in etwa ¾ Stunden gar gekocht, abgetropft und zum Gebrauch genommen.

Geschwenkte Trüffeln.

Vorbenannte Trüffeln werden abgeschält und in dünne Scheiben geschnitten. Man gebe in einen Topf 60 Gramm Butter, eine gehackte Zwiebel, gehackte Petersilie, den Saft einer Citrone, etwas weißen Pfeffer, ein Glas Madeirawein, koche alles zusammen auf, gebe die geschnittenen Trüffeln hinein und lasse sie darin anziehen, gebe einen Löffel spanischen Beiguß hinzu und schwenke sie gut um.

Gehackte Petersilie zum Bestreuen.

Die Petersilie wird fein gehackt, in ein Tuch gegeben und ausgedrückt, noch einmal nach einer reinen Stelle des Tuches geschüttet, wieder ausgedrückt und auf einen Teller gegeben zum Gebrauch.

Gebackene Zwiebeln.

Große Zwiebeln werden in Scheiben geschnitten, in Bierteig umgewendet, aus heißem Schmalz herausgebacken und beim Ochsenbraten gegeben.

Glasierte Zwiebeln.

8 große Zwiebeln oder kleine spanische werden in Salzwasser abgekocht und auf ein Sieb gelegt zum Abtropfen; dann koche man 60 Gramm Butter und 30 Gramm Zucker zu einem Karmel, gebe die Zwiebeln hinein mit $\frac{1}{4}$ Pint Kraftsuppe und etwas weißem Pfeffer, lasse sie $\frac{1}{4}$ Stunde gut zugedeckt dämp=

fen, hebe die Zwiebeln mit einem Schaumlöffel heraus und gebe die bis zu einer Glasur eingekochte Brühe darüber. Kleine Zwiebeln für Ragouts und zum Verzieren werden auf diese Weise glasirt.

Kastanienmuß.

Die Kastanien werden in Salzwasser gekocht und durch ein Sieb gerieben, mit braunen Rahmbeiguß vermischt und wieder aufgekocht, hoch angerichtet, mit gebratenen Bratwürstchen belegt und zu einer gebratenen Kalkute gereicht, sowie nach der Suppe.

Geröstete Kastanien.

Die Kastanien werden mit der Schale 10 Minuten gekocht, abgetrocknet und in einem heißen Ofen geröstet, bis die Schale bricht, in einer Serviette angerichtet und mit Salz beim Nachtisch gegeben.

Getrocknete weiße Bohnen mit Rahmbeiguß.

½ Pfund getrocknete Bohnen werden am Abend zum Gebrauch für den nächsten Tag eingeweicht und mit kaltem Wasser, etwas Salz, einem kleinen Stück Fett oder Butter, womit sie besser erweichen, zum Feuer gebracht, langsam weich gedämpft und auf einen Durchschlag gegossen. Dann läßt man 60 Gramm Butter in dem Topf zergehen, rührt einen Löffel Mehl, ¼ Pfund Fleischbrühe und soviel Rahm oder gute Milch hinzu, daß ein gut gebundener Beiguß ist, würzt diesem mit dem nötigen Salz, weißem Pfeffer und geriebener Muskatnuß, schüttet die Bohnen hinein, schwenkt sie leicht mit dem Beiguß durch und läßt sie ein paar Minuten anziehen.

Bohnenmuß.

Die Bohnen werden gekocht, durch ein Sieb gerieben, mit einem Stück Butter, dem nötigen Salz und etwas Rahm abgeschlagen.

Erbsenmuß.

Getrocknete, gelbe oder grüne Splitererbsen werden in Fleischbrühe gar gekocht und durch ein Sieb gerieben, Salz und etwas weißer Pfeffer daran gegeben und wieder mit soviel Suppe auf dem Feuer abgeschlagen, daß es ein schlankes Mus wird. Als Unterlage verschiedener Würste und zum gepökelten Schweinefleisch gereicht.

Geschwenkte Linsen.

Die Linsen werden in Regenwasser weich gekocht, auf einen Durchschlag abgegossen und mit folgendem Beiguß geschwenkt: 2 große gehackte Zwiebeln werden in 60 Gramm Butter zu einer gelbbraunen Farbe geröstet; man gebe hierauf 2 Löffel Weinessig und eine kleine Tasse Fleischbrühe dazu, lasse es aufkochen und gebe die Linsen hinein. Dann werden sie gut geschwenkt und angerichtet

Siebenter Abschnitt.

Kartoffelsalat.

Kleine Kartoffeln werden in ihrer Schale gekocht. Wenn sie noch warm sind, abgeschält, in Scheiben geschnitten, mit kochender Fleischbrühe übergossen und mit einem Teller zugedeckt, bis sie kalt sind. Jetzt gebe man in einer Kumme nach dem Verhältniß der Kartoffeln auf 2 Löffel guten Weinessig einen Löffel Olivenöl, etwas weißen Pfeffer und Salz, rühre es gut durch einander, gebe es über die Kartoffeln und hebe den Salat mit einer Gabel durch, so daß die Scheiben nicht brechen. Nach Belieben kann man in Salzwasser abgekochte, gehackte Zwiebeln, gehackte Petersilie oder Schnittlauch darunter geben.

Kartoffelsalat mit Schinken.

Gekochter, magerer Schinken, oder mageres, gepökeltes Schweinefleisch vom Nacken, wird in Würfel geschnitten und gleich beim Schneiden der Kartoffeln gemischt zu 2 Teilen Kartoffeln ein Teil Schinken, 2 gekochte Eidotter werden mit einem kleinen Löffel englisches Senfmehl feingerieben, mit einer Tasse Fleischbrühe verrührt, 2 Löffel Kräuteressig, ein Löffel Olivenöl, etwas weißer Pfeffer und Salz daran gege=

ben, über den Salat gegossen und durchgehoben. Man richte den Salat an, gebe einen Kranz von Brunnenkresse um denselben und belege die Kresse wieder mit hartgekochten, in Viertel geschnittenen Eiern.

Kartoffelsalat mit Heringen.

Die Heringe werden abgewaschen, in frisches Wasser gelegt, worin sie 24 Stunden liegen bleiben, abgezogen, von den Gräten befreit, quer über in kleine Streifen geschnitten und unter den nach vorhergehender Beschreibung zubereiteten Salat gegeben.

Kartoffelsalat mit Bücklingen.

Die Bücklinge werden abgezogen, das Fleisch in Stücke gelöst und unter den Salat gegeben.

Heringssalat.

Sechs große Heringe werden, wie unter Kartoffelsalat mit Heringen beschrieben, gut ausgewässert; 250 Gramm Kalbsbraten, 125 Gramm Kartoffeln, 125 Gramm Senfgurken, 125 Gramm Aepfel, 4 hartgekochte Eier und ein paar Rotbeetscheiben werden in kleine Würfel geschnitten, mit gehackter Petersilie bestreut und mit folgender Mischung gemengt; 3 Löffel Fleischbrühe, 2 Löffel Weinessig, 2 Löffel Himbeeressig, 2 Löffel Oel, etwas Salz, weißer Pfeffer und eine Messerspitze voll Cayennepfeffer werden zusammengerührt und mit dem Salat gemengt. Beim Anrichten wird der Salat mit gehackten Eiern, Rotbeeten und gehackter Petersilie, wovon man Streifen über die Schüssel legt, verziert

Krabbensalat.

Ein Teller ausgepflückte Krabben und ebensoviel in kleine Stücke geschnittene Sellerie werden mit 2 Löffel Weinessig, einem Löffel Olivenöl, Pfeffer und Salz gemengt, auf einem Teller angerichtet und mit dem Käse nach dem Essen gegeben.

Gurkensalat.

Grüne Gurken werden geschabt, in dünne Scheiben geschnitten, mit Salz überstreut, worin sie $\frac{1}{2}$ Stunde liegen bleiben, ausgedrückt und mit Oel, Essig, weißem Pfeffer und gehackter Petersilie gemengt. Das Salzen geschieht nur der Bitterkeit wegen; zarte Gurken und in Treibhäusern gewachsene werden sogleich angemacht.

Rotkohlsalat.

Ein kleiner Kopf feingeaderter Kohl wird sehr fein geschnitten, mit Salz überstreut, nach einer Stunde den Händen ausgedrückt und mit Oel, Essig und weißem Pfeffer gemengt.

Bohnensalat.

Die Bohnen werden abgezogen, einmal durchgebrochen, in Salzwasser gekocht und auf einen Durchschlag abgegossen. Man mische darauf in einer Kumme 2 Löffel Kräuteressig, einen Löffel Olivenöl, Pfeffer, Salz und gehackte Petersilie, gebe die Bohnen in die Schüssel, gieße die Mischung darüber und hebe sie gut durch.

Muschelsalat.

Die Muscheln werden ¼ Stunde in Milch gelegt, um die Milch aufzusaugen, daß sie recht weiß werden, in Salzwasser 5 Minuten gekocht, auf einen Durchschlag gegeben zum Abtropfen, aufgebrochen und von den Bärten befreit, auf Endivien gelegt und mit der schon angegebenen Oelmischung gemengt.

Fischsalat.

Hierzu nehme man jeden beliebigen gekochten Fisch, nehme das Fleisch von den Gräten und pflücke es in nicht zu große Stücke, lege es in eine Schüssel und gebe folgenden Beiguß darüber: Man gebe in einen Topf 60 Gramm Butter, 2 gehackte Schalotten und 30 Gramm Mehl, lasse es einige Minuten zusammen schwitzen und gebe den nötigen Rahm hinzu zu einem dicken Beiguß. Wenn der Beiguß erkaltet ist, gebe man ein paar Löffel Kapern mit ihrem Essig, gehackte Petersilie, weißen Pfeffer, Salz und etwas gut geschlagenen Rahm darunter, gieße den Beiguß über die Fische und hebe es gut durch. Beim Anrichten belege man den Salat mit hartgekochten, in Viertel geschnittenen Eiern.

Selleriesalat.

Vier Sellerie werden in Fleischbrühe nicht zu weich gekocht, in kaltes Wasser gelegt, nachdem sie erkaltet, mit Endivien oder Kresse in einer Schüssel schichtweise belegt und mit folgendem Beiguß übergossen: Man reibe das Gelbe von zwei hartgekochten Eiern in einer Kumme mit einem kleinen Löffel Senf sehr fein, rühre 2 Löffel Olivenöl tropfenweise hinein, etwas Salz, weißen Pfeffer, 2 Löffel Kräuteressig und eine Tasse dicken, sauern Rahm dazu und gebe den Beiguß über den Salat.

Sellriesalat von englischer Sellerie.

Das Herz der Sellerie wird in Zoll lange Stücke geschnitten, die man wieder der Länge nach etwas fein spaltet, mit etwas Brunnenkresse gemengt und wie der französische Salat gemengt.

Kopfsalat mit Majonnaisebeiguß.

Der Kopfsalat wird von den äußeren Blättern befreit, aus mehreren Wassern gewaschen und bleibt bis zum Gebrauch im Wasser liegen, damit er krisp bleibt, auf einen Durchschlag gegeben, zerpflückt und in einem Tuch völlig trocken geschwenkt, in eine Schüssel gegeben, mit Majonnaisebeiguß übergossen und mit einer Gabel durchgehoben.

Tomatensalat.

Sechs bis acht Tomaten (Liebesäpfel) werden in 3 bis 4 Scheiben geschnitten und, vom Samen befreit, neben einander in eine Pfanne gelegt, die vorher mit Oel ausgestrichen wird. Man lege dann ein Oelpapier darüber, backe sie in einem

heißen Ofen 10 Minuten, schiebe ein Messer unter jede Scheibe
und richte sie hoch an. Wenn die Tomaten völlig erkaltet
sind, gebe man 2 Löffel Esdragonessig, einen Löffel Oel, Salz
und weißen Pfeffer darüber. Es ist ein guter Salat beim
Hammelbraten, sowie beim Käse nach dem Essen. Auf ameri-
kanische Art werden die rohen Tomatenscheiben mit gleichen
Zwiebelscheiben gemengt und mit demselben Guß durchgehoben.

Achter Abschnitt.

Allgemeine Bemerkungen über Beigüsse.

Diese können in der Küche einen sehr großen Platz behaupten; sie müssen den Geschmack heben zu jeder mit ihnen
verbundenen Schüssel und sind zu vielen Sachen die größte
Vollendung. So müssen wir diese recht sorgsam behandeln
und erst die Grundlage zu einem braunen und weißen Beiguß
kennen. Die Beigüsse müssen, sobald sie gemacht sind, in
einen Wasserkessel gesetzt werden (Bain Marie); dies ist eine
6 bis 8 Zoll hohe viereckige Pfanne, die einen heißen Platz
auf dem Herd behaupten und halb mit kochendem Wasser angefüllt werden muß. Zu dieser Pfanne gehören 12 von beiden Seiten verzinnte Töpfe; die äußere Zinnung ist nötig,
damit die Töpfe besser gereinigt werden können, denn Kupfer
in heißes Wasser gesetzt, läuft sehr schwarz an. Der kleinste

Topf hält ¼ Pint, der größte, der zum Suppentopf benutzt wird, wenn die Suppe genug eingekocht ist, hält 2 Pint. Die Töpfe müssen mit einem Deckel, sowie mit einem Knopf zum Anfassen und beide wieder mit einer Oeffnung versehen sein, damit der Dampf herauszieht.

Kraft zum braunen Beiguß (Glasur oder Leim).

2 Pfund in Würfel geschnittenes, mageres Rindfleisch wird in einer Pfanne recht braun gebraten, nebst 2 Pfund Kalbsknochen und einem alten Huhn mit 6 Pint Wasser ohne Gewürze zum Feuer gebracht, gut verschäumt und 4 bis 5 Stunden langsam gedämpft; dann wird ein Suppentuch über ein Sieb gelegt und die Brühe durchgegossen. Am anderen Tage wird das Fett abgenommen, die Brühe wieder zum Feuer gebracht, rasch zu einem guten Bratensaft eingekocht und zum braunen Beiguß verwendet. Als Glasur zum Glasiern des Fleisches wird es so lange eingekocht, bis es ein starker Leim ist, der mittelst einer weißen Bürste überstrichen wird. Will man also den gemachten Bratensaft zum sofortigen Gebrauch nicht sämmtlich benutzen, so wird dieser eingekocht und bei Ermangelung an Bratensaft wieder mit Wasser verdünnt.

Weißer Butterbeiguß.

Man gebe in einen Topf 60 Gramm Butter und 2 Löffel Mehl, verrühre es mit einem Kochlöffel und gebe soviel weiße Fleischbrühe hinzu, daß es ein schlanker Beiguß wird, **die Grundlage vieler Beigüsse.**

Weißer Esdragonbeiguß.

Zu dem Butterbeiguß (s. Weißer Butterbeiguß) rühre man einen Löffel Kräuteressig und einen Löffel gehackte Esdragonblätter.

Reformbeiguß.

Zu ¼ Pint spanischem Beiguß gebe man einen Löffel rote Johannisbeeren-Gallert und ein Glas Portwein, lasse es zusammen aufkochen und setze den Beiguß heiß zum Gebrauch.

Trüffelbeiguß mit Schnittchen.

Sechs große Trüffeln werden in dünne Scheiben geschnitten, mit einem Stück Butter, dem Saft einer Zitrone, einem Glas Portwein und einer Tasse Kraft langsam gedämpft, kurz bis zur Glasur eingekocht und zu einem spanischen Beiguß gegeben.

Brauner Zwiebelbeiguß.

Sechs große Zwiebeln werden in Salzwasser abgekocht und auf einen Durchschlag gelegt zum Abtrocknen, wieder mit Bratensaft zum Feuer gebracht und gut einglasiert durch ein Sieb gerieben und mit 2 Löffeln Kräuteressig, etwas Salz und weißem Pfeffer zum braunen Beiguß gegeben.

Brauner Zwiebelbeiguß von kleinen Perlzwiebeln.

Die kleinen Zwiebeln, soviel man zum Beiguß bedarf, werden in kochendem Wasser aufgewallt und aufs Sieb zum

Abtropfen gelegt. Dann giebt man einen kleinen Löffel Zucker mit einem Stück Butter in einen Topf, läßt dieses leicht braun werden, giebt die abgetropften Zwiebeln hinein, schwenkt dieser leicht mit der Butter durch und läßt sie einige Minuten gut einglasieren, schüttet einen Löffel Mehl darüber, rührt dieses mit den Zwiebeln leicht durch und giebt unter beständigem Rühren soviel Fleischbrühe hinzu, daß es ein gut gebundener Beiguß ist; alsdann giebt man das nötige Salz, ein wenig geriebene Muskatnuß, einen Löffel Kräuteressig oder guten Weineffig hinzu, läßt den Beiguß noch einmal aufkochen und stellt ihn heiß zum Gebrauch,

Weißer Zwiebelbeiguß zu Pellkartoffeln.

Vier große, in Scheiben geschittene Zwiebeln werden abgebrüht und wieder mit 2 Löffeln gutem Essig oder Kräuteressig und ¼ Pint Fleischbrühe zum Feuer gebracht und langsam gedämpft; dann rührt man, wie in voriger Nr. bemerkt, einen Butterball daran und würzt den Beiguß nach Geschmack mit Salz, Pfeffer und Muskatnuß. Werden diese Beigüsse von Wasser gemacht, so giebt man ein Stück Butter beim Dämpfen der Zwiebeln hinzu und rührt das Mehl zu einem seimigen Beiguß mit Wasser glatt.

Portweinbeiguß.

Zu dem Beiguß gebe man den Saft einer Citrone, etwas Salz und ¼ Pint Portwein und koche den Beiguß zu einer beliebten Dicke. Madeira- und Rothweinbeiguß werden auf diese Weise bereitet.

Schnittlauchbeiguß zu Pellkartoffeln.

Zu dem Butterbeiguß giebt man von der Hand geschnittenen Schnittlauch und läßt ihn eben aufkochen.

Brauner Gurkenbeiguß mit Senfgurken.

Die Senfgurken werden in kleine Streifen geschnitten, wie die Perlzwiebeln einglasiert und wie diese beendet.

Apfelbeiguß.

Man gebe zu dem braunen Beiguß die abgeriebene Schale von 2 und den Saft von einer bitteren Apfelsine, den Saft einer Citrone, etwas Salz und $\frac{1}{4}$ Liter Weißwein und lasse es zusammen $\frac{1}{2}$ Stunde kochen.

Olivenbeiguß.

Hierzu macht man einen guten, braunen Beiguß, giebt ein Glas guten, weißen Wein, den Saft einer Citrone und das nötige Salz hinzu, für jede Person 4 bis 5 abgedrehte Oliven und ein wenig Cayennpfeffer und läßt alles zusammen einige Minuten aufkochen.

Butter zu verschiedener Beigüssen.

Man gebe in einen Topf 60 Gramm Butter, 2 Löffel Mehl, verrühre es gut mit einem Kochlöffel, rühre soviel kochendes Wasser daran, daß es ein schlanker Beiguß wird und gebe etwas weißen Pfeffer und Salz dazu.

Anchovis- oder Sardellenbeiguß.

Zu dem nach voriger Nummer gemachten Butterbeiguß gebe man einen Löffel Anchovis- oder Sardellenbutter oder einen kleinen Löffel fertigen Anchovisbeiguß.

Eierbeiguß.

4 Eier gröblich gehackt und zu dem Butterbeiguß gegeben.

Maitre d'Hotel-Beiguß.

Man rühre zum Butterbeiguß eine Tasse Rahm und 2 Löffel gehackte Petersilie.

Tomatenbeiguß.

6 große Tomaten werden mit 2 Schalotten, einem kleinen Stück Butter, etwas Salz, weißem Pfeffer und einem paar Löffel Fleischbrühe gedämpft, durch ein Sieb gerieben und mit dem Butterbeiguß gemengt.

Deutscher Beiguß.

Man gebe 125 Gramm in Würfel geschnittenen, rohen Schinken, 6 weiße Pfefferkörner, die Schale einer halben Citrone, etwas Salz, ½ Flasche Weißwein, koche den Beiguß ½ Stunde und gebe ihn durch ein Sieb.

Brotbeiguß.

Eine kleine Zwiebel und 6 schwarze Pfefferkörner werden

in ¼ Pint Milch ¼ Stunde bekocht. Jetzt nehme man die Zwiebel und die Pfeffer heraus, gebe etwas Salz und 60 Gramm durch ein Sieb geriegenes Weißbrot hinzu, lasse das Brot mit der Mich aufkochen und gebe soviel Rahm hinzu, daß es ein dicker aber nicht zu steifer Beiguß wird.

Blumenkohlbeiguß.

Man gebe in einen Topf 60 Gramm Butter und einen Löffel Mehl, rühre es mit halb Blumenkohlwasser, halb Rahm zu einem beliebten Beiguß und gebe Salz und geriebene Muskatnuß daran.

Deutscher Meerrettig=Beiguß.

Man gege in einen Topf 60 Gramm Butter und einen Löffel Mehl, verrühre es mit Fleischbrühe zu einem glatten Beiguß, gebe etwas Salz, weißen Pfeffer, ein Stück Zucker, den Saft einer Citrone, 60 Gramm abgekochte Korinthen und eine Stange geriebenen Meerettig dazu, rühre alles gut durcheinander und stelle den Beiguß heiß.

Kalter englischer Mintbeiguß.

Zum Lammbraten werden 2 Löffel gehackte, grüne Pfefferminze werden mit 2 Löffel Zucker und etwas Salz zu einer Tasse, französischem Essig gerührt.

Mayonnaise oder Oel=Beiguß.

4 Eidotter gebe man in eine Kumme mit einem runden

Boden und setze die Kumme auf gestoßenes Eis (bei Ermangelung des Eises muß der Beiguß an einem kaltem Orte gerührt werden) und rühre Tropfenweise ¼ Pint Olivenöl hinein. Dann muß der Teig so dick sein, daß der Löffel darin stehen kann. Jetzt gebe man etwas Salz, weißen Pfeffer, einen Löffel englisches Senfmehl, etwas Zucker, ein paar Löffel Weinessig und ¼ Pint dicken Rahm hinzu.

Neunter Abschnitt

Champagner Beiguß.

Man bringe ½ Pint Weinweiß, mit 125 Gramm Zucker, und die Schale einer Citrone, auf dem Zucker abgerieben, zum Feuer, lasse es langsam ankochen, verschlage während dessen in einer Kumme mit einem Glas Wasser 8 Eidotter und 2 ganze Eier, bis es seimig wird, gebe den Wein daran, gieße es wieder zurück in einen Topf, gebe unter beständigem Schlagen ½ Flasche Champagner daran, schlage den Beiguß bis zum Kochen. Jetzt muß der Beiguß gleich einem dicken Rahm der in eine Kumme gegossen und bis zum Kaltwerden geschlagen wird.

Weißwein=Beiguß.

5 Eidotter werden mit einem kleinen Löffel Kartoffelmehl und einem Glas Wasser glatt gerührt, mit 60 Gramm Zucker,

der Schale einer halben Citrone, einem kleinen Stück Kanehl und ½ Flasche Weißwein auf dem Feuer bis zum Kochen geschlagen: dann gieße den Beiguß in eine Kumme, schlage sie kalt und nehme die Citronenschale und den Kaneel heraus.

Rotwein-Beiguß.

½ Pint Rotwein, 125 Gramm Zucker, die Schale einer einer Apfelsine, den Saft von 2 Apfelsinen und ein kleines Stück Kanehl lasse man 20 Minuten langsam kochen, rühre einen Löffel Kartoffelmehl mit Wasser glatt, gebe den kochenden Wein hinzu, gieße wieder in den Topf zurück und schlage ihnen ein paar Minuten auf dem Feuer ab.

Rum-Beiguß zum englischen Plumpudding.

Ein Löffel Mehl wird in einer Tasse Wasser ausgerührt. Hierzu gebe man 30 Gramm Butter, 4 Eidotter, 125 Gramm Zucker, die Schale einer Citrone, ein kleines Stück Kanehl, ½ Pint Weißwein und ¼ Flasche Jamaika-Rum und schlage alles zusammen auf dem Feuer ab.

Englische Brandybutter (Schaumguß) zum Plum-Pudding.

Zu 125 Gramm Butter, zu Salbe gerührt, gebe man 60 Gramm sehr feinen Zucker, rühre dieses, bis es schäumig wird, nehme eine Gabel und schlage tropfenweise ein großes Weinglas Brandy hinein. Dieser Beiguß wird zu verschiedenen Puddings gereicht.

Citronen-Beiguß.

½ Liter Rahm, die abgeriebene Schale einer Citrone, 125 Gramm Zucker und 60 Gramm Butter werden zusammen auf dem Feuer bis zum Kochen geschlagen; darauf gebe man der Saft von 2 Citronen hinzu und schlage den Beiguß kalt.

Zehnter Abschnitt.

Allgemeine Bemerkungen über Fische.

Alle Seefische werden mit kaltem Wasser zum Feuer gebracht und nicht geschuppt, sondern nur gut gereinigt. Sie müssen auf schwachem Feuer sehr langsam zum Kochen kommen, damit sie nicht brechen. Werden sie aber gebacken, gebraten, oder im Beiguß gedämpft, so müssen sie geschuppt werden. Dies geschieht auf folgende Weise: Man nehme die Fische beim Schwanz und schabe mit einem Messer die Schuppen vom Schwanze dem Kopfe zu. Das muß mit leichter Hand geschehen, damit die Fischhaut nicht verletzt wird. Flußfische werden mit kochendem Salzwasser zum Feuer gebracht; sobald sie gar sind, kann man die Flossen leicht ausziehen und die Fische steigen nach oben. Fische zum Braten müssen, nachdem sie gereinigt, einige Stunden in Salzwasser liegen, damit sie hart werden; dann werden sie wieder auf den Durchschlag gegeben zum Abtröpfen und mit einem Tuch getrocknet. Die

Frische der Fische erkennt man an den Kiemen; diese müssen rot sein und nicht riechen.

Gekochter Kabeljau.

Der Kabeljau wird entweder ganz gelassen oder in 3 Zoll dicke Stücke geschnitten und mit kaltem Wasser, daß der Fisch nur eben bedeckt ist, und einer Handvoll Salz zum Feuer gebracht. Sobald der Fisch gekocht, schiebe man ihn vom Feuer und lasse ihn ¼ Stunde anziehen. Dazu giebt man einen holländischen oder Austern-Beiguß.

Gebratener Kabeljau.

Einen Zoll dicke Scheiben werden, nachdem sie 2 Stunden in Salzwasser gelegen, auf dem Durchschlag abgetropft, mit einem Tuche sehr trocken abgewischt und in Mehl gewendet. Jetzt gebe man in eine Pfanne gutes Olivenöl. Lasse es heiß werden bis zum Rauchen, aber nicht verbrennen, brate den Fisch langsam auf der einen Seite etwa 10 Minuten; dann gieße man fortwährend mit einem Löffel das heiße Oel darüber, bis auch die andere Seite gebacken ist, lege die Scheiben mit einer Fischkelle auf Löschpapier, um das noch daran befindliche Oel abzuziehen, richte sie auf einer Serviette an und gebe einen Petersilienbeiguß dabei zur Tafel.

Kabeljau auf dem Roste mit Maitre d'Hotel-Butter.

Die gerösteten Scheiben werden mit Bratensaft übergossen und mit einem Stück d'Hotel-Butter belegt.

Gebackener, gesalzener Kabeljau.

Hierzu nimmt man einen gut ausgewässerten Schwanz; dieser wird gut getrocknet in eine Pfanne gelegt, mit zerlassener Butter übergossen und in einem mittelheißen Ofen ½—¾ Stunden nach der Dicke des Fleisches unter öfterem Begießen mit seinem eigenen Safte gebacken.

Gekochtes Störfleisch.

Von einem Schnitt Störfleisch von 1 Pfund wird die Haut mit einem scharfen Messer abgelöst, das Fleisch schön rund zusammengebunden, mit kaltem Wasser bedeckt zum Feuer gebracht, aufgewallt (abgebrüht) und wieder in frisches Wasser gelegt. Dann säubert man den Fischkessel und legt das Fleisch wieder hinein; hierzu giebt man eine in Scheiben geschnittene gelbe Wurzel, eine große Zwiebel, ein Lorbeerblatt, ein Bündel Kräuter, ein Sträußchen Thymian, 3 Gewürznelken, ein kleines Blättchen Muskatblüte, ein Glas guten Essig und einen Löffel Salz, bedeckt den Fisch mit kaltem Wasser und läßt ihn langsam gar kochen. Die Zeit des Kochens richtet sich nach dem Alter des Fisches, sowie nach dem Schnitt des Fleisches. Hierzu reiche man einen Anchovis-Kardinal oder Krebs-Beiguß.

Stör mit scharfer Kruste.

Ein Stück gekochtes Störfleisch (s. gekochtes Störfleisch,) wird, nachdem es weich geworden, gehoben und auf eine Schüssel gelegt zum Erkalten. Hierauf beschmiert man die

Oberfläche der Scheiben dick mit einem kalten Tafel-Beiguß, bestreut diesen mit einem Gemisch von Semmelbröseln und geriebenem Käse, belege den Fisch überall mit kleinen, nußgroßen Butterstücken, gebe ein paar Gläser weißen Wein darunter und lasse ihn in einem mittelheißen Ofen 20 Minuten backen.

Grillirtes oder geröstetes Störfleisch.

Hierzu nimmt man die Schnitte von Störfleisch einen Zoll dick. Diese werden gekocht (s. Gekochtes Störfleisch), nachdem sie erkaltet, mit feinem Olivenöl bestrichen, auf dem Roste über einem hellen Kohlenfeuer auf beiden Seiten zu einer schönen Farbe geröstet. Beim Anrichten werden die Scheiben mit einem Stück Kräuterbutter belegt und mit einem guten Bratensaft, worin man den Saft einer Citrone drückt, aufgetragen.

Gekochter Schellfisch.

Der Schellfisch wird wie der Kabeljau gekocht, und mit Senf oder Holländischem Beiguß gereicht.

Gebackener Schellfisch.

Ein großer Schellfisch wird geschuppt, ausgenommen, die Augen ausgestochen und der Fisch gut ausgewaschen, worauf er 2 Stunden in Salzwasser liegen bleibt, auf den Durchschlag zum Abtropfen gelegt und mit einem Tuche völlig getrocknet. Dann mache man ein Hechtfüllsel, fülle damit den Bauch des Fisches und nähe ihn zu, biege den Schwanz mit

Daumen und Zeigefinger etwas zusammen und stecke ihn durch die Augen, lege den Fisch in eine Pfanne und beträufle ihn mit Citronensaft, belege den Rücken mit kleinen Stücken Butter, gebe 2 Gläser Weißwein darunter und backe ihn unter öfterem Begießen ¾ Stunden und lege ihn vorsichtig auf eine Schüssel. Jetzt muß ein Anchovis-Beiguß gemacht sein, zu welchem man die Fleischbrühe giebt. Dies lasse man zusammen aufkochen, gebe es durch ein Sieb und reiche den Beiguß allein.

Gebratener Schellfisch.

Dieser wird abgetrocknet wie vorher; dann schneide man den Kopf ab, lege ihn der Länge nach auf ein Brett, den Rücken der Hand zugekehrt, lege die linke Hand auf den Fisch, spalte mit der rechten mittelst eines scharfen Messers den Fisch von oben bis unten dicht am Grad hinunter, lege die obere Hälfte ab, schneide vorsichtig den Grad aus der andern Hälfte, schneide die beiden Filets der Länge nach durch, wende sie in verschlagenen Eiern, woran etwas gehackte Petersilie und weißer Pfeffer gerührt, dann in geriebenen Weißbrot, stutze sie mit einem Messer schön glatt zu und backe sie in zerlassener Butter zu einer schönen Farbe.

Gekochter Steinbutt.

Der Steinbutt wird ausgenommen, gewaschen und abgeputzt, mit Weinessig übergossen und gut eingerieben. Man lege ihn in einen Kessel mit der weißen Seite nach oben, gebe eine Handvoll Salz und soviel Wasser darauf, daß der Fisch eben bedeckt ist. Sobald er anfängt zu kochen, ziehe man den Kessel vom Feuer und lasse ihn langsam ½ Stunde simmern. Man gebe einen Gurkensalat dabei zu Tische.

Gekochter Stockfisch.

Der Stockfisch wird 24 Stunden in Regenwasser, worin etwas Pottasche geworfen, eingeweicht, ausgewaschen, in frisches Regenwasser gelegt, worin er noch 24 Stunden liegen bleibt, in 3 bis 4 Stücke geschnitten und mit kaltem Wasser zum Feuer gebracht. Nachdem er gut verschäumt und aufkocht, lasse man ihn langsam 3 Stunden sieden. Man bringe den Fisch mit Eierbeiguß und gekochter Petersilienwurzel zu Tische.

Ragout vom Stockfisch.

½ Pint Fleischbrühe wird mit 6 Schalotten, einem kleinen Löffel schwarzer Pfefferkörner, etwas Salz, 2 Lorbeerblättern und einer kleinen Tasse Kräuteressig zum Feuer gebracht, ½ Stunde langsam gekocht und durch ein Sieb gegeben. Dann gebe man in einen Topf 60 Gramm Butter, lasse sie braun und schwitze einen Löffel Mehl daran, gebe unter beständigem Rühren die Brühe nach und nach hinzu, lasse es gut aufkochen, schneide das Fleisch von nachgebliebenen Stockfisch in Würfel, gebe es zu dem Beiguß, schwenke es gut um und lasse es noch etwas anziehen; es darf aber nicht wieder kochen. Man reiche dieses Ragout mit Kartoffeln in der Schale.

Gebratene Seezunge

Die Seezunge wird in verschlagenen Eiern und weißem Reibbrot oder Semmelbrösseln gewendet, aus heißem Schmalz gelbbraun gebacken und mit holländischem oder Anchovisbeiguß gereicht.

Gekochte Seezunge.

Die Seezunge wird mit kaltem Salzwasser eben bedeckt, langsam zum Kochen gebracht und sogleich gehoben, damit sie nicht bricht, und mit Petersilien- oder Kapernbeiguß aufgetragen.

Filets von Seezungen mit Tomatenbeiguß.

2 feingehackte Zwiebeln und ein Löffel feingehackte Petersilie werden mit 60 Gramm Butter in einem Topf leicht geschwitzt. Darauf nehme man den Topf vom Feuer, setze 8 aufgerollte Filets hinein, streue ein wenig Salz und etwas weißen Pfeffer darüber, gebe eine Tasche Fleischbrühe darunter und bringe sie langsam zum Kochen, stelle den Topf an die Seite und lasse sie 5 Minuten anziehen, nehme die Filets heraus, rühre in einer Kumme einen kleinen Löffel Mehl mit etwas Wasser glatt, gebe es mit dem Mus von 6 Tomaten und einem kleinen Stück Sardellebutter zu der Fischbrühe, lasse es unter beständigem Rühren zusammen aufkochen, gebe den Beiguß durch ein Sieb und gebe ihn über den Fisch.

Gekochter Dorsch.

Der Dorsch wird in Stücke geschnitten und mit kaltem

Salzwasser um Kochen gebracht. Dann lasse man ihn einige Minuten anziehen und gebe eingekochten Senf oder Petersilienbeiguß dabei zu Tische.

Gekochte Makrelen.

Die Makrelen werden mit kaltem Salzwasser, worin einige Tassen Essig gegossen, eben bedeckt; langsam zum Feuer gebracht, lasse man sie einige Minuten langsam kochen, gebe zu einem gemachten Petersilienbeiguß ein paar Löffel Fischmacher und reiche ihn mit dem Fisch.

Gebratene Makrelen.

Den Makrelen werden die Köpfe abgeschnitten und erstere der Länge nach in 2 Filets gespalten. Hierauf löse man die Gräten aus und lasse sie 1 Stunde in schwachem Salwasser liegen, trockne sie ab, wende sie in Milch und dann in Mehl, lege sie sogleich in die Pfanne in heiße Butter und brate sie auf beiden Seiten in 10 Minuten. Sie werden mit einfachem Butter- oder Petersilienbeiguß aufgetragen.

Gebratene Stinte.

Die Stinte werden geschuppt und nachdem der Kopf abgeschnitten, auf 1 Stunde in schwaches Salzwasser gelegt, abgetrocknet, in Milch umgekehrt, in Mehl gewendet und aus heißer Butter zu einer schönen Farbe gebacken.

Gebratene Scholle.

Nachdem der Scholle der Kopf abgeschnitten, wird die=

selbe geschuppt, abgewaschen und auf 1 Stunde in Salzwasser und dann auf einen Durchschlag gelegt zum Abtropfen, gut abgewischt, erst in Milch, dann in Mehl gewendet und aus heißer Butter zu einer schönen Farbe gebacken.

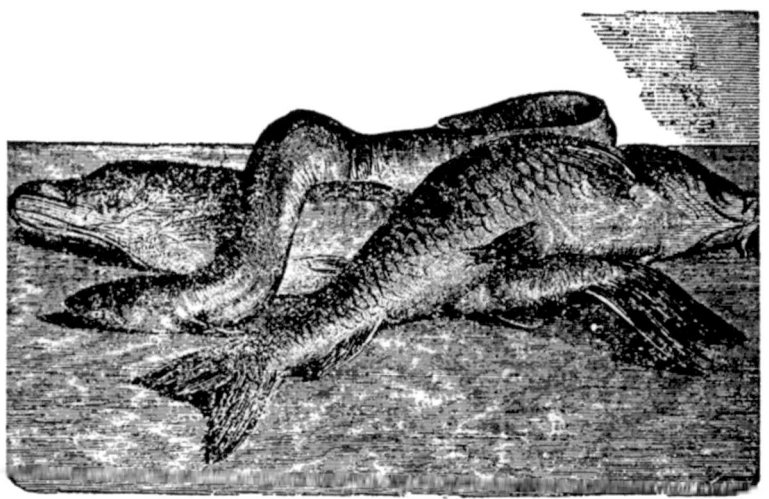

Geröstete Scholle.

Die nach voriger Numer zubereitete Scholle wird mit Oel bestrichen und auf der Roste über helem Kohlenfeuer auf beiden Seiten schön braun gebacken; braune Butter wird mit der gebratener und gerösteten Scholle gereicht.

Gekochter Hering.

Der Hering wird ausgenomen, gewaschen, die Flössen abgeschnitten und mit soviel kaltem Wasser zum Feuer gesetzt, daß er eben bedeckt ist; sobald die Heringe anfangen zu kochen, müssen sie vom Feuer genommen und angerichtet werden. Man reiche dabei einen Butter-, Petersilien- oder Zwiebel-Beiguß. Die Beigüsse werden durch Säure von Citronensaft, Essig oder Kräuteressig sehr gehoben und scharf.

Frischer Hering in Essig eingelegt.

Die Heringe werden, nachdem sie gereinigt und gewaschen, auf den Durchschlag gelegt, mit einem Tuche getrocknet und auf eine mit Butter oder Bett bestrichene Backplatte gelegt: man lege auf jeden Hering ein Salbleiblatt, lege ein Papier darüber und lasse sie in ihrem eigenen Bett gar backen. Zwei bis drei in Würfel geschnittene Petersilienwurzeln, eine Handvoll Schalotten, ein Löffel schwarzer Pfefferkörner und ein paar Lorbeerblätter werden mit schwachem oder mit Wasser vermischtem Essig, $\frac{1}{4}$ Stunde gekocht; dann lasse man sie erkalten, lege die Heringe mit den Salbeiblättern in eine Schüssel und gieße die Brühe darüber. Nach 24 Stunden kann man sie in Gebrauch nehmen.

Hringe auf Irländische Art.

Von dem geschuppten und gereinigten Hering wird er Kopf und Schwanz abgeschnitten. Hierauf belege man den Boden eines Topfes mit kleinen Stücken Bratenfett, lege dann eine Lage abgeschälte, in 3 bis 4 Scheiben geschnittene Kartoffeln darauf, überstreue sie mit feinem Salz und weißem Pfeffer, dann eine Lage Heringe und eine Lagen in Scheiben geschnittene Zwiebeln. Ist auf die Weise die Hälfte verpackt, so gieße man soviel kaltes Wasser hinzu, daß es mit der Lage gleich ist, packe auch die andere Hälfte hinein und zuletzt wieder die kleinen Stücken Bratenfett, decke den Topf fest zu und lasse die Heringe auf gelindem Feuer oder in einem heißen Ofen gar schmoren. Sie werden mit den Kartoffeln zusammen angerichtet.

Gebratener Hering.

Der Hering wird geschuppt, gereinigt, gewaschen, die Flossen abgeschnitten, eine Stunde in Salzwasser gelegt, abgetrocknet, in verschlagenen Eiern und Reibbrot gewendet, in heißer Butter auf beiden Seiten zu einer schönen Farbe gebraten und mit Beiguß und gebratene Zwiebeln zu Tische gebracht.

Gesalzener Hering.

Dieser kann im Kochen, Backen oder Braten, ganz wie der frische verwendet werden, muß jedoch gut ausgewässert sein. Der rohe Hering wird im Sommer als Beilage zu frischen Gemüsen gereicht, vorzüglich zu Schneidebohnen, großen Bohnen und Blumenkohl, die kleinen holländischen sind die besten und werden auf folgende Weise angerichtet: Der Hering bleibt, nachdem er geschuppt und mehrere Male gut abgewaschen, 2 Stunden in frischem, kaltem Wasser liegen, Hierauf schneide man den Bauch mit der Scheere nieder, reinige ihn, schneide die Flossen ab, wasche ihn wieder aus frischen Wasser, lege ihn auf ein Brett und mache längs des Rückens unter der blauen Haut einen leichten Einschnitt vom

Kopf bis zum Schwanze, ohne das Fleisch zu trennen, ziehe die Haut von den Flappen, schneide den Hering in 5 bis 6 schräge Stücke und richte ihn auf Linden- oder jungen Traubenblättern an.

Saurer oder eingelegter Hering.

Der Hering wird abgewaschen und bleibt 12 Stunden in Wasser liegen. Hierauf werden sie geschuppt und die Flossen und die Spitzen vom Schwanz abgeschnitten. Dann schneide man den Bauch mit der Scheere hinunter, nehme die Milch aus, lege die Heringe, wie die Milch wieder in frisches Wasser, lasse sie noch 12 Stunden liegen, lege sie auf einen Durchschlag zum Abtropfen und packe sie auf folgende Weise in einen Topf ein: Bis zu dieser Zeit wird die Milch abgebrüht, mit kaltem Wasser zum Feuer gebracht, daß sie eben aufkocht. Hierauf lege man sie in kaltes Wasser, daß sie sich setzt, gebe sie auf ein Sieb zum Abtropfen und lege sie wieder in den Bauch des Herings hinein; jetzt gebe man eine Lage Heringe in den Topf, lege so viele Schalotten darauf, wie Heringe da sind, sowie ein paar saure Kirschblätter, Lorbeerblätter, ganze, schwarze Pfefferkörner, dann wieder eine Lage Heringe, und so fort, bis sie alle verlegt sind. Dann wird das Ganze mit schwachem Essig übergossen und kann nach 24 Stunden verwendet werden.

Gefüllter Taschenkrebs.

Man nehme einen großen Taschenkrebs, reiße die untere Schale von der oberen, nehme die Fülle mit einem Löffel aus der Schale und rühre sie durch ein Haarsieb, nehme das Fleisch aus den Scheeren, schneide es in kleine, lange Streifen und setze es zurück. Hierauf nehme man das Fleisch einer gekochten Seezunge, hacke es fein, gebe es zu der durchgerührten Fülle, sowie 2 Löffel geriebenes Brot, etwas Salz, weißen Pfeffer, ein wenig geriebene Muskatnuß, eine Tasse dicken Rahm, rühre alles gut durcheinander, gebe dieses Füllsel in die gereinigten Schalen, glätte es mit einem Messer zu, so daß der Krebs wieder seine Form hat, lege die geschnittenen Stücke der Scheeren, erhöht wie ein Hahnenkamm, quer über den Krebs, richte ihn auf einer Serviette an; um den Krebs festzustellen, stecke 4 Beine in einen Kranz zusammen und lege ihn darauf. Die Krebsschale wird mit heißem Wasser abgebürstet, bis zu einer kleinen Ader, die um die Schale läuft, abgeschnitten, so daß nur eine kleine Backe an jedem Ende der Schale bleibt; diesen Einschnitt macht man leicht mit einem kleinen scharfen Messer, indem man beim Kopfe anfängt und so längs der Ader schneidet.

Krebse zu kochen.

Die Krebse werden in kochendem Salzwasser ¼ Stunde lang gekocht, die Verwendung der Krebse sieht man in vielen Sachen.

Gekochte Karpfen.

Die Karpfen werden nicht geschuppt, wie schon bemerkt, behutsam aufgeschnitten, daß die Galle nicht leidet, die, wenn sie zerbricht, den Fisch sehr bitter macht; man lege die Milch und den Rogen zurück, reinige den Fisch und schneide einen Karpfen von 1 Pfund (dies sind die besten) in drei Teile, spalte den Kopf und das Mittelstück, während die Schwänze ganz bleiben, lege sie mit der oberen Seite nach oben auf eine Schüssel, übergieße sie mit warmem Essig und lasse sie zehn Minuten stehen, lege sie in kochendes Salzwasser, lasse sie eben aufkochen, nehme sie vom Feuer und lasse sie zugedeckt einige Minuten anziehen. Die Milch und der Rogen werden in Salzwasser, worin ein Glas Essig, eine Zwiebel, ein paar Lorbeerblätter und ganze Pfefferkörner gegeben, gekocht und mit dem Fisch angerichtet.

Gebackene Karpfen mit Rotwein-Beiguß.

Zwei bis drei Karpfen werden geschuppt, in Stücke geschnitten und mit Salz und etwas weißem Pfeffer überstreut in eine Pfanne gelegt. Hierzu gebe man $\frac{1}{4}$ Pint guten Rotwein, zwei in Scheiben geschnittene Schalotten, ein kleines Stück Muskatblüte, ein Sträußchen Basilikum, ein kleines Stück Zitronenschale und den Saft einer Citrone, backe sie in einem heißen Ofen in 15 bis 20 Minuten gar, nehme den Fisch mit einer Fischkelle aus der Pfanne und richte ihn auf einer warmen Schüssel an.

Gebackener Karpfen mit Blätterteig.

Ein Fisch von 1 bis $1\frac{1}{4}$ Pfund wird geschuppt, gereinigt, der Länge nach gespalten und die Gräten ausgenommen. Jetzt bestreue man die innere Seite mit etwas Salz, beträufle sie mit Citronensaft und lege einen Zoll hohe Ochsenfleischfüllung darüber, streiche sie mit einem nassen Messer schön glatt ab, so daß der Fisch wieder geformt wird und das Aussehen eines nicht geteilten Fisches hat. Auf diese Weise hat man 2 ganze Fische. Dann bestreiche man die Füllung bis zum Kopfe mit verschlagenem Ei, mache 250 Gramm Butterteig, rolle ihn messerrückendick aus, stecke ganz kleine Plättchen, wie Schuppen, davon ab, fange beim Schwanz an, lege die Plättchen schuppenartig darauf, presse den oberen Teil der Plättchen leicht mit dem Zeigefinger zu der Füllung, belege den Fisch bis zum Kopfe, welcher nur mit der Füllung belegt bleibt, begieße den Boden einer Pfanne mit zerlassener Butter, lege die Fische sorgfältig mit einer Fischkelle hinein, gieße zwei Gläser Rotwein darunter und setze den Fisch in einen heißen Ofen, damit der Teig sich rasch hebt; ist dies geschehen und der Teig hat schon etwas Farbe angenommen, so belege man den Fisch mit einem leichten, mit Butter bestrichenen Papier, richte den Ofen zu einer mäßigen Hitze, lasse den Fisch eine Stunde langsam backen, schiebe eine Kelle unter den Fisch und gebe ihn auf die bestimmte Schüssel, bestreiche ihn mit eingekochtem Bratensaft und gebe einen italienischen Beiguß darunter.

Gespickter Karpfen mit braunem Rahm-Beiguß.

Ein großer Fisch wird geschuppt, gereinigt, die Haut abgezogen, mit feinem Speck überspickt und in eine Pfanne gelegt. Dann übergieße man ihn mit zerlassener Butter und setze ihn in einen heißen Ofen. Wenn der Speck sich gehoben

hat, gebe man ¼ Pint dicken Rahm hinzu, lasse ihn unter öf=
terem Begießen ¾ Stunden backen, lege den Fisch auf eine
Schüssel, gebe die Fischbrühe zu einem gemachten braunen
Rahmbeiguß, richte ihn über den Fisch an und lege Schnitt=
chen von Butterteig um die Schüssel

Ausgebackene Karpfen.

Die Karpfen werden geschuppt, in Stücke geschnitten, in
Bierteig gewendet, aus heißem Schmalz zu einer gelbbraunen
Farbe gebacken und mit einem beliebten Beiguß zu Tische ge=
bracht.

Gebratene Karpfen.

Vorbenannte Karpfen werden in verschlagenen Eiern und
Reibbrot gewendet, in zerlassener Butter auf beiden Seiten
zu einer schönen Farbe gebraten, auf einer Serviette angerich=
tet und mit holländischem Beiguß zu Tische gebracht.

Gebackener Hecht.

Der Hecht wird wie der vorbenannte gereinigt und auf 2
Stunden in Salzwasser gelegt, auf einen Durchschlag gelegt
und gut abgetrocknet, der Schwanz durch den Mund gesteckt,
darauf der Fisch in eine Pfanne gelegt, mit zwei Gläsern
Weißwein, einer in Scheiben geschnittenen gelben Wurzel,
zwei in Scheiben geschnittenen Zwiebeln und 2 Lorbeerblät=
tern, der Rücken mit kleinen Stückchen Butter belegt und un=
ter öfterem Begießen ¾ Stunde gebacken. Beim Anrichten

gebe man die Fischbrühe über den Fisch und reiche holländischen Kapern- oder Petersilienbeiguß dabei.

Gekochter Hecht.

Ein großer Hecht wird geschuppt, ausgenommen und, nachdem ihm die Flossen abgeschnitten, gewaschen, in Stücke geschnitten oder ganz gekocht. Soll letzteres geschehen, so steckt man den Schwanz durch den Mund, legt ihn in kochendes Salzwasser, läßt ihn wieder aufkochen und 10 Minuten von der Seite anziehen; zerlassene Butter und abgekochte Kartoffeln werden mit dem Hecht gereicht.

Gebackene Filets vom Hecht.

Ein großer Hecht wird in Filets geschnitten, diese werden in Mehl gewendet, dann in verschlagenem Ei, woran etwas Salz und feiner weißer Pfeffer gegeben, und zuletzt in Reibbrot, in heißer Butter zu einer schönen Farbe gebacken und auf Sauerkohl angerichtet.

Gebackene Lachsschnitte.

Die Lachsschnitte werden in folgender Weise gewendet und gebacken: 2 Eier, etwas Salz, weißer Pfeffer und ein Löffel feingehackte Petersilie werden auf einem Teller zusammen verschlagen, das Ganze in Reibbrot gewendet, in heiße Butter gelegt und auf beiden Seiten zu einer schönen Farbe gebacken. Man giebt hierzu einen beliebigen Beiguß, wie Anchovis-, holländischen, Kapern- oder Petersilien-Beiguß.

Schleie zu kochen.

Die Schleie werden geschuppt, ausgenommen, in Stücke geschnitten und in kochendes Salzwasser gelegt, dann lasse man sie wieder aufkochen und 10 Minuten in Wasser anziehen, richte sie auf einer Serviette an und gebe einen holländischen Kapern- oder Petersilien-Beiguß dazu.

Frischen Lachs zu kochen.

Der Lachs wird gereinigt, ausgenommen, in 2 Zoll lange Stücke geschnitten und in kochende Fischbrühe gelegt; dann lasse man ihn aufkochen und 15 Minuten zugedeckt anziehen. Man reiche holländischen Kapern- oder Petersilien-Beiguß dazu.

Lachsschnitte auf dem Roste.

Die Lachsschnitte werden in feinem Oel gewendet, mit Pfeffer und Salz bestreut und über einem hellen Kohlenfeuer geröstet; man richte die Schnitte auf einer heißen Schüssel an und übergieße sie mit dick eingekochten Bratensaft.

Gekochte Forellen.

Die Forelle muß sehr leicht gehändet werden, um die auf ihrem Körper befindliche Schleimhaut nicht zu verletzen; man nehme sie aus, wasche sie leicht aus, lege sie auf eine Schüssel und übergieße sie mit kochendem Weinessig. Nachdem sie erkaltet, lasse man sie behutsam mit dem Essig von der Schüssel in die kochende Fischbrühe gleiten, eben aufkochen und $\frac{1}{4}$

Stunde anziehen; sie werden wie gekochte Karpfen aufgetragen. Die Brühe besteht aus schwachem Salzwasser, worin ein paar kleine Zwiebeln, Lorbeerblätter, schwarzer Pfeffer und einige Citronenscheiben gekocht sind.

Gebratene Forellen.

Die Forellen werden gereinigt, abgewaschen, getrocknet, im Mehl gewendet und in heiße Butter gelegt. Man beschwere sie einige Minuten mit dem Deckel eines flachen Topfes, daß sie nicht aufspringen, kehre sie um und backe sie auf beiden Seiten zu einer schönen Farbe.

Gekochter Aal.

Der Aal wird ausgenommen, gewaschen, in 3 Zoll lange Stücke geschnitten und mit Essig übergossen. Man gebe ihn in dieselbe Brühe, wie die gekochten Forellen und lasse ihn zugedeckt ¼ Stunde langsam kochen; holländischer oder Senfbeiguß und abgekochte Kartoffeln werden mit dem Aal gereicht.

Gebackener Aal.

Hierzu nimmt man große Aale, von denen die Haut abgezogen wird. Man mache einen kleinen Einschnitt rund um den Kopf, löse die Haut etwas, halte den Kopf mit der linken Hand, ziehe mit der rechten mit einem Tuche die Haut ab, schneide den Aal in 3 Zoll lange Stücke und nehme die Gräten heraus; hierauf werden sie auf die Schüssel gelegt, mit feinem Salz und Pfeffer überstreut, in Mehl gewendet, aus

Gebratener Aal.

Vorbenannte Aalstücke werden mit den Gräten in Fleischbrühe und Essig gar gekocht, wieder abgetrocknet, in verschlagenem Ei und Reibbrot gewendet, in heiße Butter gelegt, auf beiden Seiten zu einer schönen Farbe gebraten und mit brauner Butter aufgetragen.

Frikassee von Aal.

Die 3 Zoll langen Aalstücke werden in Fischbrühe teilweise gar gekocht; dann mache man einen schlanken Rahm-Beiguß, lege die Aalstücke hinein, lasse sie auf schwachem Feuer anziehen, gebe den Saft einer Citrone und feingehackte Petersilie hinzu, schwenke es gut durch, richte sie in schöner Ordnung an und gebe einen Kranz von Reis um die Schüssel.

Die kleinen Fische.

Die kleinen oder sog. Backfische, wie Butt, Rotaugen ec., werden gereinigt, nachdem die Köpfe abgeschnitten, auf eine Stunde in Salzwasser gelegt, auf einen Durchschlag gegeben zum Abtropfen, mit einem Tuch getrocknet, in Mehl gewendet, aus heißem Schmalz oder Butter zur schönen Farbe gebacken und mit Senf-Beiguß oder brauner Butter gereicht.

Geröstetes, geräuchertes Störfleisch.

Das Störfleisch wird in dünne Scheiben geschnitten, in

Oel gewendet und auf dem Rost oder in der Pfanne rasch geröstet und mit dem Käse gereicht.

Geräucherter Lachs.

Dieser wird als Beilage zu Gemüsen in dünne Scheiben schnitten und auf Weinblättern oder mit Petersilie angerichtet, sowie auf Butterbrot gegeben, geröstet, nach der Suppe und mit dem Käse nach dem Essen gereicht.

Geräucherter Hering auf dem Roste.

Den Heringen werden die Köpfe abgeschnitten. Dann werden sie über einem hellen Kohlenfeuer auf beiden Seiten geröstet, auseinandergelegt, mit feinem Salz und Pfeffer bestreut und über Kräuter- oder frischer Butter angerichtet.

Elfter Abschnitt.

Rindfleischfüllsel.

Hierzu nimmt man das Fleisch am besten aus der Kluft; das Verhältniß und die Behandlung dieses Füllsels ist dem vom Kalbfleisch gleich.

Leber-Füllsel zum Pasteten.

Man nehme ¼ Pfund Schweinsleber, 250 Gramm mageres Schweinefleisch und ¼ Pfund Speck vom Rücken; die

Leber wird in Stücke geschnitten, diese werden in Salzwasser aufgekocht, hierauf mit dem gehackten Schweinefleisch, 6 Schalotten, 4 Löffel gehackter Petersilie und einem kleinen Löffel getrockneten Thymian in einem Mörser fein gestoßen und durch ein Sieb gerieben, mit dem nötigen Salz, weißem Pfeffer und Muskatnuß gewürzt und mit ½ Pint Fleischbrühe verrührt. Der Speck wird fein geschabt mit 250 Gramm Butter zum Feuer gebracht; dann lasse man es heiß werden, gebe das Füllsel hinein und lasse es unter fortwährendem Rühren ¼ Stunde abbacken zum Gebrauch zu verschiedenen Pasteten.

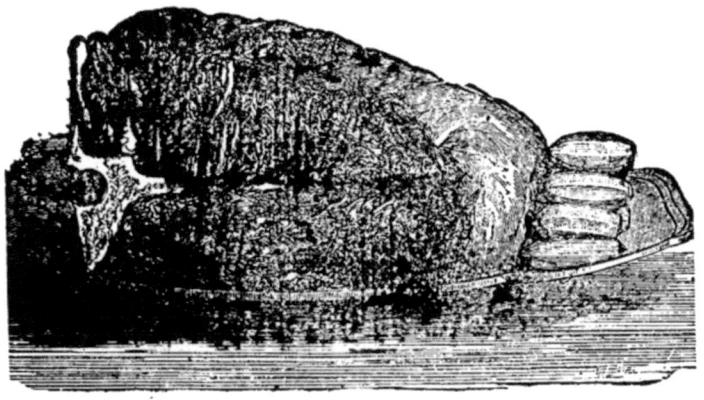

Bratwurst-Füllsel.

½ Pfund von aller Haut und allen Sehnen befreites Schweinefleisch wird mit ½ Pfund Speck vom Rücken sehr fein gehackt; ½ Pfund geriebenes Brot wird in ¼ Pfund Rahm geweicht und mit diesem zu dem Fleisch gegeben. Dieses wird mit dem nötigen Salz, etwas weißem Pfeffer und ein wenig

Nelkenpfeffer gewürzt. Darauf knete man das Füllsel gut durcheinander zum Gebrauch zu kleinen Bratwürstchen, Rahmwürsten und verschiedene Speisen.

Wild=Füllsel zum Pasteten.

½ Pfund Hirsch= Reh= oder Hasenfleisch und ½ Pfund eingesalzener, gehackter Speck werden mit 6 Schalotten, 2 Löffel gehackter Petersilie, einem Sträußchen Thymian, 2 Löffel Kapern und einer Tasse Bratensaft in einem Mörser gestoßen und durch ein Sieb gerieben; hierauf gebe man ½ Pfund in kleine Stücke geschnittene, Salz und weißen Pfeffer daran zum Gebrauch zu verschiedenen Pasteten.

Englisches Brot=Füllsel.

zum Kalbsbraten und zum Gebrauch zu verschiedenen Sachen. 90 Gramm in Wasser eingeweichtes und wieder ausgedrücktes Milchbrot und 90 Gramm gehacktes Nierenfett werden in einem Mörser zusammen gestoßen, durch ein Sieb gerieben und mit 2 Dutzend gehackten Champignons, 4 Löffel gehackter Petersilie, der abgeriebenen Schale einer Citrone, etwas Salz, weißem Pfeffer, Muskatnuß, 2 Eidottern und einem ganzen Ei zu einem Teig geknetet und zur Füllung einer Kalbskeule und andern Schüsseln verwendet.

Ein anderes Füllsel

zur Füllung einer Gans. 50 Gramm eingeweichtes und ausgedrücktes Milchbrot wird mit 75 Gramm Butter auf dem

Feuer abgebacken; nachdem es erkaltet ist, knete man es mit 6 großen, in kleine Würfel geschnittene Äpfeln, 75 Gramm gut abgewaschenen und auf aufgekochten Korinten, etwas Zucker und gestoßenem Kanehl, der abgeriebenen Schale einer Citrone, einem ganzen Ei und 2 Eidottern zu einem Teig.

Hecht=Füllsel.

Man gebe in einen Topf eine Tasse guten Rahm, 250 Gramm Butter, 150 Gramm durch ein Sieb geriebenes Milchbrot, lasse es unter fortwährendem Rühren abbacken und setze es zum Erkalten; hierauf gebe man ½ Pfund geschabtes Hechtfleisch hinzu, sowie etwas Salz, weißen Pfeffer, geriebene Muskatnuß, 2 Löffel gehackte Petersilie, 4 hartgekochten durchgeriebene Eidotter und 3 ganze Eier, knete alles zusammen und verwende die Füllung zu verschienenen Schüsseln.

Zwölfter Abschnitt

Englische Rahmbutter, (Rahmschaum, Devonshire Cream.

Man nehme 8 bis 10 Pint Milch, sobald sie gemolken, bringe sie in einem gut verzinnten Topf zum Feuer, lasse sie bis eben vor dem Kochen kommen, setze den Topf mit der

Milch an einen kalten Ort und lasse sie 24 Stunden stehen; hierauf nehme man den Rahm mit einem Milchlöffel ab, lege ihn auf ein Sieb zum Abtropfen, gebe etwas feines Salz darunter und bewahre es zum Gebrauch.

Englische Rahmbutter ist eine große Delikatesse und wird in Blechdosen versandt; sie wird nach dem Essen mit dem Käse statt Butter gereicht; hierzu giebt es noch eine ganz besondere Beilage, nämlich die englische Sellerie.

Englische Rahmbutter wird ferner über Fruchttorten gelegt und zu Fruchtpasteten gereicht.

Dreizehnter Abschnitt.

Einwickeln heißt, eine Kruste von verschlagenem Ei und Reibbrot oder Semmelbrössel machen, sowie auch von Teigen zum Ausbacken. Weißes Reibbrot halte ich zum feinen Ausbacken besser, weil es eine leichtere goldene Farbe liefert; aus Sparsamkeit muß man jedoch die Semmelbrösseln benutzen, die stets von den Brotrinden der abgeschälten Milchbröte gemacht werden können und in einigen Fällen auch wieder besser sind als Reibbrot. Das Einwickeln in verschlagenem Ei geschieht folgender Weise: Ein oder mehrere Eier, je nach dem Gebrauch, werden auf einem Teller mit einer Gabel tüchtig verschlagen; hier werden die bestimmten Sachen gewendet, dann in Reibbrot oder Semmelbrot Semmelbrössel. Um eine schöne Kräfte zu bereiten,

Reibbrot.

Altes Weißbrot wird geschält und durch ein Sieb gerieben.

Semmelbröffel.

Diefe werden, wie fchon erwähnt, von getrockneter Brot=
rinde gemacht; falls man aufbewahrte Brotrinden hat, werden
fie in kleine Stücke gefchnitten, auf Backplatten gelegt, in
einem verfchlagenen Ofen getrocknet, geftoßen, durch ein Sieb
gerieben und in einer Blechdofe zum Gebrauch aufbewahrt.

Wafferteig zum Ausbacken.

250 Gramm Mehl, etwas Salz und ein kleines Stück
Butter werden mit reichlich $\frac{1}{4}$ Pint warmem Waffer und 3 Ei=
bottern zu einem glatten Teig gerührt; kurz vor dem Gebrauch
gebe man das Weiße der Eier, zu Schneefchaum gefchlagen,
barunter.

Deutfcher Bierteig.

Statt Waffer wird warmes Bier genommen.

Vierzehnter Abschnitt.

Dies sind kleine Imbiffe, die bei großen Mahlzeiten gleich
nach der Suppe gereicht werden, fowie zum Frühftück und

Abendessen, einige werden auch als Mittelschüssel bei kleinen Mittagsessen gereicht.

Muschelu von Austern.

Diese sind kleine, weiße, ausgezackte Muschelschalen in der Form einer Austernschale; sie werden nach dem Gebrauch wieder in warmen Sodawasser abgebürstet und aufbewahrt. Zu der Schale rechne man 6 Austern; diese werden von den Bärten befreit, in kochende Fleischbrühe gelegt, auf schwaches Feuer gesetzt, daß sie steif werden, ohne jedoch zu kochen. Hierauf nehme man sie heraus, gebe die Zurückgesetzten Bärten zu der Austernbrühe, lasse sie einige Minuten langsam kochen und gieße sie durch ein Haarsieb. Jetzt mache man mit halb Fleischbrühe halb Rahm einen weißen Beiguß, gebe die Austernbrühe hinzu und rühre den Beiguß mit dem Safte einer Citrone und 2 Eidottern ab, gebe ein wenig Cayennepfeffer daran, lege die Austern in die Schale, gebe den Beiguß darüber, bestreue sie mit Reibbrot, darüber ein wenig Parmesankäse, gebe sie in einen heißen Ofen, backe sie in einigen Minuten zu einer schönen Farbe und richte sie auf einer Serviette an.

Bällchen (Croquetten) von Kalbfleisch.

½ Pfund Kalbsbraten, am besten von der Keule, wird in kleine Würfel geschnitten; dann gebe man 125 Gramm in kleine Würfel geschnittenes Schinkenfleisch hinzu, mache einen Rahmbeiguß, gebe das in Würfel geschnittene Fleisch hinzu, rühre dieses mit 3 Eidottern auf dem Feuer ab, streiche die Masse mit einem Messer zolldick über einem naß gemachten Teller und setze sie 1 Stunde auf Eis oder an einen kalten Ort; hierauf forme man mit der Hand runde Ballen, von der Größe einer Kartoffel, wende Sie mit verschlagenen Eiern und Reibbrot, backe sie aus heißem Schmalz zu schöner Farbe und richte sich in einer Serviette mit gebackener Petersilie an.

Bällchen (Croquetten) von Hühnern.

¼ Pfund gebratenes, in Würfel geschnittenes Hühnerfleisch und 125 Gramm in Würfel geschnittenes, gekochtes Schinkenfleisch wird in folgenden Beiguß gerührt: 12 bis 16 weiße Champignons werden geschält, nachdem die Stiele abgeschnitten, gröblich gehackt und mit 60 Gramm Butter und dem Saft einer Citrone einige Minuten gedämpft. Jetzt gebe man einen Löffel Mehl daran, verrühre dieses mit halb Fleischbrühe halb Rahm, zu einem glatten Beiguß, gebe 2 Löffel gehackte Petersilie, einige gehackte Trüffeln, Salz, weißem Pfeffer, geriebene Muskatnuß, sowie das geschnittene Fleisch hinzu, rühre dieses mit 3 Eidottern ab und beende diese Bällchen wie die vorigen.

Bällchen vom Fisch.

Hierzu benutzt man das Fleisch von nachgebliebenen Fischen wie Lachs, Hecht, Steinbutt, 2c. ¼ Pfund in Würfel geschnittenes Fischfleisch und 2 Löffel gehackte Petersilie werden mit Rahmbeiguß zu einem Brei verrührt, mit 3 Eidottern auf dem Feuer abgebacken und im übrigen wie die Hühner-Bällchen behandelt.

Reiskrusten mit Fleisch (Risoletten).

Zu 125 Gramm in Wasser gekochten Reis giebt man zwei Löffel weißen Beiguß, das nötige Salz, etwas feinen, weißen Pfeffer und geriebene Muskatnuß, mengt alles gut durcheinander und schlägt es mit 2 Eidottern auf dem Feuer tüchtig ab, daß die Eier sich binden; man streicht den Reis über eine Schüssel und läßt ihn erkalten. Ist solches geschehen, so legt man mit einem Löffel einen Teil auf ein mit Mehl bestreutes Brett, streicht diesen mit einem Messer zu einer Platte, auf die man ein kleines rundes Bällchen legt von einer beliebigen kalten Füllung, hierüber wird der Reis zusammen geschlagen, daß es ein runder Ballen ist. Die Reiskrusten werden in verschlagenem Ei und Reibbrot gewendet und aus heißem Schmalz zu einer goldgelben Farbe gebacken.

Kleine Pasteten von Butterteig.

Man bereite einen Butterteig, rolle diesen ½ Zoll dick aus, stecke hiervon kleine Plättchen mit einem runden Ausstecher, 1½ Zoll im Durchmesser, bestreiche die Oberfläche mit einem Eidotter, welches mit Wasser verschlagen ist; dieses darf aber nicht den Rand der Pastete berühren, weil selbige sonst nicht aufgeht; jetzt nehme man einen zweiten Ausstecher, ½ Zoll im Durchmesser, tauche ihn in warmes Wasser und stecke ihn rasch in der Mitte bis zur Hälfte hinunter. Sind alle Pasteten auf diese Weise gemacht, so setze man sie auf eine Platte, backe sie in einem heißen Ofen in ungefähr 20 Minuten, hebe die kleinen Platten, die zu einem Deckel dienen, mit einem kleinen Messer ab, nehme den inneren losen Teig aus der Pastete und fülle diese vor dem Gebrauch mit jedem beliebigen Ragout.

Brotkruste mit Caviar.

Ein kleiner Teil Kaviar wird mit einem Löffel leicht aus dem Gefäß genommen, auf die erkalteten Krusten gelegt und mit in Achtel geschnittenen Citronen auf einer Serviette angerichtet.

Reis mit Bratwürstchen auf indische Art.

Der Reis wird gekocht und auf ein Sieb gegossen; hierauf giebt man in den Topf 60 Gramm Butter, läßt diese recht heiß, aber nicht braun werden, giebt einen Löffel gutes Currypulver hinzu, giebt den Reis wieder hinein, rühre es leicht zusammen durch und richte den Reis erhöht auf einer Schüssel an. $\frac{1}{2}$ Pfund kleine Bratwürstchen werden in Mehl gewendet, in Butter schön braun gebraten und um den Reis angerichtet.

Türkischer Pilau. Gedämpfter Reis mit Hühnern.

2 junge Hühner oder ein schöner Kapaun werden in einem Ofen oder in einer Pfanne gebraten; darauf lasse man das in der Pfanne angesetzte Bratenjus mit einem Pint Wasser loskochen, löse das Fleisch von den Hühnern und schneide es in schöne Stücke, nämlich das Brustfleisch der Quere nach in meh=

rere Teile, die Knochen werden fein zerhackt mit dem Abfall der Hühner, die Lebern werden allein gedämpft, ein paar magere rohe Schinkenscheiben, 2 Schalotten, etwas Salz, ein kleines Bündel Kräuter und das Jus der Hühner zum Feuer gebracht, ½ Stunde gekocht und durch ein Sieb gegeben; diese abgekochte Brühe wird in einen Topf gegeben und mit ein paar Gläsern Madeira und dem Safte einer Citrone bis auf ¼ Pint eingekocht. Während der Zeit des Abkochens der Knochen wird ½ Pfund Reis folgendermaßen bereitet: Der Reis wird abgebrüht und auf ein Sieb gegeben; hierauf läßt man 60 Gramm Butter in einem Topf heiß werden, giebt den Reis hinein und läßt ihn mit der Butter unter stetem Rühren zehn Minuten rösten; dann gebe man ein Pint Fleischbrühe hinzu, sowie ein wenig Safran; letzterer wird mit einer Tasse Wasser übergossen und in einem Tuch ausgedrückt; man lasse den Reis ¾ Stunden langsam dämpfen (zu dieser Zeit wird er gut eingekocht sein), hebe ihn sodann leicht mit einer Gabel auf und menge ein wenig Cayennepfeffer und einen Löffel Currypulver hinzu. Das Fleisch der Hühner wird in der eingekochten Brühe erwärmt. Jetzt richte man den Reis hoch auf einer Schüssel an, lege das Fleisch in schöner Ordnung über den Reis und belege die Mitte mit großen, gekochten Rosinen.

Kleine Reispasteten.

125 Gramm Reis wird gewaschen, mit etwas Salz und einem Pint Milch zum Feuer gebracht und dick eingekocht; nachdem der Reis etwas abgekühlt, nehme man einen 2 Zoll

hohen runden Ausstecher, 1½ Zoll im Durchmesser, fülle eine Kumme mit warmem Wasser, tauche den Ausstecher ein, stelle diesen auf die Finger der inneren linken Hand, fülle mit der rechten die Form voll Reis, presse es mit dem Daumen fest nieder, glätte es oben mit einem nassen Messer ab, halte die Form über eine Schüssel und drücke den Reis, ohne die Form zu verletzen, mit dem Daumen durch; dies wird so lange wiederholt, bis alle Pasteten gemacht sind; hierauf werden sie in verschlagenen Eiern und Semmelbröseln gewendet. Dann mache man oben einen Einschnitt mit einem runden Ausstecher, ½ Zoll im Durchmesser, backe die Pasteten aus heißem Schmalz zu einer schönen Farbe, nehme den Deckel ab, den Reis bis zu einer dünnen Kruste mit einem kleinen Messer heraus, fülle die Pasteten mit einem beliebten Ragout (siehe Ragouts für Pasteten), belege sie mit dem Deckel und richte sie auf einer Serviette mit gebackener Petersilie an.

Tomaten-Reis auf böhmische Art.

12 große Tomaten werden in Fleischbrühe gedämpft und durch ein Sieb gerieben. ½ Pfund Reis wird gewaschen, in kochendes Wasser geschüttet, aufgewallt, auf ein Sieb gegossen und mit kaltem Wasser abgespült; hierauf bringt man den Reis mit dem durchgeriebenen Mus der Tomaten in einen Topf, schwenkt es zusammen gut durch, giebt etwas Salz, weißen Pfeffer nnd gute Fleischbrühe hinzu und läßt es fest zugedeckt langsam weich dämpfen; beim Verkochen wird Fleischbrühe nachgefüllt. Der Reis muß, wenn er mürbe ist, so trocken sein, daß die Körner auseinander liegen, und darf

während des Kochens nicht gerührt werden, sondern nöthigen, falls nur geschwenkt. Er wird auf einer Schüssel hoch angerichtet und mit verschiedenen kleinen Würsten von Fleisch-Bratwürstchen oder Fischwürsten belegt.

Königlicher Reis (a la Reine).

2 schöne Hühner werden aufgebogen und im Ofen eine Viertelstunde angebraten; hierauf löst man die Brust (Filets) sorgfältig von den Knochen, schneidet diese der Quere nach in schöne Stücke, nimmt das beste Fleisch von den Keulen und setzt es zurück. Alsdann pflückt man das Fleisch von den Knochen, hackt diese sehr fein, bringt sie mit dem Abfalle der Hühner, sowie dem gereinigten Magen, Hals und Kopf und 1½ Pint Wasser zum Feuer, giebt etwas Salz und Suppengemüse hinzu und läßt es eine Stunde langsam kochen. Jetzt bereitet man von einem Teil der Brühe einen deutschen Beiguß; mit der noch übrigen Brühe werden 250 Gramm Reis gekocht; sobald der Reis ausgequollen ist, legt man das zurückgesetzte Hühnerfleisch darauf und läßt alles zusammen weich dämpfen; das von den Knochen abgepflückte Hühnerfleisch wird mit etwas magerem Schinken gehackt, hiervon werden kleine Fleischklöße bereitet und in dem Beiguß gekocht. Beim Anrichten legt man das Fleisch in schöner Ordnung in die Mitte der Schüssel, legt den Reis im Kranze herum, belegt ihn mit den kleinen Klößen und giebt den gut eingekochten Beiguß, welchen man noch zuletzt mit einer Tasse guten Rahm und einigen Eidottern abrührt, über das Fleisch.

Frische Austern aufzutragen.

Die Austern werden geöffnet, 5 bis 6 Stück mit ¼ Citrone auf einen Teller gelegt und nach der Suppe gereicht; hierzu reiche man auf einem Teller kleine zusammengelegte Butterbröte von Feinbrot.

Holländische Heringe.

Man reiche auf einem Teller kleine Butterbröte und verziere die Heringe mit Citronenstücken.

Lachsschnitte.

Der Lachs wird in schöne Scheiben geschnitten, mit Oel bestrichen, auf dem Roste rasch geröstet, auf heiß geröstetes Brot gelegt und auf einem Teller mit Citronenstücken angerichtet.

Störfleisch-Schnitte.

Ein Stück geräuchertes Störfleisch wird in schöne Scheiben geschnitten, in Olivenöl gewendet und in der Pfanne oder auf dem Roste ein paar Minuten auf beiden Seiten geröstet; es wird auf gerösteten Brotscheiben, die mit frischer Kräuterbutter belegt sind, angerichtet und die Schüssel mit Citronenschnitten und Brunnenkresse verziert.

Koteletten von Hummer.

Zu 12 Koteletten nehme man 2 Hummer, breche das Fleisch aus den Schalen, bereite eine Krebsbutter und mit dieser einen Kardinal-Beiguß. Das Fleisch wird gehackt und durch ein Sieb gerieben, mit Salz und feinem, weißem Pfeffer gewürzt und mit einem Eidotter gebunden. Jetzt rolle man von dem Teige kleine Klöße und glätte diese mit einem Messer, welches man oft in heißes Wasser taucht, zu einer schön geformten Kottelette; dann stecke man in jede das letzte Glied der Beine der Hummer (die vor der Bereitung der Butter zurückgelegt sind) nämlich die Klauen, so daß in jeder Kotelette eine Hummerklaue steckt, wie der Knochen in einer Fleisch-Kotelette; diese werden zwischen 2 mit Butter bestrichenen Papieren in einem Ofen einige Minuten gebacken. Die Korallen der Hummer oder Hummernieren, die bekanntlich oben am Schwanz liegen, werden in kaltem Wasser von den daran sitzenden Fasern befreit, in einem Tuche getrocknet und dann wieder in einem trockenen Platze des Tuches zu einem Pulver verrieben; dieses Pulver ist von einer schönen roten Farbe und wird beim Anrichten über die Koteletten gestreut. Diese werden in einem Kranze schräge an einander liegend angerichtet und der Beiguß darum und in der Mitte gegossen. Koteletten von Hummer werden ferner als Mittelschüssel um ein Gemüse wie Brechspargel oder Pahlerbsen angerichtet.

Fuenfzehnter Abschnitt.

Von den feinen Ragouts.

Die Ragouts werden verwendet als Unterlage verschiedener Gerichte, Füllungen zu Pasteten, Verzierungen großer Schüsseln, sowie als selbstständiges Gericht (Mittelschüssel) aufgetragen.

Ragout von jungen Hühnern mit Spargel.

Die jungen Hühner werden aufgebogen, die Brust mit zerlassener Butter übergossen, mit Papier belegt auf ¼ Stunde in einen heißen Ofen gesetzt, abgekühlt und in schöne Stücke zerlegt. Diese werden dann wie die Schweser gedämpft und das Ragout wie selbiges beendet. Das Hühner-Ragout ist sehr gut mit Schwesern gemischt. Alsdann nimmt man zwei Hühner und zwei Schweser; diese werden beide nach ihrer Art bereitet, gedämpft und zusammen geschwenkt und ganz wie jene beendet.

Reiches weißes oder Toulonsisches Ragout.

Gekochte, in kleine Stücke geschnittene Schweser, in kleine Stücke geschnittenes Hühnerfleisch, gedämpfte weiße Champignons, Hahnenkämme, Hahnensteine, kleine Hühnerklöße und gebrochene Spargel werden in Bechamelle-Beiguß geschwenkt und in heißes Wasser gesetzt, wo es bis zum Gebrauch stehen bleibt. Wird dieses Ragout als Mittelschüssel gereicht, so wird es in einem Rand von Butterteig angerichtet, oder mit Schnittchen von Butterteig besteckt.

Reiches braunes oder financiere Ragout.

Ein in Stücke geschnittenes Ochsenmaul (s. Ochsenmaul-Salat), Hahnenkämme, gedämpfte Hühner oder Windleber, kleine Fleischklöße, Trüffeln und Champignons werden in Madeira-Beiguß geschwenkt; dann lasse man sie einmal gut aufkochen und stelle sie heiß bis zum Gebrauch.

Reiches gemischtes Ragout.

Gekochte, in Stücke geschnittene Schweser, Austern, gedämpfte Champignons, Krebsschwänze, Spargelspitzen, kleine Fischklöße und in Würfel geschnittenes, gekochtes Schinkenfleisch werden in folgendem Beiguß geschwenkt: Zwei Schweser werden in Fleischbrühe gar gekocht, 24 Austern werden wie zum Beiguß zubereitet, 24 kleine Champignons mit 30 Gramm Butter, den Saft einer Citrone und ein paar Löffel Fleischbrühe gedämpft, die Fischklöße, (s. Hechtfüllsel) in Salzwasser abgekocht, sowie die Spitzen von 20 bis 30 Spargel auf ein Sieb abgegossen. Zu dem Spargelwasser gieße man den Schweser, sowie die Austernbrühe durch, mache von diesem mit gutem Rahm einen schlanken Rahmbeiguß, gebe die zubereiteten Sachen hinein, schwenke alles gut durch und stelle

es in heißes Wasser zum ferneren Gebrauch und richte das
Ragout in einem Rand von Butterteig oder mit Schnittchen
besteckt an.

Schildkröten-Ragout.

Mit einem Teil der Krötenbrühe und ein guter Fleischbrühe (Bratensaft) bereitet man einen guten braunen Beiguß,
dieser wird mit Citronensaft und Madeira stark gehoben; dann
giebt man das nötige Salz und etwas Cayennepfeffer hinzu,
sowie das geschnittene Fleisch der Kröte und kleine in Salzwasser abgekochte Fleischklöße. Beim Anrichten belege man
das Ragout mit ausgebackenen Austern oder Schwesern und
hartgekochten in Viertel geschnittenen Eiern.

Falsches Schildkröten- (Mock- Turtle-) Ragout.

Ein abgebrannter Kalbskopf wird wie zur Suppe einen
Tag vor dem Gebrauch gekocht, am andern Tage in 1 Zoll im
Durchmesser große Stücke geschnitten; mit der vom Fett befreiten Kopfbrühe und etwas gutem Bratensaft; dann giebt
man das Fleisch, die kleinen, abgekochten Klöße und nach Belieben Schwesterstücke und Trüffeln hinzu, läßt alles zusammen mit dem Beiguß eine Zeitlang anziehen und richtet das
Ragout in einem Rand von Blätterteig mit Gehirnklößen belegt an.

Hasen-Ragout.

Ein zubereiteter Hase wird ungespickt mit Butter in einem
Ofen oder in einer Pfanne ¼ Stunde gebraten: hierauf nimmt

man das Fleisch sorgfältig von den Knochen, hackt diese mit dem Hasenpfeffer fein und legt sie in einen Topf. Jetzt schwitzt man mit das Hasenbutter 2 Kochlöffel Mehl schön braun, rührt ein Pint Wasser oder Fleischbrühe hinzu und läßt das an der Pfanne sitzende Jus gut loskochen, giebt den Beiguß über die schon gehackten mit etwas Salz, einem kleinem kleinen Löffel schwarzer Pfefferkörner, einem kleinen Blatt Muskatblüte, einem Lorbeerblatt, einem Sträußchen Thymian und 2 kleinen Schalotten und läßt es eine Stunde langsam kochen; beim Einkochen der Brühe wird Fleischbrühe oder Wasser nachgegeben. Jetzt giebt man die Brühe durch ein Sieb, säubert den Topf und giebt sie wieder hinein, giebt etwas Cayennepfeffer, den Saft einer Citrone und eine Viertel-Flasche Portwein daran, giebt sodann das Hasenfleisch, in kleine Stücke zerschnitten, in Würfel geschnittenen, gekochten, mageren Schinken und in Scheiben geschnittene Trüffeln hinein und läßt alles zusammen ½ Stunde langsam kochen. Beim Anrichten wird das Ragout mit hartgekochten, in Viertel geschnittenen Eiern, Krebsschwänzen und Schnittchen von Butterteig verziert und dient ferner zur Füllung einer Hohlpastete.

Ragout von Hühner- oder Wildleber.

Ein paar gehackte, kleine Zwiebeln werden in Butter geschwitzt, die Leber mit Salz und weißem Pfeffer bestreut, in der braunen Butter schön braun gebraten, gehackt und Trüffel Beiguß von gehackten Trüffeln dazu gegeben.

Sechzehnter Abschnitt.

Allgemeine Bemerkungen über das Fleisch.

Ein jedes Fleisch, vom Rind, Kalb, Hammel, Wild oder Geflügel, muß vor allem beim Gebrauch, zum Braten Dämpfen, alt geschlachtet sein; freilich richtet sich dies sehr nach der Witterung. Es muß aufgehängt an einem kühlen Ort bewahrt werden; bei nebligem Wetter leidet das Fleisch am meisten und muß dann häufig mit einem Tuche abgewischt werden; eine kleine Abhülfe ist es, wenn man bei solchem Wetter das Fleisch, besonders am Knochen und am Anschnitt mit Mehl dick bestritt, damit die Luft nicht so rasch durch die Poren bringen kann. Sachen auf Eis zu legen, wenn sie schon alt sind oder vielleicht schon etwas Geruch angenommen haben, ist von keinen Nutzen, da sie in solchen Fällen auf dem Eise schneller verderben.

Vom Spicken.

Der Speck zum Spicken muß frisch, von gutem Geruch, fest und nicht zu dick sein. Nachdem er von der Schwarte und unbrauchbaren Kanten befreit, schneide man ihn mit einem scharfen Messer der Quere nach in Stücke, einen Zoll breit; von diese schneide man Scheiben, wie sie zum Spicken sein sollen, lege 4 bis 5 Scheiben auseinander, lege das Messer so, daß beide Enden gleiche Breite haben, schneide die Schnitte mit einem Schnitt durch und wiederhole dies so lange, bis aller Speck geschnitten ist; auf diese Weise sind die Schnitte der Länge nach zäher zum Spicken. Bei großen Sachen werden die Streifen größer geschnitten, wie bei kleineren, deshalb müssen verschiedene Spicknadeln zum Gebrauch vorhanden sein; um schön zu spicken, müssen die Reihen sehr gerade sein, die zweite Reihe muß so angefangen werden, daß die Streifen zwischen diejenigen der ersten Reihe kommen. Hasen und Kaninchen werden an jeder Seite des Rückens mit 2, an den Lenden mit 3 Reihen gespickt, bei Kühnern und dergleichen werden die Keulen mit 2 Reihen und die Brust so gespickt, daß sie in schöner Ordnung mit Speckreihen bedeckt ist, die sich unten, wo die Brust schmäler wird, ebenfalls in schöner Ordnung verlieren. Die großen Fleischstücke muß man nach der Breite beurteilen.

Rostbraten (Roast Beef).

Der beste Braten ist: die dicke und ein Teil der dünnen Lang mit dem Mürbebraten.

Ein guter Braten muß wenigstens 6 Pfund schwer sein; man löse die dicke Sehne, die am Rücken liegt, vom Fleische ab, schlage die dünne Lang ein bis zu den Knochen, befestige diese on jeder Seite mit hölzernen oder eisernen Küchennadeln (kleinen Spießen), schneide das Fett bis $1\frac{1}{2}$ Zoll vom Filet und lege das übrige Fett in großen Scheiben in die Bratpfanne; ist dieses heiß geworden, jedoch nicht ausgebraten, so lege man den Braten mit dem Filet nach oben in die Pfanne, begieße den Braten mit dem schon ausgebratenen Fett und schließe den Ofen für ¼ Stunde; jetzt kehre man das Fleisch um, lasse es unter öfterem Beigießen 4 Stunden braten (wenn der Braten, wie schon erwähnt, 8 Pfund schwer ist, rechne man auf jedes Pfund Fleisch am Spieß oder Ofen ½ Stunde), bestreue den Braten mit etwas Salz, übergieße ihn noch einige Male und lege ihn auf eine heiße Schüssel; hierauf gieße man alles Fett vorsichtig vom Bratensaft ab, lasse den in der Pfanne angesetzten Bratensaft mit etwas Fleischbrühe oder Wasser los kochen, gebe dieses durch ein Sieb und gebe ein paar Löffel unter den Braten, den Rest reiche man allein.

Ein guter Braten wird nur mit gutem Bratensaft gereicht: in einigen Häusern wird jedoch auf reichlich Beiguß gesehen; alsdann giebt man etwas mehr Wasser oder Fleischbrühe hinzu und macht den Beiguß mit etwas in Wasser ausgerührtem Mehl seimig.

Roast-Beef am Spieß zu braten.

Der bereitete Braten wird auf folgende Weise eingebunden. Man bestreiche einen Bogen Küchenpapier auf beiden Seiten mit zerlassenem Bratenfett, lege den Braten mit den Filet nach oben in die Mitte des Papiers, schlage die Seiten übereinander und die Enden ein, so daß auf diese Weise das Fleisch eingewickelt ist, lege mit Küchengarn (feinem Bindfaden) einen Kreuzverband, 2 Zoll von einander über den Braten; wenn es ein Spieß zum Hängen ist, wird der Haken zwischen die dünne und die dicke Lang gesteckt, so daß der Mürbebraten unten hängt; ist der Spieß nicht zum Hängen, so muß der Braten in einem Wiegenspieß gemacht, sobald er zum Feuer gebracht, mit heißem Fett, welches schon vorher in die Pfanne gegeben, begossen werden; dann lasse man den Braten 1½ Fuß von einem hellen Feuer entfernt, unter öfterem Begießen 4 Stunden braten, lege ihn auf einige Minuten schräge in die Pfanne, damit das Fett abfließt, lege ihn auf eine Schüssel, nehme das Papier ab und richte den Braten auf einer heißen Schüssel, mit dem Mürbebraten nach oben, an, bestreue ihn mit feinem Salz und gebe einen guten Bratensaft darüber. Geschnittener Yorkshire=Pudding (s. Puddinge) und englischer Meerrettig=Beiguß wird mit dem Braten gereicht.

Rippenbraten.

Hierzu nehme man 3 lange Rippen, säge den unteren Knochen am Rüken etwas ab, damit der Braten besser liegt; gleichfalls säge man die Rippen 3 bis 4 Zoll vom Ende der Quere nach ein, löse diese kleinen Enden, ohne das Fleisch zu verletzen, sorgsam aus, schlage das Ende des Fleisches einige Zoll unter den Braten und lege ihn in die Pfanne.

Gedämpfte Rippen.

Von einem Rippenstück von 3 bis 4 Rippen, werden die Rippen und Knochen ausgelöst; darauf rolle man den Braten, beim dicken Fleisch anfangend, zu einer Rolle fest zusammen, stecke 2 Spieße hinein, damit es zusammen hält, gebe ein Stück Butter in die Bratenpfanne, brate das Fleisch auf beiden Seiten schön braun, gebe eine in Scheiben geschnittene, gelbe Wurzel, 2 kleine Zwiebeln, 2 Lorbeerblätter, ein Sträußchen Thymian, Majoran und Petersilie, in einem Bündel zusammen gebunden, und einen Löffel schwarze Pfefferkörner daran, lasse diese Gewürze $\frac{1}{4}$ Stunde mit dem Braten durchbraten, gebe 2 Pint kochendes Wasser darunter und lasse es langsam unter öfterem Wenden und Begießen 3 bis 4 Stunden dämpfen, befreie dann die Brühe von allem Fett, gebe das nötige Salz hinzu und mache sie mit in Wasser ausgerührtem Mehl seimig, richte das Fleisch auf einer heißen Schüssel an, glasiere das Fleisch mit eingekochtem Bratensaft, und gieße den Beiguß durch ein Sieb.

Gekochtes Ochsenschwanzstück.

Ein schönes altgeschlachtetes Ochsenschwanzstück von ungefähr 5 Pfund bringe man mit 6 Pint Wasser zum Feuer; nachdem es gut verschäumt ist, gebe man die nötigen Gemüse und Gewürze, lasse es langsam 4 Stunden kochen, richte es auf der bestimmten Schüssel an, bestreue es mit fein gehackter Petersilie und gebe einer scharfen Gurken- oder Sardellen-Beiguß dabei zu Tische.

Wiener Rostbraten.

Man schneide ein Glied oder eine Rippe von der dicken Lang mit dem Mürbebraten, nehme etwas von dem Fett ab und klopfe es mit der Keule etwas breit, lege es mit Salz und Pfeffer bestreut in eine Pfande, worin etwas Butter gelbbraun gebraten ist, und brate die Rippe 7 bis 8 Minuten, worauf diese gewendet und auf der anderen Seite gleichfalls 7 bis 8 Minuten gebraten wird; nach dem Wenden übergieße man das Fleisch fortwährend mit der Butter, richte den Braten auf einer heißen Schüssel an, gebe etwas guten Bratensaft darunter und reiche in einer Gemüseschüssel gebratene Kartoffeln.

Gedämpftes Ochsenschwanzstück.

Dieses wird ganz wie die Ochsenrippen gedämpft und aufgetragen.

Sauerbraten. (Beef a la Mode).

Hierzu nehme man ein Ochsenschwanzstück oder von der Kluft ein Stück von 4 bis 4½ Pfund und lege es in folgende Weise: 2 Pint Essig und 2 Pint Wasser werden mit einer in Scheiben geschnittenen, gelben Wurzel, 2 in Scheiben geschnittenen Zwiebeln, einem Sträußchen Thymian, 4 Lorbeerblättern, Majoran und Petersilie, 3 bis 4 Gewürznelken, einem kleinen Löffel schwarzen Pfeffer und etwas Salz zum Feuer gebracht; dann lasse man es gut aufkochen, erkalten, gebe es über den in eine tiefe Schüssel gelegten Braten und lasse ihn 24 Stunden liegen. Man lege ihn aus der Beize auf einen Durchschlag zum Abtropfen und belege den Boden der Bratpfanne mit dünn geschnittenen Speckscheiben; wenn diese heiß geworden und gewendet, gebe man ein Stück Butter hinzu, lasse es hellbraun werden, gebe das Fleisch hinein und brate es an allen Seiten zu einer schönen Farbe, bestreue es mit Mehl, wende wieder nach allen Seiten und gebe an der Seite des Bratens soviel kochendes Wasser hinein, daß dieser halb bedeckt ist, sowie ein wenig von der Beize mit den Gemüsen und lasse den Braten fest zugedeckt 2 Stunden langsam schmoren, wonach dieser gewendet, und die Brühe, wenn diese stark eingekocht, durch kochendes Wasser und nach Geschmack mit der Beize ersetzt wird. Hierauf lasse man den Braten 2 Stunden langsam schmoren, wonach dieser gehoben und auf eine Schüssel heiß gesetzt wird. Jetzt gieße man den Beiguß durch ein Sieb in einen kleinen Topf, nehme das aufsteigende Fett ab, gebe das nötige Salz und eine Tasse guten Rahm hinzu, lasse es zusammen aufkochen und gebe beim Anrichten einen Teil vom Beiguß über den Braten und den Rest reiche man dabei.

Maccaroni, Nudeln, Kartoffelklöße, Kartoffelbällchen und in Scheiben geschnittene, gebackene Zwiebeln sind Beilagen zum Schmorbraten.

Eingekochtes Sauerfleisch.

Hierzu nimmt man am besten ein 4½ bis 5 Pfund schweres Stück Fleisch von der Kluft, welches mit Wasser und gutem Bieressig, von jedem die Hälfte, zum Feuer gebracht und gut verschäumt wird. Hierauf giebt man 3 bis 4 Gewürznelken, einen kleinen Löffel schwarze Pfefferkörner, ein Blatt Muskatblüte, 4 Lorbeerblätter und ein Sträußchen Thymian und Majoran hinzu. Man läßt das Fleisch zugedeckt langsam weich dämpfen, wonach es in einen steinernen Topf gelegt und mit der Brühe bedeckt wird. Nachdem das Fleisch erkaltet ist, gebe man gutes Bratenfett darüber und bewahre es an einem kalten Ort auf. Beim Gebrauch nimmt man das Fett ab, schneidet soviel von dem Fleisch wie zum Gebrauch nötig, nimmt etwas von der Brühe zum Beiguß und schließt den Topf wieder zu. Das Fleisch wird in dicke Scheiben geschnitten und in einer Pfännne mit Butter gebraten. Mit der Brühe bereitet man einen Zwiebel-, Gurken- oder braunen Beiguß.

Schmorbraten oder Rindfleisch nach der Mode.

Ein Ochsenschwanzstück von 4 bis 5 Pfund wird mit 3 Zoll langen und ein kleinen Finger dicken Speckstreifen überspickt und in heiß gewordener Butter an allen Seiten schön braun gebraten; hierauf wird das Fleisch auf eine Schüssel gelegt, 2 große, in Scheiben geschnittene Zwiebeln und die Scheiben einer gelben Wurzel werden in Mehl gewendet und in der Bratpfanne unter fortwährendem Rühren braun geschwitzt; dann lege man das Fleisch wieder hinein, gebe 2 Pint Fleischbrühe hinzu, sowie 2 in Scheiben geschnittene, von den Kernen befreiten Citronen ein Sträußchen Thymian, Majoran und Petersilie, 4 Lorbeerblätter, 3 Gewürznelken, ein kleines Stück Muskatblüte, 10 bis 12 schwarze Pfefferkörner, $\frac{1}{4}$ Flasche Rotwein, ein wenig Salz und ein paar Krusten Feinbrot, lasse es 4 Stunden langsam schmoren, richte das Fleisch auf der bestimmten Schüssel an, befreie den Beiguß von allem Fett, gebe ihn durch ein Sieb und gieße ihn über das

Fleisch; man reiche als Beilage gebratene Kartoffeln oder Kartoffelklöße.

Gespickter gebratener Mürbebraten.

Filet. Der Mürbebraten wird von allem Fett befreit, abgehäutet, mit 1½ Zoll langen Speckstreifen schön überspickt, mit etwas heißer Butter in die Pfanne gelegt, unter öfterem Begießen in einem heißen Ofen 1¼ Stunde gebraten, auf einer heißen Schüssel angerichtet, mit feinem Salz überstreut und mit Bratensaft übergossen; der Beiguß wird allein gereicht. Blumenkohl und ausgebackene Kartoffeln sind besonders gute Beilagen.

Gebrühter scharfer Ochsen Mürbebraten.

Der Mürbebraten (Filet) wird wie der vorbenannte schön gespickt und in folgender Brühe eine Stunde gedämpft: 75 Gramm in Würfel geschnittener Speck und 75 Gramm Butter werden zusammen in der Bratpfanne heiß gemacht; darauf gebe man 1 Zwiebel, eine gelbe Wurzel und eine in Scheiben geschnittene Petersilienwurzel hinzu und lasse dies mit der Butter und dem Speck gut durchschwitzen, aber nicht braun werden. Jetzt gebe man 2 Pint Fleischbrühe, 4 Lorbeerblätter, 3 Gewürznelken, ein kleines Stück Muskatblüte, 10 bis 12 schwarze Pfefferkörner, 2 in Scheiben geschnittene, von den Kernen befreite Citrone und Wein hinzu, lasse alles zusammen aufkochen, lege das gespickte Filet hinein und lasse es, fest zugedeckt, eine Stunde dämpfen. Man lege den Braten auf die bestimmte Schüssel, lasse die Brühe, falls sie nicht weit genug eingekocht ist, rasch einkochen und gieße sie durch über das Filet.

Gesalzene Ochsenlende. (Round of Beef.)

Diese großartige Schüssel findet selten Eingang in kleine Küchen; in großen Häusern ist es ein besonders zu empfehlendes Stück Fleisch, beim Frühstück oder Gabelfrühstück, Versammlungen, großen Jagden ꝛc. nimmt es den ersten Platz am kalten Büffet ein. Hierzu nehme man die ganze Kluft mit dem Ziemer von einem kleinen, gut gemästeten, fetten Ochsen, schneide den Bug oder Nacken oberhalb der Tasse oder Schlüsselknochen ab, so daß die untere Seite des Fleisches mit der oberen ziemlich gleich ist und das ganze einem großen, runden Block gleicht; dann mache man einen Einschnitt zwischen Kluft und Ziemer, löse den Knochen sorgfältig vom Fleische, lege die Lende auseinander und menge 60 Gramm Salpeter mit 1 Pfund Salz.

Hierbei ist zu bemerken, daß zum Pökeln des Fleisches eine ganz besondere Reinlichkeit gehört.

Das Fleisch wird sogleich, nachdem es vom Schlachter frisch gebracht, zubereitet und eingerieben mit reingewaschenen, kalten Händen und darf nicht erst lange in der Küche umherliegen; hierauf reibe man das Fleisch tüchtig ein und lasse es ausgebreitet 24 Stunden liegen. Alsdann wird die Lende wieder fest zusammengelegt, die Flanke um den Ziemer geschlagen, mit Küchennadeln (kleinen hölzernen oder eisernen Nadeln) festgesteckt, das Ganze mit Bindfaden fest zusammengeschnürt und eingebunden und in folgende Lake gelegt: 8 Pint durch ein feines Tuch geseihtes Regenwasser, 1¼ Pfund Salz, 90 Gramm Salpeter, und 60 Gramm Pottasche werden zusammen zum Feuer gebracht; der aufsteigende Schaum wird lange abgenommen, bis die Pökel klar verkocht, wonach diese kalt gestellt und gänzlich erkaltet über das schon zubereitete Fleisch gegeben wird, worin dieses 10 Tage liegen bleibt; es muß jedoch an jedem Morgen gewendet und gerieben werden. Hierauf wird es mit kaltem Wasser zum Feuer gebracht, 5 bis 6 Stunden langsam gekocht, wobei man sich sehr nach der Größe richten muß. Zu einer großen Lende rechnet man auch wohl 7 Stunden, wonach das Fleisch sorgfältig aus der Brühe gehoben wird; dann schneidet man mit einem scharfen Messer das obere, lose, gekochte Fett ab, sowie die ersten Scheiben; alsdann stecke man 4 silberne Spieße kreuz und quer durch das Fleisch, nehme das Band und die Küchennadeln heraus und richte es auf der bestimmten Schüssel an. Man gieße einen Teil der Brühe durch ein feines Haarsieb, gebe ein wenig Soda hinzu und gieße sie über das Fleisch. Gelbe Wurzeln, weiße Rüben und Petersilienwurzeln, die mit dem Fleisch gekocht sind, werden in schöne Stücke geschnitten und mit in Salzwasser abgekochten Köpfen Rosenkohl und ganz kleinen Klößen von Nierenfett gruppenweise um das Fleisch gelegt.

Gekochte, gesalzene Ochsenzunge.

Eine Ochsenzunge wird abgewaschen, mit kaltem Wasser zum Feuer gebracht, 3 Stunden langsam gekocht, gehoben und abgezogen. Soll die Zunge warm gegeben werden, so wird sie mit verschiedenen Beigüssen aufgetragen, die Zunge wird in schöne Scheiben geschnitten und auf verschiedene Weise angerichtet.

Wird die zunge kalt und ganz aufgetragen, so wird sie, nachdem sie abgezogen, auf ein Hackbrett gelegt; der Haken oder die Zungenwurzel bleibt 4 Zoll daran und wird wie ein viereckiger Bolzen zugeschnitten, so daß die dicke Zunge etwas darüber wegsteht; dann setze man die Zunge gegen einen festen Gegenstand, lege an beiden Seiten der Wurzel ein Gewicht, um die Zunge in Form zu halten, ziehe die Spitze auf, so daß die Zunge wie ein halbes Rad steht, nehme eine Gabel, stecke diese durch die Spitze der Zunge und das Brett und lasse sie erkalten. Auf einer Schüssel angerichtet, wird sie mit gut eingekochtem Bratensaft bestrichen und mit Aspick, Trüffeln oder Macedonischem Gemüse verziert.

Soll die Zunge auf Butterbrot gelegt werden, oder kalt geschnitten, so lasse man sie in der Butter erkalten.

Gewürzte, gerollte Rippen.

Hierzu nehme man 3 lange Rippen von einem fetten Ochsen; diese werden, ohne das Fleisch zu verletzen, auf folgende Weise ausgeknöchelt: Man lege das Fleisch, mit der Knochenseite nach oben, auf ein Brett, mache mit einem spitzen Messer einem Einschnitt an beiden Seiten der Rippe, fange unten an und löse sie sorgsam vom Fleisch ab bis zum Rückenfange; sind alle 3 Rippen abgelöst, so werden sie mit der lin=

ten Hand hoch gehalten, während man mit der rechten das Fleisch vom Rückgrat löst: man freie das Fleisch von den am Rückgrat liegenden Sehnen, sowie von der am unteren Ende der Rippen sitzenden, harten Haut; jetzt wende man das dicke Fleisch den Händen zu und rolle mit beiden ein festes Rölchen, welches mit Kuchengarn fest umbunden und mit dem gemischten Salz eingerieben wird; 50 Gramm Gewürznelken, 15 Gramm schwarze Pfefferkörner, 30 Gramm Wachholderbeeren, 6 Lorbeerblätter, Majoran, Basilikum und ein Glied Knoblauch werden zusammen sehr fein gestoßen; hierauf menge man dieses mit 30 Gramm Salpeter und 125 Gram weißen Zucker zu 1 Pfund Salz, reibe das Fleisch mit frisch gewaschenen, kalten Händen ein, lege es in einen runden, steinernen Topf und gebe das nicht eingeriebene Salz unter und über die Röllchen wonach der Topf fest zugedeckt an einem Kaltem Orte aufbewahrt wird. Zwei Pint Bier werden mit ½ Pfund Salz, 15 Gramm Salpeter und 15 Gramm Pottasche gekocht, nach 24 Stunden kalt über das Fleisch gegossen, welches an jedem Morgen gewendet und gerieben wird und nach 10 Tagen gekocht werden kann. Es eignet sich am besten für kalte Küche und ist jedenfalls besser, wenn es erst kalt angeschnitten wird, kann jedoch auch warm gegeben werden. Man wasche das Fleisch gut ab und lasse es, mit kaltem Wasser bedeckt, 4 Stunden langsam kochen, lege das Fleisch auf eine Schüssel und lasse es erkalten, nehme den Bindfaden ab, stecke einen oder zwei silberne Spieße durch das Fleisch, schneide die obere Scheibe ab, richte es auf der bestimmten Schüssel an und verziere dieser mit schöner, krauser Petersilie oder Brunnenkresse und gehacktem Aspick.

Gekochtes Rauchfleisch.

Ein Stück Rauchfleisch von 5 bis 6 Pfund wird in warmem Wasser abgebürstet, gut abgewaschen mit kaltem Wasser zum Feuer gebracht und gut verschäumt. Man läßt es langsam 3 Stunden kochen. Beim Anrichten wird es schön beputzt und mit Zwieback bestreut. Man reicht mit dem Fleisch: Apfelsinen, Meerrettig oder Senfbeiguß, gebratene Kartoffeln oder Kartoffelbällchen und grünen Kohl mit Kastanien.

Gefüllte gebratene Kalbskeule.

Man mache einen Einschnitt unten am Lendenknochen bis zur Tasse, löse den Knochen sorgfältig vom Fleische, drehe ihn mit der Hand ab und löse unten die Tasche vom Fleische, ohne einen größeren Einschnitt zu machen; jetzt ist es ein Leichtes, den Knochen oben aus der Keule zu nehmen, ohne diese zu zerschneiden; man mache einen Schnitt rund um den Knochen und löse so das Fleisch ab, bis man den Knochen ausdrehen kann, schlage das untere Ende etwas ein und umbinde es mit Küchengarn, so daß die Keule eine gute Form hat, die Oeffnung fülle man mit Kräuterfüllsel, stopfe dieses fest hinein, glätte es mit einem Messer sammt dem Fleische eben und binde ein mit Butter bestrichenes Papier darüber, lege die Keule in eine Bratpfanne, mit der flachen Seite nach unten, belege sie reichlich mit Butter und lasse sie im Ofen unter öfterem Begießen mit der Butter und ihrem eigenen Safte 2½ Stunde braten, lege den Braten auf eine Schüssel, setze die Bratpfanne auf den Heerd, schwitze mit der Butter und dem Bratensaft einen Löffel Mehl, gebe unter fortwährendem Rühren soviel kochendes Wasser hinzu wie man Beiguß bedarf, gebe das nötige Salz hinzu und gieße den Beiguß durch ein Sieb.

Gefüllte Kalbsbrust.

Eine ausgeknöchelte Kalbsbrust von 4 bis 5 Pfund wird mit dem englischen Brotfüllsel gefüllt und aufgerollt; nachdem die Füllnng gemacht, wird diese wie eine Wurst von der Länge des Bratens gelegt und von diesem aufgerollt zu einer Rolle; die Knochen werden mit etwas Wurzelwerk, ein wenig Salz, ein paar Pfefferkörnern, 2 bis 3 Schalotten, einem Stück Muskatblüte und 2 Pint kaltem Wasser zum Feuer gebracht, und 1¼ Stunde langsam gekocht. ¼ Pfund schöne Schinkenscheiben werden in der Bratpfanne auf beiden Seiten schön braun gebraten, mit einer Gabel herausgenommen und auf einen Teller gelegt; zu dem ausgebratenen Fett gebe man 75 Gramm Butter, lasse diese hellbraun werden und lege den Braten, mit Küchengarn zusammengebunden, hinein. Dieser wird, unter Umdrehen mit der Gabel, ringsum schön hellbraun gebraten, darauf der Braten etwas zur Seite geschoben und die von den Knochen gekochte, durch ein Sieb gegebene Brühe an der Seite des Fleisches eingegossen, so daß dieses halb bedeckt ist; jetzt gebe man die Schinkenscheiben wieder hinein und lasse diese mit den Braten 2 Stunden langsam dämpfen.

Die Brühe wird bis zu ½ Stunde vor dem Anrichten nachgefüllt, muß jedoch während der letzten halben Stunde zu einer schönen Glasur einkochen, 2 bis 3 Dutzend kleine Champignons werden in einem kleinen Topf mit dem Saft einer Citrone, einem Stück Butter, ein wenig Salz und ein paar Löffeln Fleischbrühe gedämpft: der Braten und die Schinkenscheiben werden auf eine Schüssel gelegt und heiß gesetzt, die Champignons von der man bereits das aufsteigende Fett abgenommen hat; dann lasse man alles zusammen aufkochen, lege den Braten, von den Bindfäden befreit, auf die bestimmte Schüssel, die Schinkenscheiben mit den Champignons um die Schüssel, und gieße die Brühe über das Fleisch.

Gebratenes Frikandeau oder Kalbsstück.

Aus einer schönen fetten Kalbskeule wird das Frikandeau oder die Kluft ausgeschnitten, dann schön herzförmig zugeschnitten und mit feinem Speck überspickt in eine Pfanne gelegt, worin 1 Stück Butter heiß geworden; jetzt lasse man es unter öfterem Begießen mit der Butter und dem aus dem Fleisch gewonnenen Saft 1 Stunde braten, setze das Frikandeau heiß, die Pfanne auf den Herd über ein schwaches Feuer, schwitze einen Löffel Mehl hinzu, sowie ½ Pint kochendes Wasser oder Fleischbrühe, schwitze einen Löffel Mehl hinzu, sowie ½ Pint kochendes Wasser oder Fleischbrühe, reibe den angesetzten Bratensaft mit dem Kochlöffel von den Seiten und dem Boden der Pfanne, gebe das fehlende Salz, etwas feinen weißen Pfeffer, den Saft einer Citrone und nach Belieben ein Glas Sherry- oder Madeira-Wein hinzu, lasse alles zusammen aufkochen, gieße den Beiguß durch ein Sieb über den Braten oder gebe ihn allein.

Gebranntes Frikandeau mit Frühlingsgemüsen.

Das Frikandeau wird im Uebrigen wie der gebrühte Mürbebraten vollendet und mit Frühlingsgemüse, wie: Erbsen, kleine Wurzeln, Rüben, Brechspargel, in Röschen zerlegten Blumenkohl, grünen Schneidebohnen, 2c. verziert. Ein jedes Gemüse wird für sich abgekocht; man nimmt von jedem Gemüse zur Verzierung der Schüssel; diese werden abwechselnd in kleinen Häufchen um das Fleisch gelegt, die übrigen Gemüse alle mit einander in dünnen von dem Spargelwasser bereiteten Butterbeiguß mit feingehackter Petersilie geschwenkt und in einer Gemüseschüssel angerichtet.

Gebratener Hammelrücken.

Vom Hammelrücken wird die obere, harte Haut, ohne das auf dem Rücken liegende Fett einzuhacken, sorgfältig mit einem spitzen Messer abgelöst und die Nieren und alles Fett ausgeschnitten. Man lege dieses, in kleine Stücke geschnitten, in die Pfanne, und lasse es im Ofen heiß werden, lege den Braten auf das Fett, lasse ihn unter öfterem Begießen eine Stunde braten, nehme alle Fettstücke, sowie das ausgelassene Fett aus der Pfanne, begieße den Braten mit etwas heißer Butter, bestreue ihn mit etwas Salz und Mehl und lasse ihn mit diesem $\frac{1}{2}$ Stunde braten. Hierauf nehme man den Braten aus der

Pfanne, setze diese auf den Herd, gebe soviel kochendes Wasser hinein, wie man Beiguß bedarf, und lasse den an der Pfanne sitzenden Bratensaft damit loskochen, nehme das noch aufsteigende Fett ab und mache den Beiguß mit etwas in Wasser ausgerührtem feinem Mehl oder Kartoffelmehl seimig.

Gekochte Hammelkeule.

Eine Hammelkeule von 4 bis 5 Pfund wird mit reichlich kaltem Wasser zum Feuer gebracht und gut verschäumt; darauf gebe man ein paar gelbe Wurzeln, weiße Rüben, Petersilienwurzeln und etwas Salz hinzu und lasse die Keule $2\frac{1}{2}$ Stunde langsam kochen. Die Wurzeln und Rüben werden in schöne Stücke geschnitten und um die Keule gelegt, welche mit einem Teil der Brühe übergossen wird. Man giebt Kapernbeiguß und Rübenmus dabei zu Tische.

Gebrühte Hammelkeule mit braunem Gemüse.

Eine Hammelkeule wird mit großem, 6 Zoll langen und $\frac{1}{4}$ Zoll dicken Speckseiten überspickt und mit Salz bestreut und in heißer Butter schön braun gebraten; dann lege man die Keule mit der runden, gespickten Seite nach oben, gebe 2 gelbe Wurzeln, eine Petersilienwurzel und eine weiße Rübe, in Scheiben geschnitten, rund um den Braten, lasse dieses mit der Butter $\frac{1}{4}$ Stunde switzen, gebe soviel Fleischbrühe hinzu, daß die Keule halb bedeckt ist, sodann 2 Lorbeerblätter, einige schwarze Pfefferkörner und ein kleines Bündel Kräuter und lasse sie fest zugedeckt $2\frac{1}{4}$ bis 3 Stunden langsam dämpfen.

Eine halbe Stunde vor dem Anrichten legt man die Keule an eine Schüssel und gieß den Beiguß durch ein Sieb, abgefettet giebt man ihn wieder mit dem Braten in die Pfanne zurück. Alsdan wird Gemüse wie zu macedonischem Gemüse in Salzwasser abgekocht; mit diesen läßt man den Beiguß gut Einkochen. Beim Anrichten giebt man den zu einem guten Bratensaft eingekochten Beiguß über den Braten und verziert die Gemüse um die Schüssel.

Gebratene Hammelschulter.

Die Hammelschulter wird, da es ein fetter Braten ist, ohne Fett in einem heißen Ofen gesetzt und unter öfteren Begießen mit dem ausgebratenen Fett und dem eigenen Saft 1½ Stunde gebraten. Hierauf gieße mann alles Fett aus der Pfanne, gieße eine Tasse Wasser, worin etwas Salz gegeben, unter den Braten (nicht über denselben, weil dann die Glasur abgegeben, und der Braten ein trübes Ansehen erhalten würde,) lasse dieses rasch mit dem in der Pfanne sitzenden Bratensaft aufkochen, richte die Schulter auf einer heißen Schüssel an, gieße den Bratensaft darunter und reiche einen Zwiebelbeiguß.

Geschmorte Hammelkeule mit Champignons,

Die Hammelkeule wird ausgeknochelt, mit Brotfüllsen gefüllt, mit Salz und etwas weißem Pfeffer eingerieben, in Mehl gewendet und in eine Bratpfanne gelegt, worin ein gutes Stük Butter heiß geworden, mit der runden Seite nach unten;

jetzt lasse man diese unter fortwährendem Schieben mit der Fleischgabel schön braun werden, worauf die Keule gewendet, auf der andern Seite nach oben, geschmort wird; jetzt gebe man soviel kochendes Wasser oder Fleischbrühe hinzu, daß die Keule halb bedeckt ist und lasse sie oder Fleischbrühe hinzu, daß die Keule halb bedeckt ist und lasse sie unter öfterem Begießen 3 Stunden langsam schmorren. Eine halbe Stunde vorher nehme man alles Fett von dem Beiguß, 2 bis 3 Dutzend in Stücke geschnittene große Champignons, den Saft einer Zitrone und ein paar Gläser Madeira hinzu. Der Beiguß wird über dem Braten angerichtet. Spinat, Blumenkohl und Kartoffelbällchen sind passende Beilagen.

Gekochte Hammelrippen.

Von einem Hammelrippenstück wird der Rückenknochen abgelöst, so daß die Rippen beim Zerlegen (Tranchieren) abzuschneiden sind; die obere harte Haut wird abgezogen und das Fett teilweise abgeschnitten, mit ein paar gelben Wurzeln, weißen Rüben, etwas Salz und mit Wasser bedeckt zum Feuer gebracht und 1½ Stunde langsam gekocht; die Wurzeln und Rüben werden, in kleine Stücke geschnitten, um das Fleisch angerichtet, dieses mit ein paar Löffeln von der Brühe übergossen und mit Rübenmus und Kapernbeiguß aufgetragen.

Gebrühtes Hammelnierenstück.

Vom Hammelnierenstück oder den halben Rücken wird die obere dicke Haut abgezogen und der Rückenknochen abgelöst;

dann stecke man einen Spieß dicht an dem Knochen, ohne ihn durch das Fleisch zu stecken, der Länge nach durch den Braten damit dieser sich nicht krümmt, wegen des Ablösens des Rückenknochens. Im übrigen wird dieser wie die vorbenannten Hammelbraten beendet.

Hammelbrust aus dem Roste.

Die Hammelbrust wird gekocht, alsdann abgetrocknet und ausgeknöchelt, mit Salz und Pfeffer bestreut, in verschlagenen Eiern und Brot gewendet, mit zerlassener Butter begossen und auf dem Roste oder in einer Pfanne auf beiden Seiten gebraten. In der Pfanne gebraten, wird die Butter darin heiß gemacht und das Fleisch hineingegeben, ohne mit Butter begossen zu sein. Von der Brühe bereitet man einen scharfen Zwiebel oder Gurken-Beiguß.

Gefüllte Hammelbrust.

Die Hammelbrust wird gebraten oder gebrüht, ganz wie die Kalbsbrust, zubereitet und beendet.

Gebrratenes Lammshinterviertel=

Das Hinterviertel oder der Schlegel wird mit feinem Salz überstreut und in eine Pfanne gelegt; dann gebe man etwas zerlassene Butter hinzu und lasse es in einem heißen Ofen unter öfterem Fegießen 1½ Stunde braten; während dieser Zeit gebe man oftmals eine Tasse heißes Wasser hinzu, auf daß der Bratensaft gut bleibt, welcher aus Lammfleisch nicht reichlich hervorgeht. Hierauf lege man den Braten aus der Pfanne auf eine Schüssel und stelle diese heiß, gebe etwas Fleischbrühe oder Wasser hinzu und lasse das in der Pfanne sitzende Jus gut loskochen und wieder rasch einkochen, gieße es durch ein Sieb, gebe den Saft einer Citrone hinzu und gebe beim Anrichten einige Löffel unter den Braten und den Rest reiche man allein. Man reiche mit dem Braten einen kalten Kräuter=Beiguß.

Lammsvorderviertel auf englische Art.

Von dem Lammsvorderviertel wird der Rückenknochen abgeschnitten, die Rippe auf der unteren Seite, ohne das Fleisch zu verletzen, eingehauen, so daß die Rippen beim Zerlegen (Tranchieren) abzuschneiden sind, der Brustknochen wird eingehauen; man stecke darauf 2 Spieße längs des Bratens, um die Form zu sichern, und wickle ihn in mit Butter gestrichenes Papier, lasse den Braten unter öfterem Begießen mit gutem Fett oder Butter 1½ Stunde am Spieß oder im Ofen braten. Beim Anrichten gebe man etwas guten Bratensaft unter den Braten und reiche Mint=Beiguß.

Zu jedem Lammsbraten, Schulter=, Rücken=, Nierenbraten ec. wird dieser Beiguß gereicht.

Gekochte Lammskeule,

Die Kammskeule wird eine Stunde vor dem Kochen mit einer Tasse heißen Essig übergossen, mit diesem, einem Uündel junger Kräuter, einigen gelben Wurzeln, kleinen Rüben, etwas Salz, einem kleinen Blatt Muskatblüte und mit Wasser bedeckt zum Feuer gebracht, ½ Stunde langsam gekocht und die kleinen Wurzeln und Rüben um die Keule angerichtet; man gebe einige Löffel der Brühe über das Fleisch und reiche es mit Petersilien-Beiguß, Spinat und abgekochten abgekochten Kartoffeln.

Gebratener Schweinsschinken.

Ein Schinken von ungefähr 5 Pfund ist am besten zum Braten; man lege ihn in eine Bratpfanne, mit der runden

Seite nach unten, gebe etwas kochendes Wasser darunter und lasse die Schwarte loskochen, welches sehr bald geschieht. Jetzt nehme man die Pfanne wieder aus dem Ofen ziehe die Schwarte ab und schneide das Fett kreuz und quer ¼ Zoll tief

ein, so daß es verschobene Vierecke sind; dann gieße man die Brühe aus der Pfanne in Kumme und lege den Schinken mit der runden, eingeschnittenen Seite nach oben, auf die Schwarte, bestreue ihn leicht mit Salz, gebe 6 bis 8 Gewürznelken und 4 Schalotten in die Pfanne und lasse den Schinken rasch braten. Ist dieser unter öfterem Begießen mit dem ausgebratenen Fett und Bratensaft recht braun geworden, so gebe man etwas von der Brühe hinzu, worin die Schwarte losgekocht ist: diese muß jedoch stets wieder verbraten, so daß es ein kräftiger, brauner Beiguß wird; darauf lasse man den Schinken unter der Zugabe der Brühe $2\frac{1}{2}$ Stunden braten, lege den Schinken auf die bestimmte Schüssel, nehme das Fett von dem Bratensaft ab, gebe etwas Brühe, oder, falls keine mehr vorhanden, Wasser hinzu, lasse den Bratensaft damit loskochen, gebe ein Glas Rotwein und einen Löffel in Wasser ausgerührtes Kartoffelmehl hinzu, gieße den Beiguß durch ein Haarsieb und gebe einige Löffel unter den Schinken und den Rest reiche man allein.

Rotkohl, grüner Winterkohl mit Kastanien und gebratenen Kartoffeln sind beliebte Gemüse.

Schweisrippenbraten auf englische Art.

Hierzu nehme man einen Braten von einem kleinen Schwein, löse den Rückenknochen ab, so daß die Rippen beim Zerlegen leicht zu durchschneiden sind, mache einen Einschnitt unten an dem Knochen bis zum dicken Fleisch, längs des Bratens zwischen Fett und Fleisch, und fülle diesen Einschnitt mit Salbei und Zwiebelfüllsel.: Jetzt schneide man die Schwarte quer über den Braten von oben bis unten mit einem scharfen Messer ein, mache die Schnitte ¼ Zoll von einander, so daß die Schwarte in schmalen Streifen über dem Braten liegt, lasse ihn unter öfterem Begießen mit seinem eigenen Fett und Bratensaft 1½ Stunde braten, lege den Braten auf die Schüssel, gieße das Fett aus der Pfanne, gebe ein wenig Salz und etwas kochendes Wasser hinein und lasse den in der Pfanne sitzenden Bratensaft gut loskochen. Einige Löffel Füllung werden zurückgesetzt und mit Beguß aufgekocht; dieser wird dabei gereicht und in einer andern Schüssel heißes Apfelmus.

Schweinsschinken oder Nierenbraten werden auf dieselbe Weise zubereitet; man kann auch die Knochen ausnehmen und das Fleisch rollen.

Gedämpfte Rippen mit Sauerkraut.

Die Rippen werden einige Tage gesalzen, in kleine Stücke geschnitten, diese abgewaschen und getrocknet in eine Pfanne gelegt, worin etwas Butter heiß geworden, auf beiden Seiten schön braun gebraten und hierauf die Stücke aufeinander gelegt in einen Topf; dann gebe man 1 Pfund in Wasser ausgewaschenen, gut ausgedrückten Magdeburger Sauerkohl, 125 Gramm Butter, 30 Gramm Brotkümmel, ein wenig Zucker, 6 große, abgeschälte, in Würfel geschnitene Äpfel und ½ Flasche Weißwein hinzu, lasse es 2 Stunden fest zugedeckt langsam dämpfen und mache darauf ein Schweinefleischfüllsel, von diesem werden kleine Klößchen geformt, mit der zurück=

gesetzten Rippenbutter schön braun gebraten, die Fleischklöß=
chen auf einen heißen Teller gelegt und heiß gesetzt, zu der
Butter ein kleiner Löffel Mehl geschwitzt und nach und nach
etwas Fleischbrühe hinzugerührt, daß es ein sämiger Bei=
guß wird. Der Kohl wird in einer Gemüseschüssel mit
glasiertem Kastanien angerichtet, die Rippen im Kranze
aneinander auf die Schüssel gelegt, die Klößchen in der
Mitte hoch angerichtet und der Beiguß dabei gereicht.

Schweins=Mürbebraten (Filet) auf französische Art.

Dir Mürbebraten oder das Fleisch wird von aller Haut
befreit, glatt geschlagen, mit Salz und Pfeffer eingerieben,
Mehl gewendet, in heißer Butter in 10 Minuten auf beiden
Seiten schön braun gebraten, das Filet mit gutem Bratensaft
glasiert, mit einem Stück Anchovis= oder Kräuterbutter belegt,
die Schüssel mit gebratenen Kartoffeln verziert und
sehr heiß aufgetragen.

Spanferkel auf Französische Art.

Die Lunge, Leber und das Herz werden sehr fein gehackt
und mit Schweinsfüllsel gemengt zur Füllung des Ferkels;
dieses wird mit feinem Salatöl überall überstrichen, und im
Ofen gebacken. Bratensaft und Citronenscheiben werden mit
dem Braten gereicht.

Gekochter geräucherter Schinken.

Ein geräucherter Schweinsschinken wird im Wasser mit

einer Bürste gut abgebürstet, nachdem die Hefte abgeschnitten, 24 Stunden in Wasser eingeweicht und mit kaltem Wasser zum Feuer gebracht; dann läßt man einen Schinken von 6 Pfund 3 Stunden langsam kochen. Das beste Erkennungszeichen seines Garseins ist, daß sich das Fleisch vom Beinknochen löst. Soll der Schinken warm gereicht werden, so nimmt man ihn aus der Brühe, zieht die Haut bis zum Nocken ab und läßt die übrige Haut eingezackt wie eine Manschette auf dem Schinken liegen; dieses thut man am besten mit einer Scheere, schneidet die Schwarte durch, quer über den Schinken, zieht die Oberschwarte ab, zackt die über den Nocken liegende Schwarte in 5 bis 6 spitze Zacken aus und gestreicht den Schinken mit eingekochtem Bratensaft, Glasur; um das Bein wird dann eine Papiermanschette gelegt oder ein Sträußchen Petersilie in das Fleisch gesteckt, so daß es über den Bein liegt. Gewöhnlich reicht man einen Schinken mit einem Braten, wie: Kalbsbraten, Kalkuten, gekochten und gebratenen Hühnern, Kapaunen, 2c. Bei einem großen Mittagessen werden Scheiben in der Küche geschnitten, auf einem Teller angerichtet und mit dem Braten gereicht. Einen Schinken, der für kalte Küche dienen soll, läßt man in Wasser erkalten.

Gebackener Schinken.

Nachdem der Schinken gut gereinigt ist und eine Nacht in Wasser gelegen hat, werden die Knochen ausgelöst, die Schwarte abgeschnitten, der Schinken gut getrocknet und in eine Backpfanne (Pastetenschüssel gelegt; dann lege man um den

Schinken 2 gelbe Wurzeln, 2 Petersilienwurzeln, in Scheiben geschnitten, 6 Schalotten, einen kleinen Löffel schwarze Pfefferkörner, 4 Gewürznelken, ein Blatt Muskatblüte, ½ Flasche Wein und 2 Pint Fleischbrühe, lege ein Stück mit Salatöl bestrichenes Papier über den Schinken und bedecke die Schüssel mit Wasserteig wie eine Pastete (der Teig kann aus grobem Mehl gemacht werden). Nun lasse man den Schinken in einem heißen Ofen 3 Stunden backen. Hierauf wird die Kruste abgenommen, der Schinken auf eine Schüssel gelegt und mit Bratensaft glasiert; dann gebe man einige Löffel von dem Jus unter den Braten und den Rest zu einem schön gemachten Beiguß. Gekochte Hühner oder eine gebratene Kalbskeule sind sehr passend mit dem Schinken zugleich zu reichen. Bei den Hühnern darf alsdann kein Beiguß gemacht werden; der Tomaten=Beiguß wird über den Hühner gegossen.

Siebzehnter Abschnitt.

Gebratener Rehrücken.

Der Rehrücken wird abgehäutet und schön überspickt, mit feinem Salz überstreut und in eine Pfanne gelegt, worin ein großes Stück Butter heiß geworden; dann lasse man ihn unter öfterem Begießen 1½ Stunde braten; die letzte halbe Stunde nimmt man zum Begießen recht guten Bratensaft, richte ihn auf der bestimmten Schüssel an und gebe etwas guten Bratensaft darunter, nehme die Bratpfanne auf den Herd, gebe zu dem in der Pfanne befindlichen Saft etwas guten Rahm, soviel wie man Beiguß bedarf, ein Glas Madeirawein und etwas geriebene Muskatnuß, lasse alles unter fortwährendem Rühren aufkochen, streiche den Beiguß durch ein Haarsieb und gebe ihn dabei.

Gebratene Hirschkeule.

Von der Keule wird hinten der Bein- oder Schüsselknochen ausgelöst und die trockene Haut abgeschnitten; hierauf schlage man die Keule in einen großen Bogen Papier ein, welcher in Fett oder Oel bestrichen ist, lege eine Kruste von ausgerolltem Wasserteig darüber, gebe heißes Fett in die Pfanne und lasse den Braten unter vielen Begießen 4 bis 5 Stunden am Spieß oder im heißen Ofen braten. Von der Kruste und dem Papier befreit, wird die Keule angerichtet und mit eingekochter Glasur bestrichen; dann gebe man etwas guten Bratensaft darunter und reiche einen kräftigen Portwein-Beiguß und rotes Johannisbeer-Gelee dabei.

Das Abziehen eines Hasen.

Man schlägt vom Hasen die Hinter- und Vorderfüße über dem Gelenk ab, lege ihn auf einen Tisch, mit dem Bauch nach oben, mache einen Einschnitt mit der Küchenscheere, unten vom Bauch längs den Lenden und einen andern Schnitt vom Schwanz bis zum Kopfe, grabe längs der Mitte des Bauches;

hierbei hat man sich in Acht zu nehmen, daß man nur das Fell trifft, und muß also die Spitze der Scheere immer dicht am Fell halten; man löse zuerst die beiden Schenkel mit den Fingern aus, dann nehme man die Hälfte eines Messers und löse die Haut unten beim Schwanze bis zum Rücken los; jetzt fange man von unten an, das Fell vom Bauche zu lösen, welches sehr leicht geschieht; man legt die linke Hand auf den Hasen und lößt mit der rechten die Haut bis zum Rücken; zu den Läufern oder Vorderfüßen gelangt, werden dieser mit starker Hand aus dem Fell gerissen; hierauf dreht man den Hasen um, legt die linke Hand auf, so daß der Hase fest liegt, und reißt mit einem Satze das Fell bis zum Kopfe ab; hat man so den Hasen das Fell über die Ohren gelegt, so wird die Kopfhaut mit Hülfe eines Messers abgelöst. Aus dem Fell genommen, steckt man ihn sogleich in einen Eimer Wasser, um die vom Abziehen angesetzten kleinen Haare abzuwaschen, worauf er auf der bestimmten Schüssel zerlegt wird.

Gebratene Rehkeule.

Von der Rehkeule wird hinten der Bein- oder Schüsselknochen ausgelöst, sodann abgehäutet, fein überspickt und wie der Rehrücken beendet.

Gebratener Hase.

Von einem jungen, abgezogenen Hasen wird der Kopf abgeschnitten, der Bauch mit einer Scheere aufgeschnitten und die inneren Teile ausgenommen, mit Ausnahme der Nieren, welche im Hasen bleiben. Jetzt faßt man den Hasen bei den Vorder- und Hinterfüßen, hält ihn über einer Kumme und gießt das Blut aus. Die Läufe werden mit der Brust abgeschnitten, sowie die Bauchlappen. Die Keulen werden durch einen kleinen Einschnitt dicht an den Ziemer gelegt, der Hase dann abgehäutet sauber gewaschen, getrocknet und schön überspickt, mit feinem Salz überstreut und in die Pfanne gelegt, worin 250 Gramm Butter heiß geworden; dann lasse man ihn in einem heißen Ofen, unter öfterem Begießen mit der Butter und seinem eigenen Safte, $\frac{1}{4}$ Stunde braten, gebe $\frac{1}{2}$ Pint gekochten Rahm hinzu und lasse ihn mit diesem eine fernere $\frac{1}{4}$ Stunde braten. Der Beiguß wird durch ein Sieb gerieben, mit geriebener Muskatnuß gewürzt, ein Teil über den Hasen gegeben und den rest mit dem Braten gereicht. Die von dem Hasen zurückgelegten Teile bildet den sog. Hasenpfeffer und sind als kleine Schüssel unter den Mittelschüsseln angegeben.

Gebratenes wildes Kaninchen.

Das Kaninchen wird wie der Hase abgezogen und die Füße abgehauen; darauf wird es durch einen Einschnitt in den Bauch von den innern Teilen befreit, sauber abgewaschen und auf einen Durchschlag zum Abtröpfen gelegt; das Herz und die Leber werden in Fleischbrühe gekocht und fein gehackt zum Brotfüllsel gegeben; hiermit wird der Bauch des Kaninchens gefüllt und dann zugenäht. Jetzt macht man einen Einschnitt vom Schwanz zwischen Keule und Ziemer, so daß, die Keule nicht ganz abgeschnitten wird und ungefähr der dritte

Teil am Ziemer sitzen bleibt; hierauf werden die Beinknochen an den Leib gelegt und die Schulter zurückgebogen; darauf stecke man einen Spieß durch beide Beinknochen, dann durch den Leib und fasse mit demselben die andere Seite, biege den Kopf, aus welchem zuvor die Augen gestoßen werden, zurück und stecke den Spieß durch die Augenhöhlen, befestige einen Bindfaden von einem Ende zum andern von der untern Seite des Kaninchens, um es in der richtigen Form zu halten; es wird alsdan mit feinem Salz und feinem weißen Pfeffer bestreut und in eine Pfanne gelegt, worin etwas Butter heiß geworden; jetzt lasse man es unter öfterem Begießen ½ Stunde braten, streue etwas feines Mehl darüber (welches über den Braten durch eine gelöcherte Dose geschüttet wird, so daß es glatt liegt und mit der Butter eine Kruste setzt, welche dem Braten einen sehr angenehmen Geschmack giebt) und lasse es hiermit fernere 10 Minuten braten. Hierauf nehme man den Braten. befreie das Kaninchen vom Spieß und Bindfaden und lege auf eine heiße Schüssel; das Jus wird mit gutem Bratensaft oder Rahm ausgekocht, abgefettet und unter den Braten gegossen.

Geschmortes Kaninchen mit Gurken-Beignß.

Ein zubereitetes Kaninchen wird nicht gefüllt mit einigen jungen Kräutern, wie Thymian, Majoran, Dragon, einer zerschnittenen gelben Wurzel, einer Petersilienwurzel, 3 bis 4 Schalotten, 2 Lorbeerblätter, 2 bis 3 Gewürznelken und einigen schwachen Pfefferkörnern in Bieressig gelegt. Am andern Tage wird er aus der Beize genommen und getrocknet. Nachdem das Mehl daran geschwitzt, gebe man eine Tasse von der Beize, sowie die Zwiebel und das nötige Wasser und Fleischbrühe hinzu und lasse es 1 Stunde langsam schmoren. Die Zugabe der Beize muß man nach Geschmack beurteilen, wenn man sie scharf oder schwächer zu machen wünscht. Kurz vor dem Anrichten schneide man einige Stücke Senfgurken in kleine, längliche Stücke, lege das Kaninchen auf die bestimmte Schüssel, reibe den Beiguß durch ein Sieb, lege die Senfgurken hinein, gebe einige Löffel über den Braten und den Rest reiche man allein.

Achzehnter Abschnitt

Die großen Schüsseln vom zahmen Geflügel.

Das zahme Geflügel muß vor allem sehr gut gefüttert sein, welches man an der schönen, reinen Farbe erkennt; es muß auch schön fett sein und wird nie frisch geschlachtet in Gebrauch genommen. Das Ansehens des Geflügels wird durch das Aufbiegen gehoben; es liegt sehr viel daran, alles in schöner Form auf die Tafel zu bringen; also müssen wir dazu erst die Vorbereitung kennen.

Gedämpfte Kapaunen.

Die Kapaunen werden ganz wie die Kalkute zubereitet, eingewickelt und gedämpft; die Zeit des Dämpfens rechnet man auf 1¼ Stunde. In Ermangelung von Fleischbrühe werden sie mit Wasser zum Feuer gebracht; alsdann giebt man etwas Salz, ein gutes Stück Butter, einige Zwiebeln, etwas Sellerie, eine gelbe und weiße Wurzel und einige Pfefferkörner hinzu; sie werden mit vielen verschiedenen Beigüssen übergossen, über verschiedenen Ragouts angerichtet; mit einem Beiguß übergossen, reicht dan gewöhnlich eine zweite Schüssel. Die Beigüsse werden alsdann mit einem Teil der Brühe gemacht.

Gedämpfte Kapaunen mit Austern-Beiguß.

Man rechne auf die Person 4 bis 5 Austern; (s. Austern-Beigüsse); hierzu sind Zungenschnitte eine beliebte Beilage, sowie Blumenkohl und Kartoffel-Pudding; fernere Beigüsse sind: Champignon, Sellerie und Petersilien-Beiguß.

Gebratene Kapaunen.

Nachdem der Kapaun zum Braten aufgebogen, werden die Keulen und Brust schön überspickt, mit feinem Salz überstreut und in die Pfanne gelegt, worin 125 Gramm Butter heiß geworden; dann lasse man ihn unter öfterem Begießen 1¼ Stunde braten, ziehe die Bindfäden aus und richte den Kapaun auf einer heißen Schüssel an. Das in der Pfanne befindlicher Jus läßt man mit guter Fleischbrühe loskochen, indem man mit einem Löffel das Fett abnimmt; durch ein Sieb gegossen, giebt man einen Teil unter den Braten und den Rest reicht man allein.

Gebratenes junges Huhn.

Vom jungen Huhn wird der Kopf nicht abgeschnitten; dieser wird in heißem Wasser abgebrüht, sorgsam geputzt und die Augen ausgestochen. Der Kropf und die Gurgel werden durch einen Einschnitt in die Haut, hintern am Halse entfernt, der Kopf bei dem Aufbiegen zwischen die linke Schulter gesteckt, der Magen aufgeschnitten, geleert und die innere Haut abgezogen, die Leber von der Galle befreit, diese werden durch die rechte Schulter abgezogen. Ist auf diese Weise das Huhn schön aufgebogen, so wird es mit 1½ Zoll langen Speckstreifen überspickt und in eine Pfanne gelegt, worin 60 Gramm Butter heiß geworden. Dann lasse man es unter öfterem Begießen ¼ Stunde braten, richte das Huhn auf der bestimmten Schüssel an, nehme die Butter mit einem Löffel von dem Jus ab, gebe ein wenig Salz und gute Fleischbrühe in die Pfanne und lasse das Jus loskochen; hiervon giebt man einige Löffel unter das Huhn und den Rest reicht man allein.

Frühlingshühner. (Spring Chicken.)

Die Hühner werden wie nach voriger Nummer gebraten; man muß hierbei die Personenzahl berechnen; ein ganz kleines Kücken wird halbiert, ein größeres in 4 Teile zerlegt. Sie werden ringsum die Schüssel auf gerösteten Brotscheiben angerichtet; die Mitte füllt man mit folgenden gemischten Gemüsen: Blumenkohl, Spargel, kleinen Pahlerbsen und jungen gelben Wurzeln; der Blumenkohl wird in kleinen Röschen zerlegt, mit den Spargelköpfen in Salzwasser oder leichter Fleischbrühe gekocht, die Erbsen werden schön abgekocht, die Wurzeln bleiben, falls sie noch sehr klein sind, ganz, größere werden der Länge nach halb durchgeschnitten und mit den Enden der Spargel, nachdem diese in eine Zoll lange Stücke geschnitten worden, zusammen mit etwas Salz und einem kleinen Stück Butter gekocht. Nachdem alle Gemüse mürbe sind, giebt man sie auf ein Sieb; von dem Spargel und Blumenkohl, sowie einem Theil der Wurzelbrühe bereite man einen Beiguß (s. Blumenkohl-Beiguß); in demselben werden die Gemüse zusammen mit einem kleinen Löffel gehackter Petersilie geschwenkt und zu den Hühnern angerichtet; der eingekochte Bratensaft wird dabei gereicht.

Gedämpftes Huhn mit Reis.

150 Gramm Reis wird in Salzwasser aufgekocht, auf einen Durchschlag abgegossen und mit kaltem Wasser abgespült; hierauf gebe man den Reis mit dem weißen Teil von 5 Porreestangen, welcher sehr fein gehackt wird, 60 Gramm Butter, ein wenig Salz und feinem, weißen Pfeffer in einen Topf, lege das zum Dämpfen aufgebogene Huhn in die Mitte, gebe etwas weiße Fleischbrühe hinzu und lasse es zusammen ¼ Stunde dämpfen. Beim Anrichten verziere man den Reis um

das Huhn und reiche einen Petersilien= oder deutscher Beiguß.

Geschmorte Hühner mit Champignons.

Die Hühner werden wie zum Dämpfen aufgebogen und in eine Pfanne gelegt; dann übergieße man die Brust mit 60 Gramm Butter und lasse sie ¼ Stunde in einem heißen Ofen braten; hierauf lege man die Hühner in einen Topf, schwitze zu der in der Pfanne befindlichen Butter 2 Löffel Mehl, gebe unter fortwährendem Rühren Fleischbrühe oder Wasser hinzu, lasse alles zusammen aufkochen, so daß das in der Pfanne an= gesetzte Jus gut loskocht, bestreue die Hühner mit feinem Salz und weißem Pfeffer, gieße den Beiguß an der Seite der Hüh= ner in den Topf, gebe ein Glas Rotwein, 2 bis 3 Dutzend kleine geputzte Champignons hinzu, lasse sie eine Stunde sehr langsam schmoren, gebe den Saft einer Citrone zu dem Beiguß und richte diesen über den Hühnern an.

Gebratene Tauben.

Von den jungen Tauben werden die Köpfe und der Hals abgeschnitten; mit feinem Salz bestreut, man belegt die Brust mit einen Traubenblatt und hierüber eine Speckscheibe, welche mit Bindfäden umbunden wird; in eine Pfanne gelegt, wer= den sie mit heißer Butter übergossen und in einem Ofen unter öfterem Begießen ¼ Stunde gebraten; hierauf werden die Tauben von den Bindfäden, dem Traubenblatt und der Speck= platte befreit, das Jus mit guter Fleischbrühe losgekocht, ab= gefettet, durch ein Sieb gegeben und ein Teil über die Tauben und den Rest allein gegeben.

Gebratene Hühner.

Die Hühner werden ganz wie die Kapaunen gebraten; die Zeit des Bratens ist eine Stunde, mitunter auch länger; man muß sich hierbei nach den Hühnern richten; zarte Hühner gebrauchen weniger Zeit; ein gutes Erkennungszeichen ist: Wenn man eine Gabel hinein steckt und kann diese rasch am Knochen entlang stechen und wieder heraus nehmen, so sind die Hühner gar.

Gefüllte Tauben.

Die Tauben wirden längs des Rückens eingeschnitten, der Rücken- und Brustknochen sorgsam ausgelöst, die Schulter und Lenden bleiben ganz; hierauf fülle man die Taube mit Füllsel so daß sie wieder die richtige Form haben, nähe die Oeffnung zu, lege das Halsfell auf den Rücken und richte die Taube vor wie zum Braten.

Gebratene Ente.

Eine junge Ente wird rein gestoppelt, abgesengt, ausgenommen, gewaschen und aufgebogen; dann bestreue man sie mit feinem Salz, gebe 90 Gramm Butter hinzu und lasse die Ente in einem heißen Ofen eine Stunde braten. Sowie die Butter etwas braun angebraten, gebe man einige Löffel kochendes Wasser hinzu, welches man beim Verbraten des Jus wiederholt. Von dem Bindfaden befreit, richte man sie auf einer heißen Schüssel an; zu dem in der Pfanne befindlichen

Jus gebe man etwas Fleischbrühe oder Wasser, lasse das angesetzte Jus gut loskochen, nehme die aufsteigende Butter ab und gebe von dem Jus einige Löffel unter den Braten und den Rest reiche man allein.

Gebratene Ente mit Mandelfüllung.

Die Ente wird mit Mandelfüllung gebraten; dann läßt man das Jus gut einkochen, giebt dieses beim Anrichten über die Ente und reicht einen deutschen Beiguß dabei.

Gebratene Gans mit glasierten Kastanien.

Eine gemästete Gans wird mit Kastanienfüllsel gefüllt, darauf bestreue man die Brust mit feinem Salz, gebe 125 Gramm Butter und eine Tasse kochendes Wasser hinzu und lasse die Gans unter öfterem Begießen je nach ihrer Größe 1¼ bis 2 Stunden braten. Sobald der Beiguß anfängt braun zu werden, wird stets etwas Wasser hinzugegeben. Man richte der Gans auf der bestimmten Schüssel an und verziere sie mit glasierten Kastanien; das Jus wird abgefettet, durch ein Sieb gestrichen und dabei gereicht.

Geschmorte Enten mit Sauerkraut.

12 Aepfel werden geschält, vom Kernhaus befreit, in 8 Teile zerschnitten, mit 60 Gramm Butter, 60 Gramm Zucker, 2 Gewürznelken und einem Löffel weißen Wein in einen Topf langsam gedämpft. Man gebe diese nachdem sie erkaltet, in eine zubereitete Ente; diese wird schön braun gebraten. Ist

solches geschehen, so gebe man 1 Pfund gut ausgewässerten Sauerkohl hinzu, 250 Gramm gut abgewaschenen, geräucherten Speck vom Bauch, etwas feinen, weißen Pfeffer, eine Tasse Fleischbrühe und ein Glas Weißwein und lasse alles zusammen eine Stunde langsam schmoren. Zu dieser Zeit wird die Ente weich sein und auf eine Schüssel heiß gesetzt. Der Kohl, falls dieser nicht mit der Ente mürbe geworden, muß etwas länger schmoren; nach Geschmack gepfeffert und gesalzen, wird dieser um die Ente angerichtet; hierzu reiche man einen Zwiebel=Beiguß, glasierte Kastanien und gebackenes Kartoffelmuß. Der Speck wird in schöne Scheiben geschnitten und mit der Ente gereicht.

Gefüllte Gans.

Eine gemästete Gans wird mit Aepfelfüllsel gefüllt; kurz vor dem Anrichten gebe man etwas süßen Rahm zu dem Beiguß und ein wenig geriebene Muskatnuß, streiche den Beiguß durch ein Sieb und reiche ihn dabei.

Gefüllte, gebrühte Gans.

Eine gemästete Gans wird mit Leberfüllsel gefüllt; statt Schweinsleber nimmt man Gänseleber; hierauf lasse man 125 Gramm Butter und einige Schinkenscheiben in einer Bratpfanne heiß werden, lasse die Gans an allen Seiten schön hellbraun braten, streue ein wenig Salz über die Brust, gebe soviel kochendes Wasser oder Fleischbrühe hinzu, daß die Gans bis zur Brust bedeckt ist und lasse sie fest zugedeckt $1\frac{1}{2}$

Stunden dämpfen; die letzte halbe Stunde muß die Brühe sehr kurz einkochen, diese wird abgefettet unn über die Gans durchgegossen.

Vom Einschlachten der Gänse.

Zum Einschlachten nimmt man große, gut gemästete Gänse; nachdem diese abgezengt und gut gestoppelt sind, werden sie mit Kleiewasser gut abgewaschen und einige Stunden draußen beim Kopfe aufgehängt, so daß sie recht von der Luft durchzogen werden. Sodann legt man sie auf ein Brett, nimmt die inneren Teile aus und legt diese zurück; dann löst man zuerst die Keule ab, schneidet den Hals ab, schneidet die Brust beim Schulterknochen ein und so zwischen Rücken und Brustknochen die Seite hinunter. Der Rücken, Hals, Kopf, Leber, Herz und Magen, Füße und Därme bilden den sog. Gänsepfeffer, welcher auf verschiedene Weise zubereitet wird. Beim Einschlachten mehrerer Gänse bereitet man von den Lebern eine Gänsewurst; diese wird in der abgezogenen Halshaut gemacht' Die Brüste und Keule werden eingekocht oder geräuchert; das Fett streift man sorgsam von den Därmen; dasselbe wird mit ebensoviel Ochsennierenfett in kleine Würfel geschnitten und über gelindem Kohlenfeuer ausgebraten. Demnach übersehe man beim Einschlachten der Gänse alle von diesen zubereiteten Schüsseln, um die beliebtesten zu wählen.

Gebratene, eingelegte Gänsebrust.

Die Gänsebrust wird aus der Brühe genommen, fest abgetrocknet, mit der Fleischseite in eine Pfanne gelegt, worin Butter heiß geworden, und unter öfterem Schieben mit der Fleischgabel schön braun gebraten; hierauf lege man sie mit der Fleischseite nach oben, gebe einige Löffel voll von der Brühe und etwas Wasser darunter, lasse sie unter öfterem Begießen ½ Stunde braten, lege die Brust auf eine heiße Schüssel, schwitze zu der Butter einen kleinen Löffel Mehl, und reibe das angesetzte Jus mit einem Löffel von der Pfanne los, gebe etwas Fleischbrühe oder Rahm hinzu, lasse alles zusammen aufkochen, reibe den Beiguß durch ein Sieb und gebe ihn dazu

Neunzehnter Abschnitt.

Vom Wildgeflügel.

Dieses wird nur, wenn es erforderlich, in warmen Wasser abgewaschen.

Gespickte wilde Ente.

Die wilden Enten werden ganz wie die zahmen in allen Bereitungsarten behandelt und beendet; sie gewinnen sehr an Geschmack, wen man sie auf einige Stunden in Milch legt und die Bruſt überſpickt. Nachdem die Ente aufgebogen, bleibt ſie in einem Gefäß, mit Milch bedeckt, einige Stunden liegen, wird dann abgetrocknet und überſpickt und mit Butter uud einer Taſſe Waſſer in einen heißen Ofen eine Stunde gebraten; ſowie der Beiguß einkocht, wird ſtets Waſſer nach= gegeben; kurz vor dem Anrichten gebe man etwas Rahm hinzu reibe den Beiguß durch ein Sieb, gebe etwas Muskatnuß und das nötige Salz hinzu und reiche ſie an. Beim anrich= ten wird die Bruſt der Ente mit eingekochtem Bratenſaft glaſiert.

Ferner wird eine geſpickte Ente mit verſchiedenen Bei= güſſen aufgetragen, wie; italieniſchem, Apfelſinen, und ſcharfen Beiguß.

Gebratene wilde Gans.

Die wilden Gänſe ſind oftmals ſehr zäh, daher kann man nur eine junge Gans zum Braten benutzen. Sie wird mit Äpfeln und Zwiebeln folgendermaßen gefüllt, 4 große Zwiebeln werden abgebrüht und fein gehackt, 6 große, ſaure Äpfel werden geſchält, in 8 Teile geſchnitten und mit einem Stück Butter halb gar geſchmort; hirzu giebt man die gehackten Zwiebeln, etwas weißen Pfeffer, 3 bis 4 geſtoßene Gewürz= nelken, einen kleinen Löffel geriebenen Salbei und ein wenig Salz; dieſe Füllung iſt beſonders gut zur Hebung des Fleiſches; darauf wird die Bruſt mit Salz beſtreut, die Gans mit Speck= oder Nierenfettſcheiben belegt, in ein mit Butter beſtrichenes Papier gebunden und am Spieß oder im Ofen unter öfterem Begißen gebraten. Beim Anrichten giebt man etwas gutes Bratensaft darunter und reicht einen kräftigen Portwein-Beiguß dazu.

Die alten wilden Gänse werden durch viele gute Zuthaten eßbar gemacht; daher wird von diesen auch nur das beste Fleisch, wie Brust und Keule, genommen. Die werden wie die zahmen gekocht; nachdem sie erkaltet; wird das Fleisch in Würfel geschnitten.

Gebratener Fasan.

Der Fasan schön überspickt, die Brust mit feinem Salz bestreut und in eine Pfanne gelegt, worin etwas Butter heiß geworden; dann lasse man ihn unter öfterem Begießen eine Stunde braten und richte den Fasan auf der bestimmten Schüssel an. Das Jus wird mit gutem Bratensaft oder Fleischbrühe losgekocht, abgefettet und durch ein Sieb gerieben; man gebe einige Löffel unter den Braten und den Rest reiche man allein.

Gedämpfter Fasan.

Der Fasan wird wie zum Dämpfen aufgebogen und in einen Topf gelegt; darauf gebe man soviel Fleischbrühe hinzu, daß die Brust bedeckt ist, sowie Butter, 2 kleine, zerschnittene Zwiebeln, eine in Scheiben geschnittene, gelbe Wurzel, Lorbeerblätter, einige schwarze Pfefferkörner, einige Gläser weißen oder Sherrywein und ein wenig Salz. Man läßt ihn einige Stunden langsam dämpfen; hierauf wird er vom Bindfaden befreit und auf einer Schüssel angerichtet; das Jus muß zu der Zeit kräftig eingekocht sein, dieses wird abgefettet, durch ein feines Sieb geseihet und über den Fasan gegeben. Von dem Abfall bereite man einen Beiguß, gebe das Mus von 4 Tomaten hinzu und reiche den Beiguß mit dem Fasan.

Gebratener Fasan mit Leberfüllsel.

Der nach obiger gespickte Fasan wird im Kopf und im Leib mit Leberfüllsel gefüllt und gebraten; dann gebe man beim Anrichten das eingekochte Jus unter den Braten. Die Leber wird gedämpft, durch ein Sieb gerieben und zu einem gemachten, braunen Rahm-Beiguß gerührt. Dieser wird mit den Fasan gereicht.

Gebrühter Fasan mit braunen Ragout.

Der Fasan wird wie zum Dämpfen aufgebogen und mit heiß gewordener Butter in eine Pfanne gelegt; dann gebe man eine in Scheiben geschnittene, gelbe Wurzel und einige Scheiben Zwiebeln hinzu; hiermit lasse man den Fasan an allen Seiten schön braun braten. Wenn dies geschehen, gebe man so viel gute Fleischbrühe hinzu, daß der Fasan bedeckt ist, gebe 2 Lorbeerblätter und einige schwarze Pfefferkörner hinzu und lasse es eine Stunde langsam dämpfen; das Jus muß dann sehr kurz zu einer Glasur verkocht sein; diese wird abgefettet, durch ein Sieb geseihet und beim Anrichten über den Fasan gegeben; man verziere die Schüssel mit braunem Ragout.

Ferner werden die gebrühten Fasanen mit verschiedenen Beigüssen aufgetragen, wie: Tomaten=, Matrosen=, Oliven=, Morcheln=Beiguß 2c., das abgefettete Jus wird dann stets zu den gemachten Beigüssen gegeben, diese werden dann rasch wieder zu der beliebten Dicke eingekocht.

Gebratene Rebhühner.

Zum Braten nimmt man nur junge Hühner, diese werden nicht gespickt, wie die Fasanen, in einer kleinen halben Stunde gebraten.

Gebrateuer Auerhahn.

Der Auerhahn muß zum Braten sehr jung sein, er bleibt, nachdem er geschossen, 8 Tage hängen, bevor er in Gebrauch genommen wird, er wird, nachdem er gerupft, abgesengt und ausgenommen, aufgebogen in ein Gefäß gelegt, worin er sehr gebunden liegt, und mit einer Flasche Rotwein und soviel gutem Essig begossen, daß die Brust bedeckt ist. Der Essig wird vorher mit einigen Lorbeerblättern, einem Löffel schwarzer Pfefferkörner, einigen Schalotten und 6 bis 8 Gewürznelken, einem kleinen Stück Muskatblüte, einer in Scheiben geschnittenen, gelben Rübe und einem kleinen Bündel Kräuter gekocht. Der Wein wird kalt über den Hahn gegossen, der Essig und die Kräuter, nachdem es erkaltet ist. In dieser Beize bleibt der Auerhahn 2 Tage liegen. Aus der Beize genommen wird er mit einem Tuch recht trocken gemacht, ringsum mit Speckplatten belegt und in ein mit Butter be=

strichenes Papier gewickelt, welches mit Küchengarn umbunden wird, an den Spieß gebracht, wird er sogleich mit heißer Butter begossen, dies muß während des Bratens, dessen Dauer man auf 2 Stunden rechnet sehr oft geschehen. Hierauf nimmt man das Papier und den Speckplatten ab, zieht die Bindfäden aus, legt den Hahn auf die bestimmte Schüssel und glasiert die Brust mit gutem Bratenfaft. Verschiedene Beigüsse werden zum Auerhahn gereicht, wie spanischer Portwein-, Madeira-, Gurken- oder Pickel-Beiguß, diese werden stets mit einem Teil der Beize gemacht.

Gebratene Schnepfe.

Der Kopf der Schnepfen wird nicht abgeschnitten, die Haut wird vom Kopfe gezogen und die Augen ausgestochen, die Klauen werden abgehauen und die Schultern umgedreht; dann drängt man die Schenkel recht zurück, daß die Brust hoch kommt, stecke den Schnabel durch den einen Schenkel aus dem andern wieder heraus, belegt die Brust mit einer Speckplatte, umbinde diese mit Bindfäden und brate sie gleich den Fasanen in $\frac{1}{2}$ Stunde. Beim Braten lege man die Schnepfe auf ein großes Stück von der Rinde befreites, auf beiden Seiten geröstetes Milchbrot; dieses wird beim Anrichten mit den Därmen belegt und in Schnittchen geschnitten um die Schnepfe gelegt; von den Eingeweiden wirft man den Magen weg, die andern Teile werden sehr fein gehackt, mit einem Stück Butter, etwas Salz, weißem Pfeffer und ein wenig geriebener Muskatnuß auf dem Feuer gar geschwitzt; hierzu giebt man ein wenig geriebenes Weißbrot und streicht es über die Unterlage der Schnepfen; dieses sog. Schnepfenbrot legt man, wie schon bemerkt, in Schnittchen geschnitten um die Schüssel. Ein guter Bratensaft wird mit der Schnepfe gereicht.

Zwanzigster Abschnitt.

Die Pasteten im Allgemeinen.

Die Pasteten werden warm und kalt aufgetragen, in beiden Fällen auf verschiedene Weise.

Werden große warme Pasteten zur Mittagstafel oder beim Gabelfrühstück aufgetragen, so nimmt man am besten eine Pastetenschüssel nach englischer Art. Die Hohlpasteten, als Mittelschüssel gereicht, werden mit einem feinen Ragout verschiedener Art gefüllt. Die gehobenen Pasteten werden kalt und warm gereicht, jedoch sind die Pastetenschüsseln in den meisten Fällen bei warmen Pasteten einem gemachten Pastetenhaus vorzuziehen. Für kalte Tafel bei großem Frühstück und Abendessen sind die gehobenen Pasteten eine große Zierde. Zu einem gut angefertigten Pastetenhaus bedient man sich jetzt einer Springform, rund oder länglich, die man in allen großen Haushaltungsgeschäften kauft. Ferner benutzt man zu kalten

Pasteten für den Familientisch Pastetennäpfe, welcher sehr zu empfehlen sind, die Ueberreste einer warmen Schüsselpastete zum Gabelfrühstück kalt auf die Tafel zu bringen; die Ueberreste werden nämlich in den Napf gelegt, die noch übrige Kruste in schöne Stücke geschnitten, darauf gelegt und der Napf alsdann wie eine frische Pastete auf eine Schüssel gesetzt, die mit einer Serviette belegt ist. Die Pastetenschüssel wählt man nach der Beschaffenheit der Bratenschüssel vom Tafelgeschirr; sind dieser von einer runden Form, so nimmt man runde Pastetenschüsseln, sind die dagegen länglich, so werden längliche gewählt, weil eine Pastete auf eine andere Schüssel gesetzt wird. Von diesen Schüsseln kauft man am besten einen Satz, bestehend aus 6 bis 7 Stück, wobei man alsdann die beliebige Größe nach der Personenzahl wählen kann.

Tauben-Pastete.

Man nehme genügend Butterteig, 6 Tauben, 12 aufgegangene Champignons, Pastetenfüllsel und $\frac{1}{4}$ Pfund Bratwürstchen. Die Champignons werden abgezogen, die Stiele abgeputzt, in 4 Teile geschnitten, mit dem Saft einer Citrone, einem kleinen Stück Butter und ein wenig Salz 10 Minuten gedämpft. Mit dem Abfall der Tauben und etwas guten Bratensaft bereitet man einen Salmi-Beiguß. Von dem Pastetenfüllsel wird der dritte Teil abgeschnitten, mit dem größeren Teil wird der Boden der Pastetenschüssel und die Seite bis zur Rand belegt; die Tauben werden $\frac{1}{4}$ Stunde gebraten, in 4 Teile zerlegt und in schöner Ordnung mit den Würstchen und Champignons eingelegt, so daß alles schön verteilt wird, daß die Mitte schön eben und etwas erhöht ist und mit Beiguß übergossen. Jetzt wird das letzte Füllsel zu einem Ballen gemacht, mit Mehl bestäubt und soweit ausgerollt, daß es über die Schüssel geht; dann schlage man diese ausgerollt, daß es über die Schüssel geht; dann schlage man diese ausgerollte Platte wie einen Halbmond zusammen, um die Platte leichter über die Schüssel zu legen, schiebe mit der rechten Hand ein Messer unter die geschlossene Seite, mit der linken ein Messer unter die runde Seite, lege dieses Füllsel halb über die Schüssel, ziehe die Messer aus und schlage das Füllsel auseinander, so daß auch die andere Hälfte bedeckt ist, und stecke den Rand der Oberplatte mit dem Seitenfüllsel zusammen, so daß dieses in der Schüssel bleibt und nicht den äußeren Rand berührt. Der Butterteig wird der Länge nach ausgerollt, $\frac{1}{4}$ Zoll dick; hiervon werden lange Streifen geschnitten, $\frac{1}{2}$ Zoll breiter wie der Rand der Pastetenschüssel; dieser wird mit verschlagenem Ei bestrichen und mit den Streifen Butterteig ringsum belegt, die inwendige Seite mit den Fingern leicht an die Schüssel gepreßt, dann der noch übrige Teig zusammengelegt und so weit ausgerollt, daß dieser die ganze Schüssel mit dem Rand bedeckt; jetzt wird der über dem Rand der Schüssel hängende Teig mit einem scharfen Messer abgeschnittem, indem man das Messer dicht am Rand der Schüssel hält, der übrige Teig wird wieder zusammengerollt; aus diesem werden kleine Verzierungen gemacht, wie Blätter, kleine runde Plättchen, verschobene Vierecke; von diesen Ausschnitten

formt man z. B. eine Rose ringsum mit Blättern für die
Mitte der Pastete, wobei die Köchin ihren Geschmack zeigen
kann; der Rand wird gleichfalls durch Einschnitte verziert.
Jetzt wird die ganze Pastete mit einem Ei, welches mit Was=
ser abgeschlagen ist, so daß es nicht zu dick über den Teig
kommt, bestrichen. Dies darf jedoch durchaus nicht die ab=
geschnittene Seite des Randes berühren, weil sonst die Pastete
nicht aufgeht; diese wird in einen Ofen gesetzt, so daß der
Teig sich sogleich hebt; ist dies geschehen, und hat der Teig
sich steif gesetzt, so legt man ein leichtes Papier darüber und
läßt die Pastete 1½ Stunde backen. Ein brauner Champig=
non=Beiguß wird mit der Pastete gereicht.

Taubenpastete auf englische Art (Pigeon=Pie).

Man nehme ½ Pfund Rumpfsteak, 4 Tauben, 6 hartge=
kochte Eidotter oder gekochte Kibitzeier, 2 Löffel gehackte Peter=
silie, 4 gehackte kleine Schalotten und 12 feingehackte Cham=
pignons. Die Tauben werden mit einem Stück Butter ¼
Stunde im Ofen gebraten und hierauf die Tauben aus der
Pfanne genommen. Man giebt einen Löffel Mehl zu der in
der Pfanne befindlichen Butter, rührt ½ Pint gute Fleischbrühe
hinzu, läße alles zusammen aufkochen und bewahrt den Beiguß
zum Begießen. Das Rumpfsteak wird vom Fett befreit, in
kleine Stücke geschnitten uud in einer Pfanne mit ein wenig
Butter in 6 Minuten braun gebraten; diese Stücke werden auf
den Boden der Schüssel gelegt und mit Salz und feinem, wei=
ßem Pfeffer überstreut, sowie mit einem Teil der gemischten,

gehackten Kräuter. Hierauf werden die Tauben in 2 halbe geschnitten, in schöner Ordnung mit den Eiern darein gelegt und mit Pfeffer, Salz und den übrigen Kräutern bestreut. Jetzt gebe man den Beiguß durch ein Sieb in die Schüssel, so daß alles mit derselben bedeckt ist, lege ein Butterteig darüber und backe die Pastete in 1¼ Stunde.

Hühnerpastete auf englische Art (Chicken and Ham Pie).

Hierzu nimmt man ein schönes Huhn, ½ Pfund Kalbsteak, ½ Pfund gekochten Schinken, 2 Löffel gehackte Petersilie, 6 hartgekochte Eidotter, ein Kochlöffel Mehl wird mit ½ Pint Wasser oder weißer Fleischbrühe verrührt und auf dem Feuer unter fortwährendem Rühren aufgekocht. Man lege eine Lage von Kalbfleisch und Schinken, reichlich ¼ Zoll dicke Scheiben, in die Schüssel, dann eine Lage vom Huhn, streut etwas Salz, feinen weißen Pfeffer, Petersilie und gehackte Champignons darüber, verteilt die Eier gleichmäßig, und füllt so die Schüssel, zuletzt rührt man noch das Mehl mit dem Wasser gut durch und gießt es über das Fleisch; hierauf wird die Pastete mit dem Teig bedeckt und 1¼ Stunde gebacken.

Diese Pastete ist sehr gut für kalte Küche; alsdann giebt man recht gute Kalbfleischbrühe über das Fleisch und kein Mehl daran.

Kalbfleisch=Pastete mit Schinken (Veal and Ham Pie).

Hierzu nimmt man 1 Pfund Kalbsteak und ½ Pfund

Schinken oder durchwachsenen Speck; dies wird sauber gewaschen und abgekocht, erkaltet, in schöne Stücke geschnitten und mit hartgekochtem Eidotter, etwas gehackter Petersilie, Pfeffer, Salz und dem in kleine Stücke geschnittenen Fleisch dann eingelegt und gebacken.

Auf andere Art.

Das Fleisch und der Schinken oder Speck werden geschnitten und der Beiguß in folgender Weise bereitet: Einige Champignons, Petersilie und eine kleine Zwiebel werden sehr fein gehackt und mit Butter, Salz und feinem weißem Pfeffer und dem Saft einer Citrone in einem Topfe gedämpft; hierzu rührt man einen Löffel Mehl, und $\frac{1}{2}$ Pint Fleischbrühe und läßt alles zusammen gut aufkochen und erkalten. Jetzt lege man eine Lage Fleisch und Schinken, dann den Beiguß, und sofort, bis die Schüssel gefüllt ist, belege diese mit dem Teig und backe die Pastete $1\frac{1}{4}$ Stunde. Mit der Ueberlage oder Kruste richte man sich stets nach der ersten Pastete.

Fasanen-Pastete.

2 Fasanen werden aufgebogen, die Brust mit zerlassener Butter übergossen, $\frac{1}{4}$ Stunde im Ofen gebacken, erkaltet und wie Kapaunen zerlegt; mit dem Abfall der Fasanen bereite man einen guten Salmibeiguß, dieser wird mit Citronensaft und etwas guten Madeira gehoben; zur Fütterung der Pastetenschüssel nimmt man ein Wild- oder Leberfüllsel. Ist dieses eingelegt, so lege man eine Lage Fasanenstücke, darauf eine

Lage grob gehackte Champignons, geschnittene Trüffeln, dann Beiguß und so fort, bis alles eingelegt ist; die Pastete wird sodann belegt und 1¼ Stunde gebacken.

Birk- und Rebhühner werden auf dieselbe Weise bereitet.

Hasen-Pastete.

Von 2 jungen Hasen werden die Läufer und Schultern abgelöst; hiervon schneidet man das Fleisch und macht mit diesem ein Hasenfüllsel; die Rücken oder Ziemer werden mit Butter ¼ Stunde angebraten; nachdem sie erkaltet sind, löst man das Fleisch, die Filets, der Länge nach sorgsam ab und schneidet diese in schöne Stücke; zu der Hasenbutter schwitzt man 2 Löffel Mehl und giebt unter fortwährendem Rühren so viel Wasser oder Fleischbrühe hinzu, daß es ein schlanker Beiguß wird; zu diesem giebt man die fein gehackten Knochen, sowie eine kleine Zwiebel, ein Lorbeerblatt, einen kleinen Löffel schwarzen Pfeffer, ein kleines Blatt Muskatblüte, 125 Gramm mageren, gehackten Schinken, ein wenig Citronenschale und ¼ Flasche Weißwein, läßt es 1 Stunde kochen, giebt das nötige Salz hinzu, reibt den Beiguß durch ein Sieb und läßt ihn erkalten. Jetzt füttere man die Pastetenschüssel mit Füllsel, lege das Hasenfleisch mit in Scheiben geschnittenen Trüffeln und den erkalteten Beiguß hinzu und beende die Pastete. Zu dem übrigen Beiguß giebt man etwas rotes Johannisbeer-Gelee und ein Glas Portwein; dieser wird mit der Pastete gereicht.

Hirsch- und Reh-Pasteten werden auf dieselbe Weise zubereitet.

Beefsteak-Pasteten auf englischer Art.

1 Pfund Ochsenmürbebraten, Filet, von Fett und Haut befreit, wird der Quere nach in ½ Zoll dicke Scheiben und diese wieder in kleinere Stücke geschnitten von der Größe einer Kotelette; man muß sich hierbei nicht verschneiden und die Stücke nach der Dicke des Fleisches rechnen, nur so, daß alle Schnitte möglichst gleich sind; dieser werden dann in einer Pfanne mit sehr wenig Butter einige Minuten rasch gebraten und auf eine Schüssel gelegt; dann giebt man einige in Scheiben geschnittene Zwiebeln in die Pfanne und bratet diese wie das Fleisch einige Minuten; sind auch diese aus der Pfanne, so giebt man einen kleinen Löffel Mehl hinein, läßt dieses einen Augenblick unter fortwährendem Rühren schwitzen, rührt ½ Pint kochendes Wasser hinzu und giebt den Beiguß durch ein Sieb. Jetzt wird das Fleisch und die Zwiebel mit gehackter Petersilie, feinem, weißem Pfeffer und Salz in die Schüssel gelegt, der Beiguß darüber gegossen, die Schüssel mit einer beliebigen Kruste belegt und die Pastete reichlich 1¼ Stunde gebacken.

Beefsteak- und Austern-Pastete.

1 Pfund Rumpfsteak, wovon das Fett teilweise abgeschnitten, wird in kleine Stücke zerlegt, mit Salz und feinem weißem Pfeffer bestreut und in einem Topf in Butter braun gebraten; dann überstreue man das Fleisch mit einem Löffel Mehl und einer kleinen, gehackten Zwiebel, schütte es leicht durcheinander, gebe eine Tasse Fleischbrühe, den Saft einer

halben Citrone, ein Glas Sherrywein und 2 Dutzend frisch geöffnete Austern mit ihrem Safte hinein, lasse alles zusammen anziehen, lege das Fleisch und die Austern, mit kleinen gekochten Kartoffeln schön geordnet, in die Schüssel, gebe den Beiguß darüber und belege die Schüssel mit Teig.

Eine tägliche Beefsteak=Pastete.

1 Pfund Beefsteak wird in kleine Stücke geschnitten, 20 große Kartoffeln werden geschält und in 1 Zoll dicke Scheiben geschnitten, welche man in Wasser etwas anziehen läßt; 2 Zwiebeln werden mit etwas Petersilie fein gehackt. Ist alles auf diese Weise bereitet, so legt man erst etwas Fleisch, bestreut dieses mit Pfeffer, Salz und den gehackten Kräutern, giebt dann einige Lage Kartoffeln, bestreut diese gleichfalls, und so fort, bis die Kartoffeln die obere Lage ausmachen. Jetzt gieße man Wasser hinein bis zum Rand der Schüssel, bedecke diese mit Teig und lasse die Pastete $1\frac{1}{4}$ Stunde backen.

Die Pasteten werden auf diese Weise von jedem Fleisch gemacht.

Pastete oder Potpie von Hammelfleisch.

8 bis 10 ausgeschnittene Hammelkoteletten werden, vom Fett befreit, teilweise mit $\frac{1}{2}$ Pint Wasser $\frac{1}{2}$ Stunde langsam gedämpft. Alsdann gießt man die Brühe in eine Kumme ab, streut etwas Pfeffer, Salz und 2 Löffel gehackte Petersilie über die Koteletten und legt die Kartoffeln darauf. Die Brühe wird von allem Fett befreit, mit einem kleinen Löffel Mehl,

welches man mit Wasser glatt gemacht, verrührt und über das Fleisch und die Kartoffeln gegossen; dann legt man den Teig darüber und beende die Pastete wie in den vorigen Nummern.

Pastete oder Pot=Pie von Schweinefleisch.

Hierzu nimmt man nur ganz mageres Schweinefleisch, z. B. Mürbebraten, oder man macht sie auch beim Einschlachten von mit magerem Fleisch belegten Knochen. Zuerst bereitet man mit einigen Knochen 1 Pint Fleischbrühe. Das Fleisch wird in kleine Stücke geschnitten, mit Pfeffer, Salz, einem kleinen Löffel geriebener Salbeiblätter und 2 großen Löffeln geriebenen Brotes bestreut; dann bedeckt man das Fleisch mit der abgefetteten Fleischbrühe und läßt es ½ Stunde dämpfen; hierauf giebt man noch etwas Fleischbrühe nach und beende die Pastete mit den Kartoffeln und dem Teig. Ein warmes Apfelmus wird mit der Pastete gereicht.

Lammfleisch=Pastete (Pie) auf englische Art.

Von einer Lammskeule wird das Fleisch, durch einen Einschnitt längs der Knochen, abgelöst, von Haut und Fett befreit und in kleine Stücke geschnitten von der Größe einer Kotelette. Die Knochen werden zerhackt, mit einem Pint Wasser, Sellerie, 2 kleinen Zwiebeln und einem Sträußchen Dragon eine Stunde gekocht und durch ein Sieb gegossen; hiermit bereitet man einen Beiguß wie folgt: Butter wird mit 2 Löffeln Mehl auf dem Feuer verrührt; dann giebt man die Brühe unter beständigem Rühren hinzu, läßt alles gut aufkochen, giebt den Saft einer Citrone hinzu, und würzt den Beiguß mit etwas geriebener Muskatnuß, Salz und feinem, weißem Pfeffer. Hierauf werden 3 Dutzend Austern geöffnet, wovon man die Bärte und das Jus abnimmt, 3 Dutzend Champignons werden gröblich gehackt, sowie 2 Löffel gehackte Petersilie. Jetzt belegt man den Boden der Schüssel mit Fleisch, ordnet die Austern gleichmäßig darüber, bestreut es mit Champignons und Petersilie und gießt etwas Beiguß zwischen das Fleisch, füllt auf diese Weise den Form oben zu einer schönen Ruubung, legt den Teig darüber und bäckt die Pastete 1¼ Stunde.

Die Bärte der Austern und das Jus werden in etwas gutem Bratensaft gekocht; hierzu drückt man den Saft einer Citrone und reicht ihn mit der Pastete.

Als kalte Pastete wird die Brühe nicht zu einem Beiguß bereitet; man giebt die Anstern so ganz aus ihrer Schale auf das Fleisch, streut etwas Salz und feinen, weißen Pfeffer, die Petersilie und Champignons darüber und gießt, wenn alles eingelegt ist, die Brühe hinein; hierbei muß man das Fleisch etwas mit der Gabel von der Seite wegheben, damit die Brühe gut durchdringt. Die Pastete ist sehr passend für ein Gabelfrühstück mit kleinen, jungen Kartoffeln, Salat und Mint=Beiguß.

Mock=Turtle=Pastete.

Die Schüsseln werden mit Kalbfleischfüllsel belegt; dann giebt man das Ragout gleichen Namens erkaltet hinein.

Englische Fisch-Pastete.

Hierzu nimmt man jeden beliebigen Fisch, Lachs, Karpfen, Kabeljau, Steinbutt, Kleis, Makrelen ꝛc., nur nicht kleine Fische mit vielen Gräten. Die Fische werden von Haut und Gräten befreit und in schöne Stücke geschnitten. Zu 1½ Fischfleisch giebt man ½ Pint weißen Beiguß; zu diesem giebt man mit dem Saft einer Citrone 2 Dutzend ausgewässerte Filets von Sardellen, 2 Dutzend gehackte Champignons, 6 gehackte Schalotten, 6 hartgekochte Eier, in Scheiben geschnitten, zuerst eine Lage Fisch, dann Eier und Sardellen, etwas Salz, feinen, weißen Pfeffer und die gehackten Kräuter, dann eine Lage kalten Beiguß und so fort, bis die Schüssel eingelegt ist, die letzte Lage ist Fisch. Man legt dann den Teig darüber und bäckt die Pastete 1¼ Stunde.

Ferner sind die Fisch-Pasteten sehr gut vom gekochten Fisch, wie die Ueberreste von Kabeljau oder Stockfisch, Steinbutt, ꝛc. Diese werden in einen Zoll dicke Scheiben geschnitten, gekochte Kartoffeln, ein kalter, saurer Zwiebel-Beiguß und gehackte Petersilie eingelegt, mit einer Kartoffelkruste oder Teig bedeckt und in eine Stunde gebacken.

Eine eingelegte Wildpastete.

Zu dieser Pastete macht man in einer Springform ein schönes Pastetenhaus und mit Mehl gefüllt, welches man recht fest eindrückt; dann bindet man oben die Form mit mehreren Bogen mit Oel bestrichenen Papiers und läßt sie im Ofen 2 Stunden backen. Hierauf nimmt man das Papier ab, das

Mehl mit einem Löffel heraus und untersucht, ob die Kruste gut durchgebacken; ist der Teig noch sehr lose, so läßt man sie noch etwas im Ofen antrocknen. Aus der Form genommen, wird das Mehl mit einer kleinen Bürste ausgebürstet, das Pastetenhaus von außen mit verschlagenem Ei überstrichen und dieses wieder im Ofen angetrocknet und zum Gebrauch aufbewahrt. Ein Kapaun, eine wilde Ente, ein Fasan und 2 Schnepfen werden ausgeknöchelt, mit Schweinsfüllsel zugenäht, in einen Topf mit zerlassener Butter eingesetzt und unter öfterem Begießen langsam gebacken; sie werden dann auf eine Schüssel und an einen Ort gesetzt; dann giebt man in denselben Topf die gehackten Knochen und den Abfall der Hühner, sowie 2 Kalbsfüße, etwas Sellerie, 2 Zwiebeln, eine gelbe Wurzel, 2 Lorbeerblätter, 3 Gewürznelken, ein Sträußchen Thymian, ein kleines Blatt Muskatblüthe, etwas Salz und 4 Pint Wasser und läßt es 3 Stunden langsam kochen. Hierauf wird die Brühe durch ein Suppentuch in ein Gefäß gegeben, das Fett rein abgenommen und die Brühe zu einem guten Bratensaft eingekocht. Das kalte Wild wird in schöne Stücke zerlegt, mit Zungenstücken, gedämpften Champignons, Trüffeln und hartgekochten, in Viertel geschnittenen Eiern durcheinander in das Pastetenhaus gelegt und dann die leeren Räume mit dem gemachten Bratensaft, welcher hierzu flüssig gemacht wird, ausgegossen; man stellt die Pastete, damit der Bratensaft sich setzt, an einen kühlen Ort. Beim Anrichten stellt man diese auf eine Serviette, legt schöne, krause Petersilie oder Brunnenkresse darum und belegt die Pasteten oben, statt mit einem Deckel, mit gehacktem Aspick.

Gänsewurst.

Beim Einschlachten von einigen Gänsen kann man eine Gänsewurst im Halsfell wie eine Pastete bereiten; man macht das Füllsel, wie man Leber hat. Die Lebern werden mit etwas Wein, Fleischbrühe, einem Stück Butter, einem Sträuß=
chen Dragon und einigen Gewürznelken $\frac{1}{4}$ Stunde gedämpft und in kleine Stücke geschnitten mit dem Füllsel, das man nach Verhältnis der Leber gemacht und in die Halshaut ge=
stopft hat; dann bindet man die Wurst auf beiden Enden mit Bindfaden, giebt zu der Brühe worin die Leber gedämpft worden, von dem zerschnittenen Fett der Gänse, legt die Wurst hinein, läßt sie eine Stunde langsam dämpfen und in der Brühe erkalten. Ist die Wurst erkaltet, so schneidet man sie in schöne Scheiben und giebt sie beim Abendessen zum Butterbrot=

Auf 2 Lebern rechnet man zum Füllsel 250 Gramm Leber, 520 Gramm Speck und 250 Gramm Schweinefleisch; die Trüppfeln kann man auch nach verlieben nehmen.

Einundzwanzigster Abschnitt.

Von den verschiedenen Fleisch= und Fisch Puddingen.

Man nehme $\frac{1}{2}$ Pfund Ochsenfleisch von der Lende, etwas

Nierentalg, und Butter, 3 Eier, und 250 Gramm geriebenes Brot. Das Fleisch und Nierentalg werden fein gehackt und durch ein Sieb gerieben; die Butter wird zu Schaum gerührt; dann rührt man die Eier hinein, giebt das geriebene Brot darunter, etwas Salz, weißen Pfeffer und geriebene Muskatnuß und zuletzt das Fleisch. Eine runde, glatte Form oder eine Kumme wird mit Butter ausgestrichen und mit Semmelbrösseln bestreut; dann giebt man den Teig hinein, legt ein mit Butter bestrichenes Papier über die Form und setzt diese in einen Topf, giebt von der Seite soviel kochendes Wasser hinein, daß die Form reichlich halb bedeckt ist, deckt den Topf zu und läßt den Pudding $1\frac{1}{2}$ Stunde langsam dämpfen; beim Anrichten giebt man einen Zwiebel-, Kapern- oder Gurken-Beiguß über den Pudding.

Kalbfleisch-Pudding.

Wird ganz wie die vorbenannte bereitet: Hierzu giebt man auch wohl einen Petersilien-Beiguß.

Beefsteak-Pudding.

$\frac{1}{2}$ Pfund Mehl wird mit 250 Gramm sehr fein gehacktem Nierenfett in einer Kumme gemengt; dann macht man in der Mitte ein Loch, giebt ein ganzes Ei und etwas Salz hinein und verrührt es mit Wasser zu einem festen Teig; dieser wird mit Mehl bestreut und auf dem Backbrett mehrere Male wie Butterteig ausgerollt. Das Mehl zum Ausrollen setzt man zurück. Eine runde Kumme, womöglich mit einem dicken

Rand, wird mit Butter oder Fett bestrichen und mit dem Teig, welcher reichlich ¼ Zoll dick ausgerollt ist, gefüttert; 1¼ Kilo Rumpf- oder Beefsteak werden in kleine Stücke geschnitten, mit Pfeffer und Salz bestreut, in einer Pfanne mit ein wenig Butter rasch einige Minuten auf beiden Seiten gebraten und auf die Schüssel gelegt; dann giebt man zu dem in der Pfanne befindlichen Jus einen Löffel Mehl, läßt dieses einige Minuten durchschwitzen und rührt dann etwas Wasser oder Fleischbrühe hinzu. Nachdem das Fleisch erkaltet, legt man eine Lage in die Kumme, bestreut diesen mit gehackten Champignons und Petersilie und so fort, bis das Fleisch eingelegt ist; dann giebt man den Beiguß darüber, rollt einen runden Deckel von dem Teig und legt denselben darüber, schneidet den Teig rund um die Kumme ab und preßt die beiden Ränder mit Wasser fest zusammen; dann bestäubt man die Oberfläche mit Mehl und legt ein nasses Tuch darüber, legt einen doppelten Bindfaden unter den Rand der Kumme, steckt den Zeigefinger linken Hand in das eine Ende des Fadens und holt die beiden Enden durch, legt das eine Ende rechts, das andere links um die Kumme und bindet sie fest zusammen, setzt die Kumme in einen Topf, giebt von der Seite so viel kochendes Wasser hinein, daß sie beinahe bis zum Rand bedeckt ist, und läßt den Pudding 2 Stunden kochen. Aus dem Wasser genommen, nimmt man das Tuch ab, löst den Rand und stürzt den Pudding auf eine Schüssel; guter Braten-Beiguß wird mit dem Pudding gereicht. Ist bei diesem Pudding etwas von dem Teige übrig, so werden kleine Klöße davon gemacht, und ist die Kumme nicht bis oben mit dem Fleisch gefüllt, so wird dies durch geschnittene Kartoffeln ersetzt.

Abgekochte Kartoffeln werden mit dem Pudding gereicht.

Hammelfleisch Pudding.

Hierzu nehme man ½ Pfund mageres, von Haut und Sehnen befreites Hammelfleisch, 250 Gramm Ochsennierentalg, 120 Gramm Butter und 3 Eier; der Pudding wird wie der vom Ochsenfleisch behandelt und beendet, mit einem indischen Beiguß übergossen und mit gestürztem Johannisbeer-Gelee und Spinat aufgetragen.

Nieren-Pudding.

Ein Dutzend Champignons werden geputzt und mit einer kleiner Zwiebel gehackt in einen Topf gegeben; man giebt darauf etwas feinen, weißen Pfeffer, Salz, Butter und den Saft einer Citrone hinzu und läßt sie langsam ¼ Stunde dämpfen; hierauf streut man einen Löffel gehackten Petersilie und einen Löffel Mehl darüber, rührt alles zusammen durch, giebt unter stetem Rühren ½ Pint Fleischbrühe hinzu und läßt den Beiguß erkalten; ¾ Pfund Kalbsnieren werden in ¼ Zoll dünne Scheiben geschnitten, in eine Kumme gelegt und mit einem Teil des gemachten Beigusses gemengt; dann beendet man dem Pudding mit dem Teige, wie beim Beefsteak-Pudding angegeben. Zu dem noch übrigen Beiguß giebt man etwas guten Bratensaft und giebt diesen dabei; 250 Gramm Teig wird zu diesem Pudding genug sein.

Bratwurst-Pudding.

Die Bratwürste werden mit etwas Butter rasch gebraten, erkaltet und in kleine Stücke geschnitten; auch kann man kleine Würstchen nehmen; mit der Butter bereitet man einen Beiguß und nimmt statt Champignons fein gehackte Zwiebeln.

Auflauf von Hühnern.

3 Hühner werden in einem Ofen ½ Stunde schön saftig gebraten; dann nimmt man alles Fleisch von den Knochen, befreit dieses von Haut und Sehnen und setzt es so lange zurück, bis die Hühnerknochen und der Abfall gehackt und mit etwas Suppengemüse und einem Pint Wasser zum Feuer gebracht sind, läßt diese ½ Stunde recht kurz abkochen und bereitet mit der Brühe einen weißen Beiguß. Das Hühnerfleisch wird fein gehackt und mit einem Löffel von dem gemachten Beiguß durch ein Sieb gerieben; Butter wird mit 6 Eidottern recht schäumig gerührt; dann giebt man das Hühnermus nebst sehr gehackten Schinken hinzu und soviel Beiguß, daß es ein dicker Brei ist, giebt nach Geschmack Salz, weißen Pfeffer und geriebene Muskatnuß hinzu, rührt das Ganze noch einige Minuten gut durch und den festen Schaum der Eier leicht darunter, giebt die Masse in eine Auflaufschüssel, umbindet diese mit einem Bogen mit Butter umstrichenen Schreibpapiers und läßt ihn auf Salz oder Sand gesetzt eine Stunde in einem mittelheißen Ofen backen.

Hühner-Pudding.

Man nimmt ½ Pfund Hühnerfleisch, 250 Gramm in Milch geweichtes und wieder ausgedrücktes Weißbrot, 6 Eier und Butter. Das Hühnerfleisch wird mit dem Brot gestoßen und durch ein Sieb gerieben. Die Butter wird zur Salbe gerührt; dann giebt man die Eidotter nach und nach hinein, giebt dann das Fleisch mit dem Brot darunter, würzt mit Salz, feinem, weißen Pfeffer und geriebener Muskatnuß, rührt der Eier langsam darunter und beendet den Pudding wie nach voriger Nummer; die Knochen und der Abfall werden gehackt und mit einem Pint Wasser und etwas Gemüse abgekocht; mit der Hühnerbrühe bereitet man einen Champignon-Beiguß von gehackten Champignons und giebt diesem beim Anrichten über den Pudding.

Da die Hühner sehr verschieden sind, kann man die Zahl nicht immer bestimmen; hat man ein Huhn zum Pudding, wovon man nicht Fleisch genug erhält, so kann dieses sehr gut durch ein kleines Stück Kalb- oder Schweinefleisch ersetzt werden.

Zweiundzwanzigster Abschnitt.

Beefsteak (Rindstück).

Ein gutes Beefsteak schneidet man von der Kluft oder vom Mürbebraten (Filet). Von der Kluft geschnitten, muß das Fleisch 10 Tage alt geschlachtet sein von einem guten, fetten Ochsen. Das Beefsteak wird kurz vor dem Gebrauch in 1 Zoll dicke Scheiben quer über den Faden geschnitten. Ueber die Bereitung sind sehr verschiedene Ansichten. Ein gutes Beefsteak wied durch Klopfen trocken, die Fasern des Fleisches werden dadurch zerdrückt und der Saft zieht schon vorher oder beim Braten aus, denn aus keinen Steak soll der Saft ausgezogen werden, sondern in dem Fleische bleiben.

Vor dem Braten des Steaks wird eine Pfanne recht heiß gemacht; man giebt alsbann ein kleines Stück Butter hinein, bestreut die obere Seite mit Pfeffer und Salz, legt es auf dieser in die Pfanne und läßt es 5 Minuten braten; dann bestreut man auch die obere Seite, wendet das Fleisch und läßt es wieder 5 Minuten braten, legt das Steak auf eine sehr heiße Schüssel; gießt einige Löffel gute Fleischbrühe oder Bratensaft in die Pfanne, läßt es gut aufkochen und gießt es unter das Fleisch.

Englisches Rump- oder Beefsteak.

Ein Rump-Steak wird geschnitten von den kurzen Rippen, wie Beefsteak 1 Zoll dick; das Steak wird mit zerlassener Butter bestrichen, mit Pfeffer und Salz bestreut und zwischen einem doppelten Rost mehrere Male gewendet; dann lege man ein kleines Stück Butter auf eine heiße Schüssel, lege das Steak darauf, ein anderes Stück oben auf, streiche dieses rasch mit dem Messer darüber, träufle den Saft einer halben Citrone über das Steak und gieße einen Löffel eingemachten Champignon-Beiguß darunter.

Champignons oder gebratene Zwiebeln, abgekochte oder gebratene Kartoffeln werden mit dem dem Steak gereicht.

Geschmortes Rumpsteak (Rindstück).

Ein Rumpsteak, 1 Zoll dick ausgeschnitten, wird mit Pfeffer und Salz bestreut und in heißer Butter auf beiden Seiten schön braun gebraten; hierauf legt man das Steak in einen Topf und schneidet zu der Butter eine spanische oder 4 kleine Zwiebeln, läßt diese schön braun braten und legt sie um das Fleisch. Alsdann giebt man ¼ Pint Mehl in die Pfanne, schmilzt dieses einige Minuten in der Pfanne durch, rührt es mit reichlich ¼ Pint Wasser glatt und giebt den Beiguß über das Fleisch; dann giebt man noch eine gelbe Wurzel, in kleine lange Stücke geschnitten, hinzu, deckt den Topf zu und läßt es über einem nicht zu starkem Feuer 2¼ Stunde schmoren; beim Verkochen giebt man etwas heißes Wasser nach; beim Anrichten legt man das Fleisch auf die Schüssel, nimmt das Fett sorgsam vom Beiguß und läßt diesen, wenn er zu dick eingekocht ist, mit einer kleinen Tasse Wasser loskochen. Man giebt den Beiguß mit den Gemüsen über das Fleisch.

Rumpsteak (Rindstück) mit Austern.

Die Austern, nachdem sie geöffnet sind, werden in einen Topf geschüttet; dann läßt man sie einige Minuten anziehen auf dem Feuer, aber nicht kochen, nur, daß sie steif werden; hierauf befreit man sie von den Bärten, worauf sie (s. Schüssel nach der Suppe) aus gebacken werden; das Austernjus wird mit etwas Bratensaft und dem Saft einer Citrone aufgekocht. Das Rumpsteak wird wie vorhergehend angerichtet, die ausgebackenen Austern darauf gelegt und das Jus unter das Fleisch gegeben.

Statt die Austern auf diese Weise zu bereiten, kann man auch ein Austern-Beiguß machen.

Französisches Beefsteak mit Maitre d' Hotel-Butter.

Vom Mürbebraten, Filet, wird alles Fett und die Haut abgelöst; dann werden die Schnitte reichlich $\frac{1}{2}$ Zoll dick geschniten, mit einem Messer geglättet, in Oel gewendet, mit Pfeffer und Salz bestreut, auf den Rost gelegt, über einem hellem Feuer 4 Minuten geröstet, gewendet und auf der anderen Seite 4 Minuten geröstet. Beim Anrichten werden die Steaks mit gutem Bratensaft glasiert, mit einem Stück Matire d'Hotel-Butter belegt und mit gebratenen Kartoffeln verziert.

Gebratene Filets mit Zwiebeln auf englische Art.

Die Filets werden 1 Zoll dick geschnitten und mit einem Messer geglättet; Zwiebeln hat man schon in kleine Scheiben geschnitten und diese wieder in Ringe zerlegt; diese werden in heißer Butter unter stetem Umwerfen mit dem Messer schön gelb geröstet und auf einer kleinen Schüssel in den Ofen heiß gesetzt; hierauf wischt man die Pfanne mit einem Stück weichen Küchenpapiers rasch aus, um den Saft oder die Nässe der Zwiebeln aufzunehmen, wodurch das Fleisch sich an die Pfanne setzen würde, giebt ein Stück Butter in die heiße Pfanne, bestreut die Steaks mit Pfeffer und Salz, läßt sie rasch 8 bis 10 Minuten unter einmaligem Wenden braten und richtet sie auf einer heißen Schüssel an, giebt rasch etwas Bratensaft zu der Butter, läßt es zusammen aufkochen und gießt es über die Filets, welche mit den Zwiebeln belegt und sogleich aufgetragen werden.

Beefsteak eines Wohlschmeckers.

Eine spanische Zwiebel wird in Scheiben geschnitten und mit einem Stück Butter schön gelb gebraten; dann gebe man einen Löffel Mehl darüber, einige gehackte Champignons, Petersilie, Dragon, Salz, weißen Pfeffer, ein wenig geriebene Muskatnuß, ¼ Pint gute Fleischbrühe oder Bratensaft und ein Glas Sherry= oder Madeirawein, lasse alles zusammen 10 Minuten kochen, gebe den Beiguß durch ein Sieb und stelle ihn heiß; die Schnitte werden wie die vorigen geschnitten, mit Salz und Pfeffer bestreut, in heißer Butter rasch ge=

braten und aus der Pfanne genommen; jetzt legt man sie auf einen heißen Teller und richtet sie mit Kranze, schräg an einander liegend, an; der innere Raum wird mit gedämpften Champignons oder schön ausgebackenen Kartoffeln gefüllt; man gebe den Beiguß zu und über die Schnitte und bringe sie recht heiß zu Tisch.

Beefsteak (Rindstück) mit Spiegeleiern.

Die Beefsteaks werden wie vorhergehend geschnitten, gebraten und auf einer Schüssel angerichtet; dann giebt man noch etwas Butter nach, schlägt die Eier hinein und übergießt diese mit der heißen Butter, bis sie sich gesetzt hat; hierauf werden die Eier mit einem Schaumlöffel auf einen Teller gelegt und die Butter über das Beefsteak gegossen; die Eier werden schön rund abgeputzt und darauf gelegt.

Ochsenfleisch-Schnitte nach der Mode.

Man nimmt $\frac{1}{2}$ Pfund Beefsteak von der Kluft, schneidet diese in Stücke von der Größe einer kleinen, halben Hand und durchzieht jedes Stück mit 4 bis 5 Speckstreifen. Diese werden auf beiden Seiten mit etwas Butter braun gebraten und in einen Topf gelegt. Eine in Scheiben geschnittene Zwiebel, sowie eine gelbe Wurzel, werden in Mehl gewendet, in der Butter gebraten und zu dem Fleisch gegeben; dann giebt man noch einige Feinbrotrinden, einige Citronenscheiben, einen Löffel Kräuteressig, ein Glas Rotwein, ein kleines Blatt Muskatblüte, ein Lorbeerblatt, 10 schwarze Pfefferkörner, etwas Salz und soviel Fleischbrühe hinzu, daß alles bedeckt ist. Man läßt es zugedeckt 1½ Stunde lang dämpfen; die Schnitte werden mit einer Gabel oder einem kleinen Schaumlöffel gehoben und in eine tiefe Schüssel gelegt; dann nimmt men das zu viele Fett von dem Beiguß, reibt diesen durch ein Haarsieb und giebt ihn wieder in den Topf zurück; dann giebt man noch etwas Wein, den Saft einer Citrone und ein wenig Cayennepfeffer daran, läßt ihn noch einmal aufkochen und gießt ihn über das Fleisch. Der Beiguß muß sehr reichlich und seimig, doch nicht zu steif sein; ist dies mit dem Brot nicht erreicht, so giebt man noch ein wenig ausgerührtes Mehl daran.

Geröstete (Grillierte) Ochsenschwänze.

Die Schwänze werden wie vorhergehend gekocht, und, nachdem sie gänzlich weich geworden, so daß man das Fleisch abnehmen kann, legt man sie auf eine Schüssel zum Erkalten; in verschlagenem Ei und Semmelbrösseln gewendet, werden sie aus heißer Butter zu einer schönen Farbe gebacken; mit der Brühe bereitet man eine Kräuter-, Zwiebel- oder Gurken-Beiguß.

Goulasch (Pfefferfleisch.

2 Pfund von der Haut befreiter Ochsenmürbebraten wird in kleine Würfel geschnitten; dann giebt man 90 Gramm Butter in einen Topf und läßt 2 in Würfel geschnittene Zwiebeln einige Minuten darin schwitzen; dann giebt man das

Fleisch hinein, läßt dieses zugedeckt in dem eigenen Safte so lange dämpfen, bis der Saft wieder kurz eingekocht ist. Hierauf bestreut man das Fleisch mit Pfeffer und Salz und einem guten Kochlöffel Mehl, rüttelt alles gut durcheinander und läßt es einige Minuten auf dem Feuer anziehen, rührt etwas guten Bratensaft hinzu und läßt es $\frac{1}{4}$ Stunde in Beiguß dämpfen.

Kalbsteak (Kalbschnitte).

Die Kalbsschnitte werden mit Salz und feinem, weißem Pfeffer bestreut, in verschlagenem Ei und Semmelbrösseln gewendet, in zerlassener Butter in 10 Minuten zu einer schönen Farbe gebacken und auf eine heiße Schüssel gelegt; bis zu der Zeit hat man soviele geöffnete Champignons bereitet, daß die Schnitte damit belegt werden, diese werden zuerst mit der unteren Seite in die Pfanne gelegt und 2 Minuten gebraten und gewendet, dann streut man etwas Salz und weißen Pfeffer darüber, läßt auch die andere Seite 2 Minuten braten, legt sie über die Schnitte, läßt das Jus der Champignons mit einigen Löffeln Fleischbrühe und dem Saft einer Citrone loskochen und gießt es über die Schnitte.

Gebratener Kalbsleber.

Eine fette Kalbsleber wird in $\frac{1}{2}$ Zolldicke Scheiben geschnitten; dann schneidet man eben so viel schöne, durchgewachsene Speckscheiben, läßt diese in der Pfanne an beiden Seiten gelb braten und legt sie dann auf einen Teller; jetzt wird die

Teller rasch mit Pfeffer und Salz bestreut, in Mehl gewendet und mit der Zugabe eines Stückes Butter in dem Speckfett an beiden Seiten 10 Minuten schön braun gebraten; dann belegt man jedes Stück mit einer Speckscheibe und richtet die Leber wohl geordnet auf einer heißen Schüssel an; ein Löffel Mehl wird in der Pfanne mit Fett verrührt und einige Minuten geschwitzt; dann giebt man etwas Fleischbrühe oder Wasser hinzu, sowie das nötige Salz, läßt den Beiguß gut aufkochen und gießt ihn über die Leber.

Scharfe Leberschnitte.

Vier große Zwiebeln werden in dünne Scheiben geschnitten, in Ringe zerlegt und in heißer Butter zu einer schönen gelben Farbe gebacken; dann giebt man die Zwiebeln auf einen Teller und stellt sie heiß, läßt ein anderes Stück Butter in der Pfanne heiß werden und läßt die Leber, wie nach voriger Nummer zubereitet, braten. Beim Anrichten wird die Leber mit den Zwiebeln belegt und der Beiguß mit einer Zugabe von Kräuteressig oder gutem Weinessig dabei gereicht.

Kalbsleber a la Mode.

Eine fette Kalbsleber wird schön überspickt in Butter in eine Bratpfanne gelegt; dann belegt man den Deckel mit Kohlen und läßt die Leber schön braun braten; ist dieses geschehen, so giebt man 2 in Scheiben geschnittene Zwiebeln, in Mehl gewendet, an die Seite der Leber, eine geschnittene, gelbe Wurzel, 2 Lorbeerblätter, 3 Gewürznelken, 10 schwarze

Pfefferkörner, ein Sträußchen Thymian, Majoran und Peter=
silie, in ein Bündel zusammengebunden, ein kleines Blatt
Muskatblüte, ¼ Pint Rotwein, einige Feinbrotkrusten, eine
in Scheiben geschnittene und von den Kernen befreite Citrone
und so viel Fleischbrühe, daß die Leber bis zum Speck bedeckt
ist. Man läßt sie 1 bis 1½ Stund, je nach der Größe, lang=
sam schmoren.

Gekochtes Kalbsgehirn.

Das Kalbsgehirn wird eine geraume Zeit in kaltem Was=
ser ausgewässert, dann nimmt man die dünne Haut, welches
das Gehirn umschließt, sorgfältig mit den Fingern ab, legt es
wieder in frisches Wasser und läßt es eine Weile darin. Dann
wird es mit Pfeffer und Salz bestreut in einen Topf gelegt
und mit ¼ Pint Wasser, einer in Scheiben geschnittenen Zwie=
bel, einem Löffel Essig, ein Sträußchen Thymian langsam
wohl 20 Minuten gekocht. Nun macht man Butter mit einem
kleinem Löffel Mehl glatt, rührt dieses zu der Brühe, läßt das
Gehirn einige Minuten damit anziehen und richte es mit dem
Beiguß an.

Gebratene Kalbsgehirnschnitte mit brauner Butter.

Die erkalteten Schnitte werden in verschlagenem mir ge=
hackter Petersilie verrührtem Ei und Semmelbrösseln gewen=
det, aus zerlassener Butter zu einer schönen Farbe gebacken
und auf eine Schüssel gelegt. Dann giebt man noch etwas
Butter hinzu, läßt sie gut braun werden, säuert sie mit einem

Guß guten Essig und giebt die Butter über die Schnitte.

Kalbskopf auf englische Art.

Gewöhnlich nimmt man den halben abgebrannten Kopf von einem fetten Kalbe, dieser wird eine Stunde in kaltes Wasser gelegt, dann mit reichlich frischem Wasser zum Feuer gebracht, eine Viertelstunde gekocht, gehoben und in einem Topf gegeben, worin er etwas gebunden liegt. Dazu giebt man ein paar Schnitte Nierenfett, eine große mit 3 Gewürznelken besteckte Zwiebel, ein kleines Blatt Muskatblüte, 10 schwarze Pfefferkörner, ein kleines Bündel Kräuter bestehend aus Thymian, Majoran, Dragon und Petersilie, eine in Scheiben geschnittene gelbe Wurzel, eine in Scheiben geschnittene Citrone und soviel kaltes Wasser, daß der Kopf eben damit bedeckt ist. Nachdem er gut verschäumt, läßt man ihn 1½ Stunde kochen. Mit einem Teil der Brühe und einer Tasse Rahm wird ein Petersilien-Beiguß bereitet und beim Anrichten über den Kalbskopf gegeben; die Zunge wird in Scheiben geschnitten an das eine Ende der Schüssel gelegt; das Gehirn gekocht an die andere Seite mit gebratenen Kartoffeln gegeben.

Gerösteter Kalbskopf.

Der sorgsam ausgeknöchelte Kopf wird gekocht, auf einer Schüssel ausgelegt und zum Erkalten an einen kühlen Ort gesetzt. Dann bestreicht man die oberste Seite mit 3 verschlagenen Eidottern, überstreut sie dick mit Semmelbrösseln, legt nußgroße Stücke Butter 2 Zoll auseinander darüber, giebt etwas von der Brühe unter den Kopf, damit er nicht antrockne schiebt die Schüssel in einen heißen Ofen und läßt den Kalbskopf 20 bis 25 Minuten backen. Beim Anrichten wird der Kopf mit den Zungenscheiben, dem Gehirn und Kartoffelbällchen verziert; mit der Brühe ein scharfer Beiguß bereitet, den entweder um den Kopf oder allein giebt.

Kalbsbrust-Knorpel oder Tendons.

Die Knorpel oder Tendons liegen in der dicken Brust und sind die noch nicht verhärteten Knochen. Man nimmt das Fleisch von den Knochen, schneidet längs den Rippen und löset die Knorpel aus (die harten, schon zu weit zum Knochen übergegangenen Stücke werden abgeschnitten), dann schneidet man diese in Stücke von der Größe einer kleinen Kotelette und legt sie in einen Topf auf folgende geschnittene Gemüse: Eine kleine, gelbe Wurzel, Sellerie, eine Zwiebel, etwas Petersilie, zwei Gewürznelken, ein paar Pfefferkörner und Salz, giebt soviel Wasser oder Fleischbrühe darüber, daß die Knorpeln darin schwimmen und läßt sie dann zugedeckt 4 Stunden dämpfen. Nachdem müssen sie krystallartig und fast durchsichtig sein; sie werden einzeln mit einem kleinen Schaumlöffel gehoben, auf eine Schüssel gelegt, eine andere Schüssel mit dem Boden darauf gesetzt und müssen so in der Presse erkalten. Die Brühe wird durch ein Sieb gegossen, vom Fett befreit zu einem kurzen Bratensaft eingekocht. Die Knorpel werden schön und zierlich beschnitten in dem Bratensaft erwärmt und um ein gutes Mus von Kartoffeln angerichtet.

Kalbsbrust Frikassee (Schnittfleisch).

Eine Kalbsbrust wird abgewaschen mit kaltem Wasser und Salz zum Feuer gebracht, gut verschäumt und 5 Minuten gekocht. Dann schneidet man sie in 2½ bis 3 Zoll große viereckige Stücke, legt sie mit Salz und feinem weißen Pfeffer bestreut, mit einer in kleine Würfel geschnittenen Petersilienwurzel und kaltem Wasser bedeckt in einen Topf und läßt sie ungefähr in 1½ Stunde weich kochen. Nun nimmt man das Fleisch sorgfältig aus der Brühe, rührt ein Löffel Mehl mit einem Stück Butter und einer Tasse Rahm glatt, rührt diesem zu dem Beiguß sowie etwas geriebene Muskatnuß und rührt ihn mit dem Safte einer Citrone und ein paar Eidottern ab, legt das Fleisch wieder hinein und schwenkt es leicht zusammen durch. Man richtet die Stücke in einem Kranze aneinander liegend an, giebt den Beiguß darüber, und verziert die Schüssel mit hartgekochten in Viertel geschnittenen Eiern. In die Mitte legt man grünes Gemüse oder abgekochten Reis oder ein schönen Kopf Blumenkohl.

Kalbskoteletten.

Die Koteletten werden abgebrüht, abgeputzt, in Fleischbrühe oder Wasser mit einem Stück Butter weich gedämpft, erkaltet in ½ Zoll dicke Stücke geschnitten von der Größe einer Lammskotelette; diese werden mit Pfeffer und Salz bestreut in verschlagenem Ei und Reibbrot gewendet, aus heißer Butter zu einer goldgelben Farbe gebacken. Sie werden im Kranze schräg aneinander liegend angerichtet mit grünen Erb=

Gedämpfte Kalbszungen mit Rosinen-Beiguß.

Zwei Zungen von fetten Kälbern werdem mit kaltem Wasser zu Feuer gebracht und gut verschäumt, dann giebt man etwas Salz, 2 Nelken, 6 Pfefferkörner, ein kleines Blatt Muskatblüte, Butter und einen Krautbund daran, läßt sie zugedeckt 2 Stunden langsam kochen, zieht die Haut von den Zungen ab, gießt die Brühe durch ein Sieb und giebt sie wieder in den Topf zurück. Während der Zeit hat man 125 Gramm gut abgewaschenen Rosinen mit etwas Wasser, etwas Citronenschale und einem Glas Weißwein gekocht; diese giebt man, sowie 30 Gramm Butter mit reichlich einem Kochlöffel Mehl verrührt und den Saft einer Citrone zu der Brühe und läßt alles zusammen aufkochen. Man schneidet die Zungen in ¼ Zoll dicke Scheiben, die man im Beiguß ¼ Stunde anziehen läßt. Beliebige Klöße werden mit den Zungen aufgetragen.

Geröstete Kalbszungen eines Wohlschmeckers.

Die Kalbszungen werden wie gewöhnlich gekocht. Nachdem sie erkaltet werden sie der Länge nach in zwei halbe geschnitten, dann in zerlassener Butter, darauf in verschlagenem Ei und Semmelbrößeln gewendet und in zerlassener Butter auf beiden Seiten schön braun gebraten oder über einem hellem Feuer geröstet. Auf einer heißen Schüssel angerichtet, wird jeder Schnitt mit Kräuterbutter belegt. Die Schüssel wird mit gebratenen Kartoffeln oder Champignons verziert.

Frikassee (Schnittfleisch) von Kalbszungen.

Zwei Kalbszungen werden gewöhnlich gekocht. Mit 250 Gramm Kalbfleischfüllsel formt man kleine, runde Klöße, die man in der durchgegossenen Brühe kocht und mit einem kleinen Schaumlöffel auf einen Teller hebt. Die Zungen werden abgezogen und in Scheiben geschnitten. Dann rührt man Butter mit einen Kochlöffel Mehl und einer Tasse Rahm glatt, giebt ein paar Löffel Brühe hinzu und läßt es unter beständigem Rühren aufkochen, legt nun die geschnittenen Zungen und die Klöße in ein Beiguß und läßt sie einige Minuten dadrin anziehen. Jetzt verschlägt man in einer Kumme den Saft einer Citrone, einen halben Theelöffel Zucker und 2 Eidotter, rühr es zu dem Frikassee, wonach dieses sogleich in einem Kranz von 250 Gramm abgekochtem Reis angerichtet wird.

Gedämpfte Hammelzungen mit feinen Kräutern.

Die gekochten Zungen werden geschnitten; die durchgegossene Brühe läßt man mit gutem Bratensaft zu ¼ Pint einkochen. 12 gehackte Champignons, eine kleine gehackte Zwiebel, ein Löffel Petersilie werden mit einem kleinen Stück Butter, etwas Salz, weißem Pfeffer und dem Safte einer Citrone gedämpft. Dann lege man die Zungen in den Bratensaft, gebe die gedämpften Kräuter, sowie ein wenig gehackten Körbel und Esdragonblätter hinzu, schwenke alles mit einem

Glas Madeira zusammen durch und bringe sie sogleich zur Tafel.

Gedämpfte Hammelzungen mit Tomaten-Beiguß.

3 Hammelzungen werden wie gewöhnlich gekocht, abgezogen und der Länge nach in 2 halbe geschnitten. Unterdessen hat man 4 große reife Tomaten mit ein paar Löffel von der Zungenbrühe in einem anderen Topf gedämpft, reibt dies nun durch ein feines Haarsieb auf einen Teller, knetet mit einem Messer Butter und einen Löffel Mehl hinein, reibt es recht glatt und giebt es wieder in den Topf zurück. Nun giebt man unter beständigem Rühren die durchgegossene Brühe hinzu und läßt den Beiguß zum Kochen kommen. Die Zungen werden darin erwärmt und sogleich angerichtet.

Gebackene Hammel-Koteletten (Rippchen.)

Von einem Hammelrippenstück kann man vom Nierenstück bis zum Blatt 10 Koteletten mit Knochen schneiden, die andern beiden Knochen sind kurz und breit und nicht so gut geformt. Will man also für eine gute Schüssel 12 Kotelletten schneiden, so muß man sich bei den ersten, wo das Fleisch dick und die Knochen fein sind, ein paar zwischen den Knochen ausschneiden, das Fleisch wird dann ebenso lang, als ob es ein Knochen wäre, schräge zugespitzt und wird dann bei einem guten Anrichten wenig bemerkt. Der obere Rippenknochen wird mit einer kleinen Säge abgesägt, die kleinen oben über den Rippen liegenden Knochen abgelößt und die Rippen, wie schon

erwähnt, geschnitten. Sie werden mit einem Klopfspaten ein=
mal geklopft, das Fett am Fleische abgeschnitten, das die
Koteletten schön herzförmig zulaufen, die Knochen einen Zoll
länger geschnitten, das Fleisch davon abgeputzt, daß es schöne,
weiße Knochen sind. Dann werden die Koteletten mit einem
Messer zu einer schönen Form gestutzt, daß das Fleisch oben
über dem Knochen liegt. 2 Eier werden mit etwas Salz,
feinem weißen Pfeffer und einem Löffel gehackter Petersilie
verschlagen, hierin wendet man die Koteletten oder man faßt
den Knochen an und streicht die Masse mit einem Messer über,

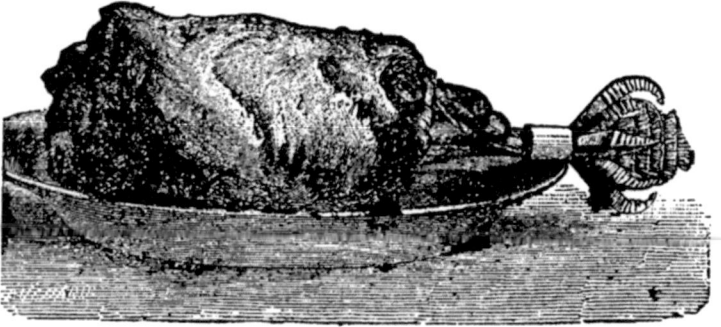

wendet sie sogleich in feinem Reibbrot, schlägt sie mit einem
Messer glatt ab und setzt sie in zerlassene Butter ein. (Die
Butter wird in einer kleinen Pfanne flüssig gemacht, darf je=
doch nicht braten, der Schaum wird abgenommen und die
Butter ohne den Bodensatz in eine größere Pfanne gegossen.)
Hiervon muß der Boden reichlich ¼ Zoll bedeckt sein, die Kno=
chen kommen in die Mitte und die Koteletten mit dem Fleisch
dicht an einander liegend. 10 bis 12 Minuten vor dem
Anrichten setzt man die Pfanne über ein helles Feuer und läßt

die Koteletten unter einmaligem Wenden schön gelb braten. Sie werden im schräg aneinander mit dem Knochen nach oben angerichtet, man giebt etwas Bratensaft darunter, oder bereitet mit der Butter in der Pfanne und etwas Fleischbrühe oder Glasur einen raschen Beiguß.

Hammelragout auf irländische Art (Irish Stew).

8 bis 10 schöne Hammelrippen werden abgeschnitten, hieran läßt man einen Teil vom Fett und schabt nicht die Knochen. Die Koteletten werden bis unten am Knochen, der eben so lang bleibt wie bei den anderen, schön zugeschnitten, dann legt man sie ungeklopft mit Pfeffer und Salz bestreut in einen Topf, bedeckt sie mit Wasser und recht dicken Scheiben Zwiebeln und läßt sie zugedeckt $\frac{1}{4}$ Stunde langsam kochen. Hierauf gießt man die Brühe ab in eine Summe, nimmt das aufsteigende Fett sorgfältig ab und giebt sie wieder in den Topf zurück, legt nun 10 bis 12 Kartoffeln hinein, giebt etwas mehr Wasser nach und läßt es langsam $\frac{3}{4}$ Stunde dämpfen, dann muß die Brühe recht gut eingekocht sein, doch ja nicht verbrannt, welches bei einem raschen Einkochen so leicht vorkommt; ansetzen am Topf würde das Ragout durchaus verderben. Jetzt legt man die Kartoffeln mit einem Löffel in die Mitte der Schüssel, die Koteletten mit einer Gabel darum und gießt den Beiguß mit den Zwiebeln über das Ganze. Man kann den Beiguß verbessern, wenn man beim zweiten Male Fleischbrühe statt Wasser hinzu giebt.

Ein Irish Stew wird nicht nur von Koteletten zubereitet,

sondern man nimmt, um sparsam zu sein, das Fleisch vom Nacken und der Brust.

Lammskarbonade (Brat-Rippchen) auf englische Art.

Vom Nierenstück werden die Rippen mit der Niere und dem daran sitzenden Fett abgeschnitten, die dünne Haut abgezogen und die unterste Flagge um den Knochen d. h. an die Seite herum gelegt. Dann werden sie mit Pfeffer und Salz bestreut, in zerlassener Butter sowie im verschlagenem Ei und Reibbrot gewendet und aus zerlassener Butter unter einmaligem Wenden auf beiden Seiten schön gelb gebraten. Hierzu werden Frühstücks-Champignons oder Tomaten, sowie gebratene Kartoffeln gereicht.

Hammel-Mürbebraten (Filet of Mutton).

Von einem Hammelrücken werden die beiden Filets, die wie bekannt, unter den Rippen längs den Rücken liegen, ausgeschnitten, das Fett abgenommen, die Filets der Länge nach gespalten, dann wieder in der Mitte quer überschnitten, daß jedem 4 kleine Filets werden. Diese werden schön überspickt, mit Pfeffer und Salz bestreut, in einem Topf mit einem Stück Butter rasch gebraten, dann giebt man soviel Fleischbrühe oder Bratensaft darunter, daß sie bis zum Speck bedeckt sind, nun läßt man sie zugedeckt $\frac{1}{4}$ Stunde langsam dämpfen, dann muß das Jus so weit eingekocht sein, daß der Speck damit glasiert wird. Die Filets werden um Schneidebohnen, Pahlerbsen oder gebratene Kartoffeln angereicht.

Butter wird mit einem kleinen Löffel Mehl und ¼ Pint Wasser abgerührt, hierzu giebt man etwas weißen Pfeffer, Salz, einen Löffel gehackten Kerbel und den Saft einer Citrone. Man giebt den Beiguß allein oder um die Schüssel.

Scharfe Hammel-Filets.

Die Filets werden entweder ganz überspickt oder wie die vorigen geschnitten, in eine Kumme gelegt, mit einer in Scheiben geschnittenen Zwiebel, einem Lorbeerblatt, 2 bis 3 Gewürznelken, einem Sträußchen Thymian und Majoran, einem Glas Rotwein und einem Glas Weinessig. In dieser Beize läßt man die Filets 4 Stunden liegen, nimmt sie dann heraus und läßt sie abgeleckt in heißer Butter unter Wenden mit der Gabel, schön braun braten. Hierauf schwitzt man einen Mehl zu der Butter, macht mit der Beize und etwas guter Fleischbrühe einen Beiguß und läßt die Filets ¾ Stunde langsam dämpfen. Beim Verkochen des Beigusses giebt man Fleischbrühe oder Wasser noch.

Lamms-Klein (Giblets).

Dieses besteht aus Kopf, Leber und Lunge; der Kopf wird gespalten, das Gehirn und die Zunge ausgenommen und das Ganze eine Weile in frisches Wasser gelegt und gut abgewaschen. Dann wird die Leber und das Gehirn auf einen Durchschlag gelegt, das übrige mit kaltem Wasser zum Feuer gebracht und gut verschäumt, dieses läßt man nun mit einem Lorbeerblatt, ein paar Schalotten, schwarzen Pfefferkörnern, etwas Salz und einem Krautbund zugedeckt 1¼ Stunde kochen. Das Kopffleisch oder die Backen werden vom Kopfe abgenommen, in, in verschlagenem Ei, worin etwas gehackte Petersilie gegeben, und Semmelbröseln gewendet. Das Gehirn wird von den Blutfasern, womit es eingeschlossen, befreit, in einem Teil der Brühe gedämpft. Das Herz, die Zunge und Lunge werden in sehr kleine Würfel geschnitten zu einem Haschee, man bestreut mit einen Löffel Mehl, etwas Salz, feinem, weißen Pfeffer, ein wenig geriebener Muskatnuß, mengt es zusammen in einem Topf durch, gießt etwas von der abgegossenen Brühe darüber und läßt es 5 Minuten aufkochen, dann legt man das gedämpfte Gehirn auf das Haschee und stellt es heiß. Jetzt giebt man ein Stück Butter in eine Pfanne, läßt zuerst das in Ei und Semmel gewendete Fleisch vom Kopfe auf beiden Seiten zu einer schönen Farbe braten, legt es auf einen Teller und giebt die in Scheiben geschnittene Leber, mit Pfeffer und Salz bestreut und in Mehl gewendet, hinein; nachdem auch diese unter einmaligem Wenden 10 Minuten gebraten, legt man sie zu dem Fleisch auf dem heißen Teller. Nun giebt man noch ein wenig Mehl in die Pfanne und macht mit der noch übrigen Brühe den Beiguß. Beim Anrichten giebt man das Haschee in die Mitte der Schüssel, die Leber im Kranze herum, das Kopffleisch mit dem Gehirn oben auf, den Beiguß allein oder über die Leber; man kann ihn nach Belieben mit Kräuteressig oder eingeschnittenen Gurken etwas scharf machen.

Schweinefleisch mit Curry.

1 Pfund mageres Schweinefleisch wird in eigroße Stücke

geschnitten, mit wenig Butter in einem Topf überal schön braun gebraten, dann streut man etwas Pfeffer, Salz, 4 große gehackte Zwiebeln und einen Löffel Currypulver hinein, läßt es ein paar Minuten zusammen durchschmoren und mit ½ Liter Fleischbrühe oder Wasser weichkochen. Beim Anrichten legt man das Fleisch wohl geordnet auf die Schüssel, läßt den Beiguß, wenn man nicht genung, rasch einkochen und gießt ihn über das Fleisch. Abgekochter Reis wird in einen anderen Schüssel gereicht.

Schwein=Filets auf böhmische Art.

Von 2 abgehäutete Filets werden die Spitzen Enden, wo sie sehr dünne sind, 3 Zoll lang abgeschnitten, das übrige wird der Länge nach gespalten und wieder über die Quere in 3 Zoll lange Filets zerlegt, man muß es gleichmäßig einteiteilen, um sich nicht zu verscheiden. Die beiden Enden werben leicht geklopft, damit sie etwas flach werden, die anderen Filets mit einem Messer geglättet, mit feinem Speck überspickt, mit Pfeffer und Salz bestreut, in zerlassene Butter eingesetzt und über einem hellen Feuer rasch gebraten, dann giebt man ein Glas Madeira und eine Tasse Fleischbrühe darunter und läßt sie zugedeckt ½ Stunde dämpfen; das Jus muß wieder mit den Filets recht kurz einkochen. Angerichtet werden die Filets über Tomatenreis. Zu dem in der Pfanne befindlichen Jus giebt man eine Tasse guten Rahm, ein wenig Soja, läßt alles zusammen aufkochen und gießt dann den Beiguß durch ein Sieb.

Gekochte Ochsenpauze mit Zwiebel-Beiguß.

Ein Pfund gute, vom Schlächter gereinigte Panze wird in kleine Stücke, 3 Zoll in Durchmesser, geschnitten, mit kaltem Wasser bedeckt zum Feuer gebracht und gut verschäumt. Dann läßt man sie 10 Minuten kochen, gießt das Wasser rein ab, streut etwas Salz darüber giebt 4 große, in Scheiben geschnittene Zwiebeln, 20 schwarze Pfefferkörner und ¼ Liter Milch dazu und läßt sie zugedeckt in einer Stunde langsam weich dämpfen. Nun rührt man einen kleinen Löffel Mehl mit einem Stück Butter zu einem Ballen, giebt, ein paar Löffel der Brühe hinzu und mengt es zu der anderen, so daß es ein gebundener, aber nicht zu dicker Beiguß wird.

Gebratene Panze.

Die Stücke werden wie die vorigen geschnitten, abgekocht und in Milch mit Salz und Pfeffer weich gedämpft, dann erkaltet, in Ausbackteig gewendet, aus heißem Schmalz oder Fett recht kroß gebraten und mit ausgebackener Petersilie angerichtet. Mit der Brühe wird ein Petersilien-Beiguß angerichtet.

Gänsesauer oder Gänsepfeffer.

Von einer eingeschlachteten Gans werden die Keulen und die Brust eingekocht oder geräuchert. Hat man die Lebern von 2 Gänsen, so ist es der Mühe wert, eine Wurst davon zu machen, ist jedoch nur eine Gans da, so wird der Hals mit der Haut in 2 bis 3 Zoll lange Stücke geschnitten, der Kopf gespalten, der Schnabel abgehauen, die Füße in kochendem Wasser abgebrüht, die Därme mit einen Messer geschlitzt, gut gereinigt und um die Füße gewickelt; der Rücken der Länge nach gespalten und in kleine Stücke zerlegt; der Magen durchgeschnitten, geleert und die innere Haut abgezogen. Dann setzt man alles in einen Topf (die weichen Stücke oben auf,) mit einem Teil Essig und zwei Teilen Wasser und etwas Salz, aufs Feuer, verschäumt es gut und giebt einen kleinen Löffel schwarze Pfefferkörner, 6 Schalotten und 3 Lorbeerblätter daran und läßt es zugedeckt langsam weich dämpfen.

Gedämpfte Gänseleber.

Die Gänseleber werden von der Galle befreit, mit Fleischbrühe bedeckt und mit ein paar Zitronenscheiben, einer kleinen Zwiebel, ein paar schwarzen Pfefferkörnern, einem Blatt Muskatblüte und etwas Salz zugedeckt ½ Stunde langsam gedämpft. Dann schneidet man die Lebern in passende Stücke und hierauf werden sie in einer guten Bratpfanne, nachdem man den Saft einer Zitrone dran gedrückt, glaziert oder geschwengt. Die Lebern werden über Reis, Nudeln oder über ein Mus angerichtet, auch mit Apfelmus oder Kompott zu Tische gebracht.

Hasenpfeffer.

(Siehe das Abschlachten eines Hasen.) Der Kopf wird gespalten, die Augen ausgestochen, die übrigen Teile in Stücke geschnitten, gut gesäubert in eine Kumme gelegt; das aufgefangene Blut wird mit einem Löffel Essig vermischt an einem kühlen Ort in einer Tasse aufbewahrt. Dann wird eine andere Tasse guten Essig mit 2 Schalotten, einem Lorbeerblatt und 10 bis 12 schwarzen Pfefferkörnern gekocht und erkaltet über den Hasenpfeffer gegossen zum Gebrauch des nächsten oder dritten Tages.

In braune Butter wird ein kleiner Löffel Mehl eingeschwitzt, dann giebt man die durchgesiebene Brühe und soviel Fleischbrühe hinzu, daß es ein dünner Beiguß wird, giebt noch etwas Salz hinzu und läßt das Fleisch darin langsam weich dämpfen. Jetzt untersucht man, ob der Beiguß Säure genug hat, wenn nicht, wird diese durch den Saft einer Zitrone oder guten Weinessig gehoben. Nun nimmt man das Fleisch mit einem kleinen Schaumlöffel heraus, legt es in die bestimmte Schüssel und rührt das Blut, indem man den Topf vom Feuer nimmt, zu dem kochenden Beiguß, letzterer wird alsdann noch einen Augenblick von der Seite gerührt, (darf jedoch nicht wieder kochen) und über das Fleisch gegeben.

Kartoffelmuß, Bällchen, Kartoffelklöße Nudeln, werden mit dem Hasenpfeffer aufgetragen.

Hasen-Koteletten.

Von einem zubereiteten Hasen wird alles Fleisch abgelöst, von Haut und Sehnen befreit, dann mit Salz und feinem weißen Pfeffer bestreut, mit etwas Thymian und 2 Eiern in einem Mörser fein gestoßen und durch ein Sieb gerieben. Das Durchgeriebene Fleisch wird auf dem Backbrett, indem man etwas Reibbrot unter und darüber streut, zu einer Rolle

gerollt, diese wieder in gleichmäßige Stücke geschnitten und
mit einem Messer zu kleinen Koteletten geformt. Unterdessen
werden die Brustlappen abgekocht, die Rippenknochen ausge=
nommen, abgestutzt und davon in jede Kotelette ein Knochen
gesteckt. Diese Koteletten werden erst in Butter gewendet,
dann in verschlagenem Ei und Reibbrot gewendet, in zerlas=
sene Butter eingesetzt und auf beiden Seiten zu einer schönen
Farbe gebraten; nun richtet man sie im Kranze an und giebt
eine Form von roten Johannisbeeren=Gelee in die Mitte.
Das Herz, Leber und Lunge werden mit einer Zwiebel in 30
Gramm Butter braun gebraten, dann läßt man es mit einem
Löffel Mehl bestreut zusammen gut durchschwitzen, giebt die
gehackten Knochen und reichlich $\frac{1}{2}$ Pint Fleischbrühe hinzu,
kocht es zugedeckt $\frac{1}{4}$ Stunde und reibt den Beiguß durch ein
Sieb. In einem kleinen Topf wieder zum Feuer gebracht,
giebt man ein Glas Portwein, den Saft einer Citrone, das
nötige Salz und ein wenig Cayennepfeffer hinzu, läßt alles
zusammen aufkochen und giebt den Beiguß um die Koteletten.

Geschwenkte Rebhühner auf Amerikanische Art.

Die Rebhühner werden in einem heißen Ofen schön und
saftig gebraten. Während der Zeit wird der Abfall mit ei=
nem halben Pint Bratensaft oder guter Fleischbrühe, einem
Lorbeerblatt, ein paar schwarzen Pfefferkörnern gekocht und
mit die Lebern durch ein Sieb gerieben. Dann wird der
Beiguß mit 2 Löffel schwarzen Johannisbeeren=Gelee, $\frac{1}{4}$
Pint Portwein und dem Safte einer Citrone aufgekocht. Die

Rebhühner werden schön zerlegt über heißes Wasser gestellt; nun nimmt man die Pfanne auf den Heerd, reibt die Butter und den Bratensaft mit einem Löffel Mehl los, läßt dieses ein paar Minuten durchschwitzen und giebt den zubereiteten Beiguß unter fortwährendem Rühren hinzu, läßt es gut aufkochen und giebt den Beiguß durch ein Sieb wieder in den Topf zurück. Jetzt läßt man die geschnittenen Hühner einige Minuten darin durchziehen und richtet sie dann in schöner mit dem Beiguß darüber an.

Koteletten von Tauben.

Von 4 jungen Tauben werden die Filets abgelößt, man bekommt also von jeder Taube 2 Koteletten, diese werden nun von der Haut befreit, mit einem Messer etwas glatt gemacht, mit Salz und Pfeffer bestreut, in zerlassener Butter, dann in verschlagenem Ei, worin man etwas gehackte Petersilie gegeben und in Reibbrot gewendet. Die Flügel werden abgekocht, aus diesen nimmt man die feinsten Knochen, putzt sie gut ab und steckt in jede Kotelette einen davon. Mit den Knochen und dem Abfall der Tauben bereitet man einen Salmi-Beiguß (s. Beigüsse). Die Koteletten werden auf beiden Seiten in zerlassener Butter schön gelb gebacken und um Spinat angerichtet; dann giebt man hierum wieder den Beiguß

Tauben-Frikassee (Schnittfleisch von Tauben).

Drei junge Tauben werden sauber abgewaschen und in 4 Teile geschnitten; dann läßt man sie mit kaltem Wasser bedeckt und etwas Salz zum Kochen kommen, ..gt sie, nachdem der aufsteigende Schaum gut abgenommen, mit einer Gabel durch einen Durchschlag. Hieraus gießt man das Wasser aus dem Topf, trocknet ihn gut aus, läßt Butter darin zergehen und mit dieser einen Löffel Mehl einige Minuten schwitzen, jedoch nicht braun werden; dann gießt man reichlich ½ Pint Wasser oder Knochenbrühe dazu und läßt es unter stetem Rühren zum Kochen kommen. Nun legt man die Tauben, mit Salz und Pfeffer bestreut, hinein, giebt ein kleines Bundel Kräuter, bestehend aus: Thymian, Majoron und dem Weißen einer Stange Porree, dazu und läßt sie in den Beiguß zugedeckt langsam weich dämpfen, welches wohl in ½ Stunde geschieht. Dann nimmt man das Krautbund heraus, rührt eine Tasse süßen Rahm darunter, verschlägt in einer Kumme 2 Eigelb mit dem Saft einer Citrone, ein wenig geriebener Muskatnuß, rührt es zum Beiguß, wonach dieser nicht mehr kochen darf. Abgekochter Reis, Kartoffelmuß, leichte Klöße werden mit dem Frikassee gereicht.

Hühner-Frikassee (Chicken Frikassee).

Ein junges Huhn wird in 2 Hälften zerlegt, dann trennt man die Keulen ab, schneidet die Brust von dem Rücken und beide Teile über die Quere in 2 Stücke. Mit einer Zwiebel, einem kleinen Bundel Suppenkraut, ein paar Pfefferkörnern, etwas Salz und kaltem Wasser zum Feuer gebracht, läßt man es zugedeckt langsam dämpfen, legt die Stücke mit einer Gabel auf einer Teller und gießt den Beiguß durch ein Sieb. Man säubert den Topf, giebt etwas Butter und einen Löffel Mehl hinein, läßt beides einen Augenblick anschwitzen und giebt die durchgesiebte Brühe und eine Tasse Rahm hinzu. Der Beiguß wird mit dem Safte einer Citrone, einem kleinen Löffel Zucker und 2 Eidottern abgerührt; dann legt man das Fleisch wieder hinein, läßt es einige Minuten darin anziehen, jedoch nicht kochen und richtet das Frikassee auf den bestimmten Sчüssel an.

Lammfleisch=Frikassee (Lamb Frikassee).

Eine Lammsbrust wird mit kaltem Wasser und etwas Salz zum Feuer gebracht und gut verschäumt, dann läßt man sie einigemal aufwallen und legt sie zum Abkühlen in kaltes Wasser. Nun schneidet man sie in 2½ bis 3 Zoll im Durch= messer große Stücke und läßt sie mit kaltem Wasser bedeckt und mit etwas Salz, 2 kleinen Zwiebeln, einem Lorbeerblatt, ein paar schwarzen Pfefferkörnern und einem kleinen Blatt Muskatblüte eine Stunde dämpfen; nimmt darauf das Fleisch mit einer Gabel aus der Brühe und gießt letzten durch ein Sieb. Jetzt rührt man ein Stück Butter mit einem Löffel Mehl zusammen, macht dieses mit ein paar Löffel Mehl zu= sammen, macht dieses mit ein paar Löffel von der abgesetzten Brühe glatt, giebt sie in den gesäuberten Topf zurück und läßt sie unter stetem Rühren zum Kochen kommen. Hierauf legt man das Fleisch wieder hinein (es muß ein recht schlanker Beiguß und reichlich über dem Fleisch sein) und läßt es eine fernere halbe Stunde dämpfen. In dieser Zeit muß der

Beiguß zu einer beliebten Dicke eingekocht sein, nun werden schöne junge Kräuter, als: Kerbel, Zitronmalisse, Dragon und Petersilie sauber gewaschen und kurz vor dem Anrichten gehackt. Der Beiguß wird mit Citronensaft oder gutem Weinessig gehoben und mit 2 Eidottern abgerührt; dann giebt man die gehackten Kräuter hinein und richtet sogleich an.

Hammelfleisch-Frikassee (Mutton Frikassee).

Dieses wird ganz wie im Vorigen gemacht, nur wird dieses Frikassee mehr im Winter bereitet und dann zum Beiguß etwas Kräuteressig und Kapern gegeben.

Filets von Hühnern mit weißem Rahm-Beiguß.

Von 2 Hühner werden die Brüste oder die Filets an beiden Seiten abgelöst und die Haut abgenommen, dann nimmt man das untere Filet aus dem oberen, daß man 8 Filets hat. Jetzt giebt man etwas aufgeklärte Butter in die Pfanne, legt die Filets, mit Salz, und feinem, weißen Pfeffer bestreut, hinein, daß sie fast mit der Butter bedeckt sind, giebt ein rundes Stück Papier über die Pfanne und setzt sie zurück Nun bereitet man ein ziemlich festes Mus von Spinat, sowie macedonisches Gemüse, einen guten weißen Rahm-Beiguß und kleine Verzierungen von Trüffeln und roter Rinderzunge. 10 Minuten vor dem Anrichten setzt man die Pfanne über ein helles Kohlenfeuer, läßt die Filets darin sieden, jedoch nicht braten; ist die untere Seite weiß geworden, so wendet man sie mit der Gabel und läßt auch die andere Seite setzen. Beim Anrichten giebt man den Spinat im Kranze um die Schüssel, nimmt die Filets aus der Butter, schneidet sie schön und richtet sie schräg aneinander auf dem Spinat an, giebt den Beiguß darüber und verziere sie mit den Trüffeln und Zunge; das Gemüse erhöht man in der Mitte.

Gedämpfte Hühnerklößchen oder Quornellen.

Von 2 Hühnern wird das Fleisch von den Knochen gelöst, von Haut und Sehnen befreit und durch ein Sieb gerieben. Dann nimmt man zu 250 Gramm Hühnerfleisch, 120 Gramm mageren sehr fein gehackten Schinken oder Zunge und reichlich ¼ Pint dicken Rahm. Nun rührt man den Rahm fast tropfenweise über das Fleisch, damit es glatt wird. Der Teig muß von der Dicke einer guten Creme sein, dieser wird mit Salz, feinem weißen Pfeffer und geriebener Muskatnuß gewürzt, man giebt die Champignons und den Schinken leicht darunter und stellt ihn an einen kühlen Ort, (der Teig wird mehrere Stunden vor dem Gebrauch am besten morgens gleich gerrührt), dann wird er sich so verdickt haben, daß man ihn mit einem Löffel abstechen kann. Die Klößchen werden von der Größe eines kleinen Hühnereis mit einem Löffel abgedreht, in kochendes Wasser gelegt; sie dürfen nur anziehen, durchaus nicht kochen, bis sie sich gesetzt. Mit den Knochen und dem Abfall bereitet man einen Rahmbeiguß, wendet darin die Klößchen und legt sie um ein grünes Gemüse, als Spinat, Erbsen oder Schneidebohnen.

Klößchen von Kalbs-Leber.

Kalbsleber wird roh gehackt und durch ein Sieb gerieben; andere werden in kleine Stücke geschnitten, mit Butter, 2 gehackten Schalotten, einem Löffel gehackter Petersilie, einem

Sträußchen Majoran ¼ Stunde gedämpft und nachdem es erkaltet, durch ein Sieb gegeben mit der Butter. Hierzu gieb man die rohe Leber mit etwas Salz und etwas feinem, weißen Pfeffer, rührt 5 ganze Eier nach und nach daran, sowie 2 Löffel dicken Rahm und schlägt alles zusammen reichlich ¼ Stunde, giebt daraus soviel durch ein Sieb geriebenes Milchbrot dazu, daß man die Klößchen mit einem Löffel formen kann. Man läßt sie auf kochenden Salzwasser ungefähr 15 Minuten sieden, übergießt sie mit brauner Butter beim Anrichten und giebt sie als Beilage zum Kartoffelmus.

Gedämpfte Fischklößchen.

Sie werden aus Flußfischen, als Hecht, Karpfen oder Lachs bereitet. Man macht ein Füllsel, (s. Hechtfüllsel), aus diesem formt man die Klößchen mit einem Löffel und läßt sie, auf kochendes Salzwasser gesetzt, 6 bis 7 Minuten sieden. Dann werden sie mit einem beliebigen Beiguß, als Tomaten-, holländischem-, italienischem-, genuesischem- oder mit einem Maitre d'Hotel-Beiguß übergossen und über einem beliebigen Reis angerichtet.

Eingeschnittener Ochsenbraten oder Ragout von kalten Braten.

Das Fleisch wird soviel wie möglich recht schön vom Braten abgeschnitten; hat man keinen Beiguß bereit, so macht man diesen von den Knochen, doch muß das Fleisch dann, damit es nicht antrocknet, mit einem Teller überdeckt werden. Die Knochen werden zerhackt, mit etwas Wasser, einer Zwiebel, ein paar schwarzen Pfefferkörnern, einen Lorbeerblatt und einem Sträußchen Thymian und Majoran abgekocht und durch ein Sieb gegossen. Dann giebt man ein Stück Butter nach Verhältniß des Fleisches in einen Topf, läßt sie braun werden, schwitzt einen Löffel Mehl damit, giebt die durchgeseimte Brühe unter stetem Rühren hinzu und läßt den Beiguß aufkochen; dieser wird nun nach Geschmack gesalzen, mit einem Löffel Kräuteressig gehoben, oder man schneidet Pickeln, Senfgurken, Wallnüsse mit ihrem Essig hinein. Das Fleisch wird in den kochender Beiguß gelegt, man stellt es zum Anziehen an einem warmen Ort, darf jedoch nicht mehr kochen. Beim Anrichten legt man Schnitchen von geröstetem Brot um die Schüssel.

Eingeschnittenen Hammelbraten.

Von den Ueberresten eines Hammelbratens werden nicht zu dünne Scheiben geschnitten und zwischen 2 Teller aufbewahrt. Die Knochen werden zerhackt, abgekocht und durch ein Sieb gegossen, dann säubert man den Topf, läßt ein Stück Butter darin braun werden, schwitzt einen Löffel Mehl daran, giebt die durchgesiebte Brühe dazu, läßt sie unter stetem Rühren gut aufkochen und giebt das nötige Salz daran. Man läßt das geschnittene Fleisch einige Minuten darin anziehen. Den Beiguß verbessert man durch eine Zugabe von 3 bis 4 gedämpften, durchgerührten Tomaten oder ein paar Löffeln Champignonsoja, oder man schärft ihn nach Belieben mit Pickeln.

Eingeschnittnes gekochtes Hammelfleisch.

Die Hammelstücke zum Kochen sind: die Rippen, Brust und Keulen. Die Rippen werden durchgeschnitten, die Brust in viereckige Stücke und die Keulen in nicht zu dünne Scheiben zerlegt. Dann macht man einen Kapern=, weißen Perlzwie=bel=, Petersilien= oder scharfen Gurken=Beiguß, läßt das Fleisch darin anziehen, jedoch nicht kochen.

Hühnerwürste.

Von einem Huhn wird ein Hühnerfüllsel bereitet. Eine gedämpfte Kalbsschweser wird fein gehackt und mit dem Beiguß zu einem Mus gemenkt.

Geröstetes Suppenfleisch mit Aepfeln und Rosinen.

Man nimmt nach Verhältnis des Fleisches 2 Teile Äpfel und einen Teil Rosinen, letztere werden gewaschen, mit Was=ser bedeckt aufs Feuer gesetzt, einige Minuten aufgekocht und auf einen Durchschlag abgegossen. Die Äpfel werden im 8 Teile geschnitten mit einem Stück Butter, einigen Löffeln Weißwein oder Wasser in einen Topf gegeben, dazu gießt man die Rosinen, streut etwas abgeriebene Zitronenschale, gestoßenen Kanehl und Zucker darüber, schwenkt alles zusam=burch und läßt es über einem hellen Feuer weich dümpfen. Das Fleisch wird in passende Stücke geschnitten, mit Pfeffer und Salz bestreut und in etwas Butter schön braun gebraten. Beim Anrichten giebt man Rosinen und Äpfel erhöht in die Schüssel und legt das Fleisch herum.

Ein englisches Gericht von gekochtem Salzfleisch.

Von einem Stück gekochten Salzfleisch werden so viel wie möglich schöne Schnitte ¼ Zoll dick geschnitten, dann teilt man das an dem Fleisch sitzende Fett ebenfalls in passende Stücke. Die Gemüse, die mit dem Fleisch gekocht, oder ein Gemisch von übrigen Gemüsen, als: Kohl, Kartoffeln, gelbe Wurzeln und Rüben, werden gröblich zusammen gehackt. Hat man alles zubereitet, so läßt man erst die Fettscheiben in der Pfanne braun werden und stellt sie auf einem Teller heiß; dann legt man das Fleisch mit Salz und feinem, weißen Pfeffer bestreut, hinein und läßt es auf beiden schön braun rösten. Jetzt nimm man auch dieses heraus und bratet die Gemüse mit einer Zugabe von etwas Fett recht schön ab. Beim Anrichten giebt man die Gemüse in die Mitte, die Fleisch=Schnitte, mit Fett= Schnitten belegt, darum.

Dreiundzwanzigster Abschnitt.

Mayonnaisen Aspicks, Gelees, Sülzen, belegte Butterbrote (Sandwiches), kaltes Fleisch und andere kleine Sachen kalt auf die Tafel zu bringen.

Aspick oder saures Gelee.

Vier abgebrühte Kalbsfüße werden mit 2 Kilo Kalbsknochen, ebenso viel Ochsenbeinknochen und 6 Pint Wasser auf's Feuer gesetzt, abgeschäumt und dann mit einer Seerille, dem Weißen von Stangen Porree, 2 Lorbeerblättern einem Sträußchen Majoran, den Schalen von 2 Citronen, 6 Gewürznelken, 24 schwarzen Pfefferkörnern und reichlich einem Löffel Salz zugedeckt 4 Stunden langsam gekocht. Dann werden die Kalbsfüße gehoben, man löst die Knochen daraus und bewahrt sie zu einem anderen Gebrauch. Die Brühe, welche wohl den dritten Teil verkocht ist, gießt man durch ein Sieb und setzt sie dann bis zum nächsten Tag an einen kalten Ort.

Um einen guten krystallartigen Aspick zu gewinnen, muß mit dem Läutern und Abklären sehr behutsam sein. Die erste Regel ist: Das Fett mit der größten Genauigkeit von der Brühe oder dem Stand zu nehmen; hat man also dieses mit einem Löffel abgenommen, so bringt man ein reines Tuch durch sehr heißes Wasser, nimmt mit diesem das Fett von der Oberfläche und den Kanten und bringt die Brühe in einem gut verzinnten Topf zum Feuer, zeigt sich dann noch eine Fettauge darauf, so nimmt man es mit Löschpapier ab. 5 ganze Eier werden mit ½ Pint Wasser, ½ Pint guten Weinessig, etwas Esdragonessig tüchtig abgeschlagen und mit der Rute zu dem zergangenen Stand gepeitscht, dann schlägt man ihn auf dem Feuer bis zum Kochen, läßt ihn, auf den Herd gesetzt zugedeckt reichlich ½ Stunde von der Seite simmern und ist er dann wohl zu 1½ Pint eingekocht. Nun läßt man den Stand eine Zeitlang ruhen und giebt ihn dann durch ein Gelee-Beutel oder eine Serviette. In Ermangelung eines Gelee-Beutels mit dem dazu gehörigen Gelee-Stuhl setzt man 2 gewöhnliche Stühle aufeinander, daß die 4 Beine in die Höhe stecken, bindet eine Serviette bei den Zipfeln mit Bindfaden wie ein Beutel an die Stühle und setzt eine Kumme darunter, das Gelee zu empfangen. Nun gießt man erst etwas kochendes Wasser hindurch, gießt es aus der Kumme und giebt von dem Gelee in den Beutel. Jetzt benutzt man 2 Kummen und giebt das durchgelaufene Gelee einige mal zurück bis es Krystall gleich durchläuft. Aspick von Kalbsfüßen wird jedoch nur für sehr feine Schüsseln und selten zubereitet, da man dafür Zeit und Sparsamkeit halber die Gelatine verwendet, wozu man auf einen Pint 60 Gramm rechnet.

Ein sparsamer Aspick.

Ein Pint gute Fleischbrühe wird mit ein paar Schalotten, 3 Gewürznelken, einem kleinen Sträußchen Thymian und

Majoran und 60 Gramm Gelatine auf dem Feuer so lange geschlagen, bis selbiges aufgelöst. Dann nimmt man den Topf ab, läßt es abkühlen, giebt ein ganzes Ei und zwei in Wasser und Esdragonessig verschlagene Eiweiß daran, schlägt es wieder auf das Feuer gesetzt bis zum Kochen, läßt es noch 10 Minuten simmern, dann einige Minuten ruhen und klärt ihn nun durch die Beutel wie im vorigen. Hierauf verwendet man den Aspick zum verschiedenen Gebrauch wie in späteren Nummern angegeben.

Mayonnaise on Hühnern.

Ein großes oder 2 kleine gedämpfte Hühner werden in schöne Stücke geschnitten und ½ Stunde vor dem Anrichten mit etwas Oel, Essig, Pfeffer und Salz in eine Kumme gelegt, dann legt man die Hühner auf ein Sieb, mengt mit den Oel und Essig den geschnitttenen Salat. Die Hühner werden pyramidenartig auf dem Salat angerichtet, mit einem dicken Mayonnaisen-Beiguß überzogen und die Schüssel mit hartgekochten Eiern, Filets von Sardellen, Schnittchen von Aspick und den Salatherzen verziert.

Frikasse von Hühnern. (Chicken Frikassee.)

Ein schönes Huhn wird in Kalbfleischbrühe gekocht und in schöne Stücke geschnitten dicht neben einander auf eine Schüssel gelegt. Mit der Brühe bereitet man einen deutschen Beiguß den man mit einer Tasse Rahm, 2 Eigelb und dem Saft einer Zitrone abrührt, giebt ihn dann noch warm über die zurückgesetzten Hühnerteile und belegt jeden Teil mit einer ausgesteckten Verzierung, Blättern Sternen, u. s. w. von Trüffeln und roter Rinderzunge; jetzt stellt man die Schüssel an einem kühlen Ort oder auf Eis bis zum Setzen. Das Frikassee wird über mit Essig, Oel Pfeffer und Satz angefeuchteter grüner Kresse angerichtet, mit kleinen aufgerollten Röllchen von gekochten dünnen Schinkenscheiben und Aspick verziert.

Schweinsrippen in Aspick auf Restaurations=Art.

Man kocht das Rippenstück wie im vorigen, ohne es zu zerschneiden, nimmt es mit einer Gabel aus der Brühe und spült es mit einer Tasse Wasser über dem Topf ab. Dann legt man ein Suppentuch über ein Sieb und gießt die Brühe durch in eine Kumme. Von allem Fett befreit, macht man einen Aspick, man zerlegt die kalten Rippen naß zwischen den Knochen noch eine Kotelette schneiden kann, und stutzt jede dann schön zu. Nun bedeckt man den Boden einer großen Schüssel mit den dritten Teil des noch flüssigen Aspicks, läßt diesen recht fest werden, legt die Koteletten in schöner Ordnung darauf, giebt den übrigen Aspick darüber und stellt es zum Setzen. Beim Auftragen schneidet man den Aspick rund um die Koteletten ein, schiebt ein Tischmesser unter, legt sie auf Teller, wozu man einen Löffel Remouladen=Beiguß und etwas fein Brot giebt.

Gesalzene Schweinsfüße in Aspick.

Die Schweinsfüße läßt man, je nachdem sie gesalzen, 24 bis 36 Stunden in kaltem Wasser ausziehen, welches man in dieser Zeit oft durch frisches ersetzt. Dann läßt man die Füße in frischem kaltem Wasser 10 Minuten aufkochen, legt sie auf ein Sieb, macht unten am Fus einen Einschnitt in die Schwarte von oben bis unten, legt sie nun mit schwarzen Pfefferkörnern, zu jedem Fuß 2 Schalotten,, zu 8 Füßen 3 Lorbeerblätter, einem kleinen Blättchen Muskatblüte in einen steinernen Topf, stellt ihn in den Ofen und läßt die Schweinsfüße darin 10 bis 12 Stunden, indem man beim Verkochen etwas Wasser nachgiebt, langsam dämpften, daß man die kleinen Knochen beißen kann. Dann giebt man die Brühe von den Füßen durch ein feines Sieb, spült das daran sitzende Fett mit heißem Wasser ab, entfernt auch von der Brühe das Fett und klärt diese, indem man eine Tasse guten Weinessig, ein wenig Kräuteressig ohne sonstige Gewürze hinzu giebt einen klaren Aspick. Man zerlegt die Schweinsfüße in halbe und legt sie wie die Rippchen ein.

Belegte Brötchen (Sandwiches) und kleine Sachen zum Abendessen kalt auf die Tafel zu bringen.

Brötchen mit Eiern und Sardellen.

Man rechnet auf 12 Sardellen 4 hartgekochte, feingehackte Eier. Mit den Sardellen bereitet man eine Sardellenbutter, bestreicht damit die Hälften von dünn geschnittenen Scheiben Feinbrot, belegt die anderen recht gleichmäßig mit den Eiern und giebt das bestrichene Brot darüber. Nun schneidet man die Brötchen 2 Zoll lang und 1 Zoll breit, richtet sie mit

Kranze schräg aneinander liegend auf einem Teller an und legt in die Mitte etwas grüne Kresse oder schöne krause Petersilie.

Brötchen mit Rührei.

Von 4 Eiern macht man ein Rührei mit Schnittlauch und reibt es durch ein Sieb. Dann bestreicht man dünne Scheiben von Weißbrot damit, giebt mit einem Messer etwas Senf darüber und legt Braunbrotscheiben ohne Butter darauf. Man schneidet die Brötchen wie in voriger Nummer und richtet sie gleich einer Pyramide aufeinander oder im Kranze an.

Brötchen mit Geflügel.

Von einem saftig gebratenen Rebhuhn wird alles Fleisch abgelöst, von Haut und Sehnen befreit, mit einem dritten Teil mageren Schinken in einem steinernen Mörser fein gestoßen und durch ein Sieb gerieben. Dann hat man in der Pfanne, worin das Huhn gebraten, ½ Löffel Mehl geschwitzt und läßt nun das Jus mit einer Tasse guter Fleischbrühe loskochen. Diesen Beiguß gießt man durch ein Sieb in einen kleinen Topf, giebt ein Glas Madeira und wenn man es hat, ein paar Tropfen Champignonsoja, sowie einen Löffel in Wasser ausgerührtes Currypulver daran, läßt ihn gut aufkochen, schüttet das gehackte Fleisch hinein und rührt es mit dem nötigen Salz auf dem Feuer ab. Man sticht nun aus nicht zu frischem Milchbrot kleine Plättchen und bratet sie in Butter leicht an. Die Hälfte dieser Plättchen bestreicht man mit Füllsel, schlägt die anderen darauf und setzt sie auf ein Backblech. Jetzt rührt man etwas frische Butter mit geriebenem Parmesankäse zusammen, setzt davon kleine Teilchen auf die Brötchen und schiebt sie 5 Minuten, damit der Käse sich gleich einer Kruste darüber setzt, in einen heißen Ofen. Sie werden mit einem Messer von der Platte genommen und erkaltet auf einem Teller erhöht angerichtet. Statt Rebhühnern kann man jedes andere Geflügel oder Fleisch nehmen.

Brötchen mit Hühnern.

Zwischen 2 Scheiben bestrichenem Weißbrot legt man dünne Scheiben von gebratenem oder gekochtem Geflügel, als: Hühner, Kapannen oder Kalkuten. Das Fleisch wird mit etwas Senf überstrichen und mit dünnen Scheiben Schinken oder Zungen belegt. Man schneidet die Brötchen in Streifen.

Eine andere Art Brötchen mit Hühnern.

Man legt auf ein Stück bestrichenes Brot Scheiben von Hühnerfleisch, darüber Filets von Sardellen und das Innere von ein paar Köpfen fein geschnittenem Salat, giebt hierüber nun eine Brotscheibe und schneidet die Bröttchen wie im vorigen.

Brötchen mit Fischen für eine Abendgesellschaft.

Ausgestochene, geröstete Brotscheiben werden mit jeglichem gekochten Fisch belegt, hierüber giebt man eine dicke Mayonnaise und allerlei ausgestochenen Sachen. Bereitet man Brötchen mit ausgemachtem Hummerfleisch, so bestreut man einige mit Mayonnaise, mit der roten Koralle (f. Koteletten von Hummer), die anderen mit Petersilie und richtet sie abwechselnd an.

Gewöhnliche Brötchen oder belegte Schnittchen.

Butterbröte von Fein- oder Weißbrot werden mit jedem übrig gebliebenen Fleisch, als: Ochsenbraten, Kalbsbraten, Rauchfleisch, Schinke, Zunge u. s. w. belegt, mit Pfeffer, Salz und Senf bestrichen, dann preßt man eine andere Scheibe Brot mit der Hand darauf und schneidet die Brötchen in passende Stücke.

Getöpftes Hühnerfleisch.

Von einem gebratenem Huhn wird das Fleisch abgepflückt, von Haut und Sehnen befreit, mit dem dritten Theil mageren gekochten Schinken, sowie dem dritten Teil abgeklärter Butter in einem Mörser fein gestoßen und durch ein Sieb gerieben. Die fein gehackten Knochen werden mit einem Sträußchen Majoran, ein paar Pfefferkörnern, einem kleinen Blättchen Muskatblüte, und einem Pint Wasser abgekocht, man läßt dann dieses, nachdem es durch ein Sieb gegossen, zu ein paar Löffel Glasur einkochen und giebt es unter das Fleisch.

Eier zum Thee kalt auf die Tafel zu bringen.

3 Eier werden wachsweis gekocht, sogleich in kaltes Wasser gelegt, abgetrocknet, von der Schale befreit, der Länge nach halb durchgeschnitten. Hierzu wässert man 6 Sardellen, nimmt die Filets von den Gräten, schneidet jedes noch einmal durch und legt sie schräg über die Eier. Dann legt man sie so auf einen Teller, daß die Spitzen zusammen kommen und

die Eier einen Stern bilden. Zwischen die Eier legt man etwas Kresse, ein Sträußchen Petersilie oder kleine eingemachte grüne Gurken. Sind mehr als 3 Eier erforderlich, so werden sie auf dieselbe Weise erhöht angerichtet.

Filets von Sardellen.

Die Filets werden über Kreuz auf einen Teller gelegt, mit Oel, Essig, Pfeffer und Salz übergossen und so zubereitet zum Abendbrot und mit dem Käse gereicht.

Harte Eier mit Sardellen.

Die Eier werden in Scheiben geschnitten und in die Mitte des Tellers pyramidenartig angerichtet; die Sardellen-Filets schräg übereinander um die Eier gelegt. Dann mischt man in einer Tasse einen Löffel Oel, 2 Löffel Essig, am besten Kräuteressig, etwas Salz und weißen Pfeffer, rührt es gut zusammen durch und gießt es über die Sardellen. Man bestreut das Ganze mit Petersilie (s. Petersilie zum Bestreuen).

Gehackte Eier (Poached Eggs).

3 bis 4 hartgekochte Eier werden gröblich gehackt, mit feinem, weißen Pfeffer, Salz und aus der Hand geschittenem Schnitlauch leicht gemengt und etwas erhöht angerichtet. Die Eier werden ringsum mit Schnittchen von geröstetem Brot besteckt.

Anchovis- oder Sardellen-Toast (geröstete Brot-Schnitte) für den Theetisch.

Ein Tag altes Milchbrot wird in nicht zu dünne Scheiben geschnitten an beiden Seiten schön geröstet. Geröstete Brotschnitte sollen eigentlich nicht auf dem Roste, sondern an eine lange Gabel gesteckt gegen ein helles Feuer gehalten werden. Hat man also einen Heerd mit einer Thür, so kann man diese öffnen und das Brot an eine helle Glut halten; ist dann die eine Seite geröstet, so steckt man es an der Gabel um, röstet die andere Seite, legt die Scheiben auf den Tisch und preßt sie mit der Hand leicht nieder. Sind nun soviel Scheiben geröstet als man gebrauchen will, so werden sie mit Sardellen=butter ziemlich dick bestrichen, in lange oder dreieckige Stücke geschnitten auf einem Teller angerichtet.

Gewöhnliche geröstete Butter=Brotschnitte für den Theetisch.

Hierzu röstet man nicht zu dünne Scheiben von Milchbrot, bestreicht die erste Scheibe, sobald sie geröstet, mit frischer Butter, stellt den Teller über kochendes Wasser, legt eine zweite Scheibe darüber, bestreicht diese gleichfalls und so fort, bis man 4 bis 5 Scheiben hat. Dann schneidet man die har=ten Rinden und Kanten mit einem Durchschnitt ab, schneidet das Brot von oben bis unten in passende Stücke durch, säubert den Teller und setzt ihn heiß über eine mit heißem Wasser halb angefüllte Spülkumme. Geröstete Butterschnitte sind eine angenehme Schüssel für den Thee.

Ferner röstet man auf dieselbe Weise: Möllnische Zwie=bäcke oder heiße Wecken. Diese werden halb durchgeschnitten, die inwendige Seite recht braun geröstet mit frischer Butter bestrichen, wieder zusammen gelegt und über Kreuz in 3 Teile geschnitten.

Trockene Hefenkuchen, sowie Puffer werden gleichfalls geröstet. Man reicht die gerösteten Schnitten auch kalt auf einem Teller aneinander gestellt mit frischer Butter.

Gekochter Schinken für die Theetafel.

Die Schinkenscheiben werden fett und mager zusammen sehr dünn geschnitten und aufgerollt. Diese Röllchen legt man über grüne Kresse oder schön geschnittenen Salat, den man mit Oel, Essig, Pfeffer und Salz in eine Kumme angefeuchtet. Man kann nach Belieben hartgekochten Eier darum legen. Hat man kein grünen Salat, so legt man die Röllchen übereinander in die Mitte eines Tellers und beliebige Pickeln darum.

Rohe Schinken anzurichten.

Der rohe Schinken wird mit Fett und Magerfleisch zusammen in ¼ Zoll dicke Scheiben geschnitten, auf zarten Trauben- oder Lindenblättern angerichtet. Als Beilage zum Gemüse schneidet man den Schinken auch wohl in dünne Streifen, mengt ihn mit etwas weißen Pfeffer und aus der Hand geschnittenem Schnittlauch, richtet ihn erhöht auf einem Teller an und verziert ihn mit Schnittchen von geröstetem Brot.

Einen kalten Ochsenbraten auf die Tafel zu bringen.

Von einem Rippenstück schneidet man, wenn eine oder mehrere Rippen teilweise von dem Fleische befreit sind, diese ganz ab, sowie die erste Scheibe, um den Fleisch ein gutes Ansehen zu geben. Dann legt man den Braten auf eine reine Schüssel, verziert diese mit krauser Petersilie oder Brunnenkresse.

Zum kalten Ochsenbraten reicht man einen beliebigen Salat, Pickeln oder einen kalten Beiguß, wozu ganz besonders die eingekochten Beigüsse Chetna und Champignonsaja als eine Delikatesse zu empfehlen sind.

Einen kalten Lammsbraten auf die Tafel zu bringen.

Hat man eine Keule oder Rücken, die noch nicht zu weit aufgeschnitten sind, so schneidet man den trockenen Anschnitt ab und richtet den Braten an. Hierzu reicht man Mint=Beiguß und einen guten mit Mayonnaise zubereiteten Kopfsalat. Hat man ein kaltes Rippenstück, so schneidet man schöne Koteletten davon, richtet sie im Kranze an und giebt den Salat in die Mitte.

Hammelfleisch kalt auf die Tafel zu bringen.

Hammelbraten wird nicht gerne kalt aufgetragen, hat man och einen guten Braten übrig, so schneidet man nicht zu dünne Scheiben davon, die man aufeinander in eine Kumme legt. Dann drückt man in eine andere Kumme den Saft von 2 Apfelsinen und läßt 2 Löffel gewöhnlichen Puderzucker darin zergehen; bann giebt man ein paar Löffel Wein oder Kräuteressig und gießt es eine Stunde vor dem Anrichten über das Fleisch. Man legt das Fleisch in eine Gemüseschüssel oder Suppenteller und reicht in einer anderen Schüssel Salat. als: Tomaten, Bohnen und Kartoffeln.

Ferner reicht man Hammel= wie kalten Ochsenbraten.

Käse und Butter nach dem Essen zu reichen.

Nach dem Essen reicht man gewöhnlich von den Käsen: Englischen-, Schweizer-, Rahmkäse, geriebenen Parmesankäse, u. s. w. Man schneidet den Käse in kleine Blöcke, reichlich 1 Zoll im Durchmesser groß, legt ihn gut geordnet auf einen flachen Teller und giebt an die Seite ein kleines Messer. Die Butter sticht man mit einem Butterspaten in Späne, legt im Sommer kleine Stücke Eis darum, oder man formt mit 2 Butterspaten kleine runde Bälle, legt diese gleich einer Pyramide aneinander und giebt auch auf diesen Teller ein Messer. Dan legt man um die Butter und den Käse kleine Sträußchen Petersilie. Das Brot zum Käse schneidet man in Stücke, jedes soviel wie möglich mit Krüsten versehen, oder man reicht die verschieden angegebenen Cakes.

Als andere und sehr beliebte Beilagen reicht man Sardinen, Filets von Sardellen, sowie geräucherte, geröstete Fische.

Ferner reicht man mit dem Käse Pickeln, verschiedene Salate, englischen Sellerie. Nach einem großen Gabelfrühstück oder Abendessen reicht man ihn auf dieselbe Weise. Für den gewöhnlichen Abendtisch giebt man meistens Eidamer-, Schweizer-, Holsteinischen Güterkäse u. s. w., den man wohl in Scheiben anrichtet.

Käse aufzubewahren.

Man bewahrt den Käse am besten in einer mit einem Deckel versehenen steinernen Pfanne, belegt den Anschnitt mit einem mit Butter bestrichenem Stück Papier.

Vierundzwanzigster Abschnitt.

Von den Eier-, Mehl-, Reis-, Milch- und Fruchtspeisen.

Weich gekochte Eier.

Die Eier werden in kaltes Wasser gelegt, dann taucht man ein Tuch im Wasser, giebt etwas Salz darauf und reibt damit den Schmutz der Eier ab Sie werden im kochendem Wasser 3½ Minuten gekocht.

Pflaumenweiche Eier.

Die Eier werden in kochendes Wasser eingelegt, 5 Minuten gekocht. Diese Eier werden zum Abendbrot der Länge nach durchgeschnitten aufgetragen, sowie auch zum jungen Salat und auf Spinat der Länge nach in Viertel geschnitten angerichtet.

Hartgekochte Eier.

Die Eier werden in kochendes Wasser gelegt, man läßt sie 10 Minuten kochen und legt sie sogleich in kaltes Wasser, damit die Schale besser abgeht.

Eier mit Curry und Reis.

Zwei fein gehackte Schalotten werden in Butter schön

gelb geröstet, dann läßt man einen Löffel Mehl damit einschwitzen und verrührt es mit guter brauner Fleischbrühe oder Bratensaft zu einem ziemlich dicken Beiguß. Hierzu giebt man etwas Salz, einen Theelöffel in Wasser ausgerührtes Currypulver, legt dann 6 bis 7 hartgekochte in Viertel geschnitnene Eier hinein, und läßt diese einige Minuten im Beiguß anziehen. Unter der Zeit hat man Reis in Salzwasser recht trocken, daß die Körner einzel und nicht kleben, abgekocht. Man giebt die Eier mit dem Beiguß in die Mitte und den Reis darum.

Spiegeleier.

Man läßt ein Stück Butter in der Pfanne zergehen, knickt frische Eier am Rand derselben ein, giebt sie behutsam in die Butter läßt sie so lange stehen, nicht rasch braten, daß die Kanten braun werden, bis das Weiße gänzlich erstarrt, dann legt man sie mit einem Schaumlöffel auf einen Teller. Man wendet nun so viel Plättchen geröstetes Brot rasch in der Butter, worin die Eier gebraten, daß die Butter damit eingezogen wird. Nun beschneidet man die Eier oder setzt einen Ausstecher darauf, daß sie schön rund werden, legt sie auf das Brot und richtet sie in schöner Ordnung an. Hat man zum Frühstück nur eine kleine Portion zu machen, vielleicht für eine Person 2 Eier, so legt man diese auf eine Brotscheibe.

Spiegeleier mit Speck.

Man schneidet von schönem durchgewachsenen, geräucherten Speck dünne Scheiben, läßt diese an beiden Seiten schön kroß braten und legt sie auf die bestimmte Schüssel. Dann bäckt man die Eier, schneidet die Kanten schön zurecht und, richtet sie über den Speck an. Sie werden mit feinem weißen Pfeffer aufgetragen.

Spiegeleier mit Schinken.

Von einem rohen Schinken schneidet man zwei messerrücken=
dicke Scheiben, diese werden mit etwas Butter die man vorher in der Pfanne heiß macht, auf die Schüssel gelegt und heiß gestellt. Dann bäckt man in der Butter ebensoviel Eier als man Schinkenscheiben hat, und richtet sie über den Schinken an.

Rühreier.

Sechs Eier werden mit etwas Salz, feinem weißen Pfeffer und 6 Löffel Milch tüchtig verschlagen. Dann giebt man in eine Pfanne mit Butter, läßt diese eben zergehen, gießt die Eier hinein, rührt sie mit einem Kochlöffel durchein=
ander, bis sie sich verdicken und keine Flüssigkeit mehr da ist, sie dürfen jedoch durchaus nicht hart werden. Sie wer=
den auf einer Scheibe von geröstetem Brot angerichtet, welche nachher mehrere Mal überschnitten wird, oder man erhöht die Eier auf einer Schüssel und bestecke sie mit Schnittchen von geröstetem Brotr

Rühreier mit Trüffeln.

3 bis 4 schöne Trüffeln werden in kleine Würfel geschnit=
ten und mit einem kleinen Stück Butter, einem Löffel Weiß=

wein einigen Minuten gedämpft. Man giebt die Trüffeln hinzu und bäckt, sie auf dieselbe Weise, sie werden auf einer mit rotschnittchen Beingefaßten Schüssel anrichtet.

Französischer Eierkuchen (Omelette.

6 frische Eier werden mit einem Löffel Wasser etwas Salz und feinem weißen Pfeffer schäumig geschlagen. Dann giebt man ein Stück Butter wie ein halbes Ei groß in die Pfanne, gießt die Eier, sobald die Butter anfängt zu braten, hinein, läßt sie einen Augenblick ruhen, bis die Eier anfangen sich zu setzen. Nun wirft man mit einem langen dünnen Messer das Angebackene in große Flocken wieder nach oben, bis sich auf der Oberfläche nur wenig Flüssigkeit mehr zeigt schiebt es nun zu einer Rundung zusammen, läßt die untere Seite schön braun braten und schlägt den Eierkuchen übereinander. Man läßt ihn aus der Pfanne auf die bestimmte Schüssel rutschen und giebt etwas guten Bratensaft darunter.

Eierkuchen mit Schaum (Schaum-Omelette).

Ein ganzes Ei und 5 Dotter werden mit etwas Salz, feinem weißen Pfeffer, 3 Löffel Wasser tüchtig abgeschlagen, zuvor hat man schon das Weiße der Eier zu einem festen Schnee geschlagen. Nun setzt man rasch eine Pfanne mit reichlich 60 Gramm Butter über ein helles Feuer, mengt den Schnee leicht mit dem Gelben und legt es in die Pfanne. Man rührt es dann mit einem langen dünnen Messer auseinander, schiebt dieses, sobald es anfängt sich zu heben, darunter, wirft er leicht flockig übereinander, verbindet es wieder zu einer Rundung, giebt noch ein Stück Butter darunter und bäckt die unterste Seite zu einer schönen Farbe. Der Kuchen muß inwendig recht lose und schäumig sein und nur lose angebacken, man schlägt ihn übereinander und giebt ihn auf die bestimmte Schüssel.

Deutschen Eierkuchen oder Eierpfannkuchen.

Zwei Löffel Mehl werden mit Milch und etwas Salz zu einem rahmdicken Teig gerührt, dann schlägt man 4 Eidotter nacheinander darunter und mengt nun auch das zu festem Schnee geschlagene Weiße der Eier langsam dazu. Jetzt giebt man ein Stuck Butter in die Pfanne, rührt den Teig leicht durch, giebt mit einem runden Löffel so viel davon in die Pfanne, daß der Teich reichlich einen Messerrücken dick ist. Fängt der Kuchen an zu braten, so schiebt man ein Messer unter den Rand, löst diesen ringsum und rüttelt die Pfanne mit der Hand, läßt ihn so auf der einen Seite schön braun backen, wendet ihn und läßt auch die andere Seiten backen. Dann giebt man den Kuchen auf einen Teller und fährt mit dem Teige fort, bis alles verbacken. Sie werden übereinander gelegt, in 4 Teile geschnitten und sehr heiß mit Puderzucker und in Viertel geschnittenen Citronen aufgetragen.

Gefüllte Eierpfannkuchen.

Von der vorhergehenden Teigmasse werden sehr kleine Pfannkuchen gebacken, die man auf einem Teller über kochendes Wasser heiß setzt, bis alle gebacken. Dann giebt man in die Mitte des Kuchens ein beliebiges Eingemachtes und rollt ihn wie eine Wurst übereinander. Sie werden auf einer heißen Schüssel, mit Zucker überstreut, aufgetragen.

Eierkuchen mit Zwiebeln.

6 Schalotten werden gröblich gehackt, in Butter gelb geschwitzt und mit den Eiern unter den Teig gerührt. Man bäckt die Kuchen, beträufelt sie beim Anrichten mit Citronensaft und rollt sie dann auf.

Gewöhnliche Pfannkuchen.

Man rührt ¼ Pfund Mehl mit einem Pint Milch, etwas Salz zu einem glatten Teig, peitscht dann 8 Eier nacheinander darunter oder man giebt zuerst das Gelbe und kurz vor dem Backen das Weiße zu festem Schnee geschlagen dazu. Von dieser Masse werden kleine Pfannkuchen gebacken.

Aepfelpfannkuchen.

Schöne mürbe Aepfel werden geschält, in 4 Teile geschnitten, von dem Kernhaus befreit und in dünne Scheiben geschnitten. Dann giebt man ein Stück Butter in die Pfanne, wenn dieses anfängt zu braten, so giebt man soviel Teich hinein, daß er zwei Messerrücken dick ist, belegt nun die Oberfläche dicht nebeneinander mit Aepfelscheiben, löst die Kanten ringsum, indem man ein Messer unterschiebt, rüttelt die Pfanne, läßt die untere Seite schön braun werden, wendet darauf den Kuchen, hebt ihn mit einem Messer auf, läßt ein anderes Stück Butter unter die noch nicht gebackene Seite gleiten und läßt auch diese schön braun werden. Nun giebt man den Kuchen auf die bestimmte Schüsseln, setzt letztere über kochendes Wasser, bis alle gebacken. Jeder Kuchen wird mit

Zucker bestreut und dann übereinander in 4 Teile gerade durchgeschnitten.

Zwetschen-Pfannkuchen.

Die Zwetschen werden halb durchgebrochen und mit der runden Seite nach unten in den Teig gelegt. Dann bäckt man die Kuchen und bestreut sie reichlich mit Zucker.

Kartoffel-Kuchen.

Zu 16 bis 20 rohen, geriebenen Kartoffeln rührt man 4 ganze Eier, eine gehackte Zwiebel, Salz, einige gestoßene Zwiebäcke, einen Löffel Mehl und ein paar Löffel Milch oder Rahm, läßt dann Butter oder gutes Bratenfett in einer Pfanne heiß werden, giebt einen Teil der Masse hinein und läßt sie auf beiden Seiten wie Pfannkuchen zu einer schönen Farbe backen.

Buchweizenmehl-Pfannkuchen.

Ju ½ Pfund Buchweizenmehl reibt man gekochte Kartoffeln, mengt es zusammen in der Kumme durch, macht eine Vertiefung darin und giebt in Milch aufgelöste Hefe hinein. Dann wird dieses mit reichlich ¾ Hint lauwarmer Milch oder Wasser, worin man gutes Bratenfett, sowie etwas Salz gegeben, zu einem glatten Teig gerührt, schlägt man 3 ganze Eier nach einander hinein und läßt ihn eine Stunde aufgehen. Die Pfannkuchen werden mit halb Schmalz, halb Butter oder mit gutem Bratenfett gebacken.

Man giebt etnen Apfel-Beiguß dabei dabei zur Tafel oder schwachen mit Syrup gesüßten Essig.

Eierschwamm

6 Eier werden mit reichlich ¼ Pint Fleischbrühe, etwas Salz, 6 ganzen Eiern, einer Tasse Milch zu einem glatten Pfannkuchenteich geschlagen. Dann giebt man ein ziemlich großes Stück Butter in die Pfanne, fängt dieses an zu braten, so gießt man den Teig darauf. Ist die unterste Seite gebacken, so wendet man den Kuchen, sticht ihn mit der Schaufel oder eine Kelle in kleine Stücke und läßt nun diese unter Wenden von allen Seiten braun und kroß braten. Der Schmarren wird sehr heiß angerichtet, mit Kaneel und Zucker bestreut sogleich zur Tafel gebracht.

Maccaroni auf italienische Art.

½ Pfund Maccaroni wird in 3 Zoll lange Stücke gebrochen, in kochendem Salzwasser weich gekocht, welches wohl in ¾ Stunden geschieht und auf ein Sieb gegossen. Dann giebt Butter, geriebenen Parmesankäse, etwas feinen, weißen Pfeffer, ein wenig geriebene Muskatnuß und reichlich ¼ Pint Rahm in einen Topf, schüttet die Maccaroni hinein und schwenkt alles über dem Feuer kochend heiß.

Auf diese Weise bereitet, werden die Maccaroni meistens beim Braten oder als Unterlage verschiedener Sachen gereicht.

Palermo-Nudeln.

Von 250 Gramm Nudelteig rollt man mehrere Böden messerrückendick aus, läßt sie auf einer Serviette etwas antrocknen, und schneidet sie in dreifingerbreite Streifen. Dann legt man mehrere Streifen auf einander, schneidet über die Quere

Nudeln davon ab, läßt sie in kochendem Wasser 10 Minuten kochen und auf einem Sieb abtropfen. Hierauf giebt man diese mit etwas Butter in ½ Pint kochende Milch, streut etwas Salz, ein wenig weißen Pfeffer und geriebene Muskatnuß dazu und läßt sie kochen, bis alle Milch eingezogen, giebt dann ine Tasse Rahm, etwas geriebenen Parmesankäse, ein Stück Butter und ein kleines Stück eingekochten Bratensaft darunter, schwenkt alles über dem Feuer durcheinander und richtet die Nudeln erhöht in einer Schüssel an.

Gewöhnliche gekochte Nudeln.

Die wie im vorigen geschnittenen Nudeln werden in Salzwasser 10 Minuten gekocht und mit einem Schaumlöffel auf ein Sieb gelegt zum Abtropfen. Beim Anrichten streut man in Butter gebratene Semmelbrösseln darüber und übergießt diese mit zerlassener Butter.

Ferner werden diese Nudeln mit Käse ganz wie die Maccaroni bereitet.

Damp-Nudeln.

Man schüttet ½ Pfund trockenes Mehl in eine Kumme, macht eine Vertiefung darin, giebt mit einem Stück Zucker und etwas in lauwarmer Milch aufgelöste Hefe hinein und rührt es mit einer Tasse warmer Milch zu einem Teige, denn man zugedeckt an einen warmen Ort zum Aufgehen setzt. Dann rührt man 4 Eigelb mit Butter und Zucker schäumig, giebt ein wenig Salz, die abgeriebene Schale einer Citrone und schlägt das Eiweis zu Schaum und mengt alles zu dem aufgegangenen Teig. Nun knetet man den Teig recht klar, formt kleine runde Klöße davon, die man auf ein mit Mehl bestäubtes Brett mit einer leichten Serviette bedeckt ½ Stunde aufgehen läßt. Hierauf packt man die Nudeln nicht zu dicht auf einander in einen Topf, legt zwischen jede ein kleines Stück Butter und giebt von der Seite soviel mit einem kleinen Stück Vanille gekochte Milch hinzu, daß die Nudeln halb damit bedeckt sind. Jetzt legt man Feuer auf den Deckel oder man setzt den Topf in einen ziemlich heißen Ofen, damit sie von oben die gleiche Hitze haben. Man läßt die Milch mit den Nudeln einkochen und bestreut sie beim Anrichten mit Zucker und feinem Kaneel.

Gebackene Aepfelklöße.

Man schlägt die wie im vorigen zurückbereiteten Aepfel in ¼ Zoll dick ausgerollten Butterteig, läßt sie auf einem mit Mehl bestäubten Blech in einem ziemlich heißen Ofen wohl 20 Minuten backen. Dann überstreicht man sie mittelst eines weichen Pinsels leicht mit kaltem Wasser bestreut sie mit Zucker und giebt sie ein paar Minuten in den Ofen zurück Sie werden auf einer gefalteten Serviette angerichtet, mit Rahm und Zucker oder Vanille-Creme aufgetragen.

Englische Aepfel Klöße.

Große geschälte Aepfel schneidet man halb durch, nimmt das Kernhaus heraus, füllt die Oeffnungen mit Zucker und setzt sie wieder zusammen. Dann rollt man Klößeteig, indem man etwas Mehl, welches man zurückgelassen, auf ein

Backbret streut, reichlich ½ Zoll dick aus, schneidet stücke davon, setzt einen Apfel, indem man die beiden Hälften mit der linken Hand zusammen hält darauf und schlägt mit der rechten den Teig darüber; drückt diesen mit beiden Händen fest an, das es ein großer, runder Kloß wird, worin Aepfel eingeschlossen. Man legt sie in kochendes Wasser, läßt sie ¼ Stunde kochen und giebt süßen Rahm und Zucker dabei zur Tafel.

Buchweizenmehl-Klöße.

¾ Pfund Buchweizenmehl, ½ Pfund geriebene Kartoffeln, 3 Eier, etwas geschmolzenen Bratenfett, ein kleiner Löffel Salz und etwas Hefe.

Man reibt die Kartoffeln, mengt sie mit dem Mehl, macht eine Vertiefung in der Mitte, giebt Eier und Salz hinein, schlägt die Eier mit dem Löffel durch, giebt die in lauwarmer Milch aufgelöste Hefe, sowie auch das geschmolzene Fett darunter und verrührt alles mit lauwarmer Milch zu einem nicht zu festem Teig. Man formt die Klöße mit einem Löffel und läßt sie in kochendem Salzwasser 6 Minuten kochen.

Hamburger Klöße.

Man giebt in eine Kumme 1 Pfund Mehl, macht in der Mitte eine Vertiefung, gutes zerlassenes Bratensaft hinein giebt dazu einen kleinen Löffel Salz und rührt alles mit kochendem Wasser zu einem festen Teig. Man formt mit den Händen runde Klöße und läßt sie in kochendem Wasser gut kochen.

EIER, MEHL, REIS, MILCH UND FRUCHTSPEISEN. 273

Birnenspeise im Ofen.

Man läßt die Birnen wie in voriger Nummer 10 Minuten kochen, nimmt Kaneel und Citronenschale heraus, und gießt sie mit dem Beiguß in eine Pastetenschüssel. Zu dem vorigen Teig giebt man beim Anrühren 16 Gramm in warmer Milch mit einem kleinen Stück Zucker aufgelöste Hefe. Diesen Teig giebt man über die erkalteten Birnen, belegt ihn dann überal mit nußgroßen Stücken Butter und läßt ihn in einem ziemlich heißen Ofen eine Stunde backen. Dann säubert man den Rand der Schüssel, setzt diese auf eine mit einer Serviette belegten Schüssel und bringt das Gericht so zur Tafel.

Aepfelspeise.

Saftige Aepfel werden geschält, halb durchgeschnitten und von dem Kernhaus befreit in einen Topf gelegt. Hierzu giebt man etwas Zucker, ein Stück Butter, ein Glas Weißwein, etwas gestoßene Kaneel, die abgeriebene Schale einer Citrone und etwas Wasser, legt nun, sobald dieses anfängt zu kochen, den Teig.

Aepfel-Fritter.

Man schneidet schöne, mürbe Aepfeln in reichlich $\frac{1}{4}$ Zoll dicke Scheiben, sticht das Kernhaus mit einem Ausstecher aus und schält die Rinde ab. Dann legt man sie in eine Kumme, gießt ein Glas Rum oder Madeira darüber, bestreut sie mit Zucker und der abgeriebenen Schale einer Citrone und läßt sie unter mehrmaligen Wenden eine Stunde so liegen. Nun wendet man jedes Stück in Bierteig, wirft sie in kochendes Schmalz und läßt sie unter Wenden mit der Gabel zu einer schönen Farbe backen. Mit einem kleinem Schaumlöffel gehoben, legt man sie auf Löschpapier zum Abtropfen und richte sie dann mit Zucker und feinem Kaneel bestreut auf die bestimmte Schüssel an.

Ananas-Fritter.

Man schält ein Ananas, schneidet sie in dicke Scheiben, dann wieder in fingerbreite Streifen, übergießt diese mit etwas Maraschina und läßt sie eine Stunde damit liegen. Sie werden in Weinteig, (s. Teige zum Ausbacken), gewendet.

Hamburger Aepfelkuchen.

½ Pfund Mehl, 12 Eier, gut abgewaschene getrocknete Korinthen, Butter, 6 bis 8 geschälte, in kleine Würfel geschnittene Aepfel, etwas Salz, 5 bis 6 Löffel Rosenwasser, Zucker, etwas in warmer Milch aufgelöste Hefel und ein Pint warme Milch. Man streut den Zucker über die Aepfel, mengt den Teig und läßt ihn ungedeckt an einem warmen Ort ¾ Stunde aufgehen. Dann rührt man die Aepfel mit dem Schaum der Eier leicht darunter, läßt den Teig noch ¼ Stunde aufgehen und beendet die Kuchen.

Gestürzter Reis.

Nachdem der Reis abgebrüht, giebt man ihn in 2 Pint mit einem kleinen Stück Vanille, Zucker und einem kleinen Stück Citronenschale gekochte Milch, läßt ihn über einem gelinden Feuer ¾ Stunden kochen, während des Kuchens rüttelt man den Topf öfter und rührt den Reis höchstens mit einer Gabel um, damit er schön ganz bleibt. Hierauf giebt man ihn in eine mit Wasser genäßte steinerne Form und läßt ihn erkalten. Man reicht ein beliebiges Eingemachtes oder Kaltschale von Kirschen dabei.

Reisform mit Zitronen.

Man schält eine sehr dünne Rinde von 4 Zitrnen, läßt diese mit 186 Gramm Zucker, ¼ Pint Wasser, einem kleinen Stück Kaneel 10 Minuten kochen, nimmt Kaneel und Zitronenschale heraus und drückt den Saft der 4 Citronen hinein. Unterdessen hat man gut gewaschene Korinthen und kleine Rosinen in Wasser abgekocht und auf ein Sieb gegossen. Jetzt giebt man einem Pint kochendes Wasser mit einem nußgroßen Stück Butter in den Topf, giebt den gekochten Zucker und die Rosinen dazu und giebt unter beständigem Rühren 250 Gramm in einem Pint kaltem Wasser ausgerührtes Reismehl darunter. Man läßt es unter öfterem Rühren ¼ Stunde über einem gelinden Feuer kochen und beendet die Form.

Reisbrot oder dicker Reis.

Man läßt 1 Pfund Reis in einem Pint kochendes Wasser aufkochen, schüttet ihn auf ein Sieb und übergießt ihn mit kaltem Wasser. Dann läßt man ihn mit ein wenig Salz und 2 Pint kochender Milch ¼ Stunde langsam mit der Milch dick einkochen. Beim Anrichten übergießt man man den Reis mit geschmolzener Butter und bestreut ihn mit Zucker und feinem Kaneel.

Griesmehlbrei.

Man läßt 1½ Pint Milch mit einem kleinen Stück Citronenschale kochen, giebt etwas Butter, etwas Salz, gröblich geschnittene Mandel und 1 Pfund in ¼ Pint Milch ausgerührtes Griesmehl in die kochende Milch und läßt es in ¼ Stunde unter stetem Rühren dick einkochen. Man bestreut den Brei beim Anrichten mit Zucker und feinem Kaneel.

Mondamin oder Maismehlbrei.

Man läßt ¾ Pint Milch mit einem kleinen Stück Butter und etwas Salz kochen, giebt ¼ Pfund in ¼ Pint kalte Milch ausgerührtes Maismehl (Mondamin) hinzu und läßt es unter stetem Rühren 5 Minuten kochen. Man bestreut für Kinder diesen Brei mit Zucker oder giebt Milch dabei. Statt Salz und Butter kann man auch etwas Zucker und Gewürz zu der Milch geben, wie man den Geschmack liebt, entweder ein kleines Stück Vanille, Kaneel oder Citronenschaze. Man giebt die Masse in eine durch Wasser gezogene Form und stürzt sie nach dem Erkalten. Aus einer Randform gestürzt giebt man ein Kompott von Aprikosen, Erdbeeren u. s. w. in die Mitte, im Winter eingemachtes Kompott. (Im Sommer mit frischen Früchten macht es eine zierliche Schüssel). Aus einer Form ohne Cylinder gestürzt, legt man ein Kompot darum. Diese einfache Mondaminspeise lernte ich vor Jahren in England als mein erstes Rezept dieses vorzüglichen Präparates kennen unter den Namen Flammry (Brei), wanach in Deutschland alle breiartigen Schüsseln den Namen Flammry tragen, und mann hier auch wohl mit Recht eine nach Geschmack hergestellte Form von Mondamin, weil es ein englisches Präparat ist, mit diesem Namen bezeichnen. Die in Norddeutschland so beliebten, aus der dänischen Küche hervorgegangenen Fruchtgrützen (Brei), habe ich in England unter dem Namen Flammry zur Tafel geben. Von Mondamin zubereitet, mit klarem Fruchtsaft, giebt es eine geleeartige Schüssel.

Funfundzwanzigster Abschnitt.

Die warmen Puddinge.

Ueber die Puddinge im allgemeinen.

Zum Kochen der Puddinge bedient man sich der Formen, Kummen und Tücher. In allen Fällen muß man diese, bevor man zum Rühren der Massen schreitet, auf folgende Weise vorbereiten, den gerührten Teig zu empfangen. Die Formen und Kummen läßt man mit abgeklärter Butter auslaufen, man gießt diese in die Form, dreht sie mit den Händen nach allen Seiten und stülpt die Form über einen Teller; wird eine Form, wie später angegeben, mit Semmelbrosseln ausgestreut, so hält man die Form in der linken Hand, während man mit der rechten schön leicht gefärbte Semmelbrössel durch eine gelöcherte Dose gleichmäßig hineinstreut. Ein Puddingtuch legt mad einige Minuten in sehr heißes Wasser, wringt es alsdann sehr trocken aus und bestreut es inwendig mit Mehl, legt das Tuch in eine Kumme, so daß die Mitte derselben den Boden berührt und giebt den Teig hinein. Jetzt schlägt man die übereinander liegenden Ecken genau zusammen und faltet das Tuch mit beiden Händen zu der Mitte über den Pudding zusammen, mann nimm einen doppelten Bindfaden, legt diesen gleich einer Schlinge herum, zieht diese fest an, nimmt dann die beiden Enden auseinander, so daß sie unter zweimaligen Umwinden zum andern zusammen treffen. Beim Kochen legt man einen alten Teller unten in den Topf; die Gefahr des Ansetzens des Tuches zu verhüten, hat man jedoch sehr darauf zu achten, daß ein Pudding im Tuch gekocht stets schwimmen muß und beim Verkochen darf man nur kochendes Wasser nachgeben. Die Formen werden zum dritten Teil auf einen umgestülpten Teller in kochendes Wasser gesetzt. Leichte Puddinge bedeckt man mit einem Stück mit Butter überstrichenes Papier. Nach dem Gebrauch der Puddingtücher werden diese, sowie die Formen sogleich in heißes Sodawasser gelegt zum Ausziehen. Jetzt ist noch die große Regel zu beachten, daß man alle zum Anrühren zu gebrauchenden Zuthaten zuvor auf das genaueste zubereitet.

Brotpudding.

1 Pfund geriebenes Weißbrot, $\frac{1}{4}$ Pfund Butter, die

Schale einer Citrone, gut belesene, gewaschene Sultaninrosi‑
nen und 6 Eier.

Man rührt die Butter zur Salbe, rührt alsdann ein gan‑
zes Ei mit dem Zucker hinein, rührt es ½ Stunde und giebt
nun das Gelbe der Eier nach und nach hinzu, rührt die Masse
recht weich und schäumig, bis es Blasen schlägt; dann das
Gewürz, Rosinen und Brot leicht darunter und zuletzt das
zu festem Schnee geschlagene Weiße der Eier. Man giebt
die Masse in eine mit Butter ausgelaufene und mit Zwieback
bestreute Form, setzt sie zum dritten Teil in kochendes Wasser
und läßt den Pudding 1¼ Stunde kochen. Hierzu giebt man
einen Frucht‑Beiguß.

Leichter Brotpudding für Kranke.

Man nimmt eine sehr kleine Pastetenschüssel, bestreicht sie
inwendig und den Rand überall mit Butter, alsdann schnei‑
det man zwei kleine Semmel oder Rundstücke in Würfel und
legt sie lose in die Schüssel, diese muß bis zum dritten Teil
mit dem Brot gefüllt sein. Jetzt läßt man eine Tasse Milch
mit einem kleinen Stück Zucker und einem nußgroßen Stück
Butter aufkochen, schlägt das Gelbe von 2 Eiern dazu und
gießt es über das Brot, ist es damit durchzogen, giebt man
den Pudding in einen mittelheißen Ofen und läßt ihn ¼
Stunde backen. Man belegt einen Teller oder kleine Schüs‑
sel mit eingefalteteten Serviette, säubert den Rand der Pud‑
dingschüssel, bestreut die Oberfläche mit feinem Zucker und
setzt den Pudding auf die Schüssel, legt einen kleinen Löffel
babei und reicht es den Kranken. In ihrem Safte gedämpfte

frische Früchte, sowie Kirschen, Erdbeeren und Himbeeren sind eine wohlthuende Beilage.

Ein gewöhnlichen Brotpudding.

Hierzu nimmt man alt gewordenes Brot, von dem man die unterste harte Kruste ablöst, weil dieser sonst zähe im Pudding hervortritt, von dieser Kruste übergießt man ¾ Pfund mit kalter Milch nachdem sie eingezogen wieder soviel Milch nach, daß man es mit einem Löffel durchstechen kann, doch drum muß keine Milch mehr vorhanden sein. Man streue nach Geschmack Zucker und etwas feinen Kaneel, gewaschene Korinthen, eine Tasse geschmolzene Butter und 6 Eigelb, die man in einer Kummeversch lagen, darunter. Man kann diesen Pudding entweder backen oder dämpfen.

Butterbrot Pudding

Man läßt zuerst eine Form mit abgekalteter Butter auslaufen und füttert sie alsdann mit großen ausgesteinten Rosinen, dann packt man sie voll kleine mit frischer Butter bestrichene Butterbrötte von Weißbrot ohne Rinde, welche mit abgesprudelter Vanillemilch getränkt werden. Man läßt zuerst eine halbe Stange Vanilla mit etwas Milch auskochen, giebt soviel zu ½ Pint hinzu, süßt die Milch nach Geschmack und sprudelt es mit 8 Eigelb auf dem Feuer ab; abgekühlt giebt man die Milch darüber, die Form muß bis zum dritten Teil in kochendem Wasser stehen, worin man, wie in der Vorbereitung erwähnt, einen Teller legt, und läßt den Pudding mit einem Papier bedeckt reichlich 1¼ Stunde dämpfen. Hier-

zu giebt man einen Kirschen=, Johanisbeer= oder Himbeer=
Beiguß.

Markpudding auf Restaurationsart.

Hierzu werden alte Rundstücke in Scheiben geschnitten,
man legt eine Lage in eine mit Butter und Semmelbrösseln
gefütterte Form, überstreut diese mit feingehacktem Nierenfett
und Ochsenmark, zu gleichen Teilen, ein wenig gestoßenem
Kaneel und gut gewaschenen und getrockneten Korinthen und
geschnittenen Citronat; auf diese Weise füllt man die Form
bis auf einen Finger breit vom Rande voll und tränkt das
Brot mit gesprudelter Eiermilch, bestehend aus 6 Eigelb, $\frac{1}{2}$
Pint Milch, etwas Zucker und ein wenig Salz.

Kabinetpudding.

Man läßt einige Melonen= oder glatte Puddingsform mit
Butter auslaufen, legt dünne Scheiben von Citronat und
ausgesteinten Rosinen in schöner Ordnung auf Boden und
Seiten der Form, bestreicht Schnitte von altem Bisquit oder
kleinen Kuchen mit eingemachten Johannis=, Himbeeren oder
Erdbeeren, legt diese mit kleinen Makronen in die Form;
dann sprudelt man 6 Eigelb, ein paar Stücke Zucker, die
abgeriebene Schale einer Citrone, 1 Glas Rum, $\frac{1}{2}$ Pint
Milch über dem Feuer bis zum Kochen, gebe dieses über den
Pudding und lasse ihn $1\frac{1}{4}$ Stunde kochen. Hierzu giebt man
einen Wein=Beiguß.

Citronenpudding.

$\frac{1}{4}$ Pfund Butter, $\frac{1}{2}$ Pfund geriebene Weißbrot, Saft und Schale von 4 bis 5 Citronen, 60 Gramm geschnittene Mandeln, etwas in kleine Stücke geschnittene Citronat, Zucker und 12 Eier.

Man rührt die Butter zu Salbe, streut die geriebene Citronenschale darüber, dazu 2 ganze Eier, 10 Eigelb mit einem Löffel Zucker und etwas Citronensaft nach und nach hinein, dann die Mandeln, Citronat und das Brot hinein und zuletzt das zu festem Schnee geschlagene Weiße der 10 Eier leicht darunter. Man giebt die Masse in eine mit Butter und Semmelbrösseln bestreute Form und läßt es 1½ Stunde kochen. Hierzu giebt man eine Vanille-Creme.

Apfelsinenpudding.

Hierzu nimmt man eine Citrone und je nach der Größe 9 bis 10 Apfelsinen, die Schale der Citrone reibt man auf Zucker ab, schält eine sehr dünne Rinde von 5 Apfelsinen, läßt sie mit Zucker und einem guten Glas Sherry weich kochen, schneidet die Schale in sehr kleine Streifen und giebt sie mit dem Syrup zu der Masse. Im Uebrigen wird der Pudding wie der vorige zubereitet und beendet.

Schokoladenpudding.

¼ Pfund geriebene Vanille-Schokolade, geriebenes Brot, den Saft und die Schale einer Citrone, Butter, Zucker und 6 Eier. Man rühre die Butter schäumig, alsdann den Zucker mit einem ganzen Ei und 5 Eigelb nach und nach hinzu, dann Schokolade, Brot und Citronensaft darunter und zuletzt den festen Schnee der Eier. Dann giebt man die Masse in eine mit Butter ausgelaufene Form, bedeckt es mit einem Papier und läßt es 1½ Stunde kochen. Hierzu giebt man eine Vanille-Creme. Hat man von diesem Pudding etwas übrig so legt man ½ Zoll dicke Scheiben auf ein mit Butter bestrichenes Blech oder Teller, streicht die Creme darüber und läßt die Schnitte in einem mittelheißen Ofen backen, legt sie in schöner Ordnung auf eine gefaltene Serviette und bringt sie zur Tafel.

Englischer Plumpudding.

½ Pfund von aller Haut und Sehnen befreites gehacktes Nierenfett, 1 Pfund Mehl, 1 Pfund geriebenes Brot, etwas Apfelsinen und Citronenschale, 1½ Pfund große ausgesteinte Rosinen, gut belesene gemaschene Korinthen, Puderzucker, 6 Eier, 1 Theelöffel gestoßenen Kaneel, etwas geriebene Muskatnuß, 1 Theelöffel Salz, 1 Glas Brandy, ¼ Pint Milch. Man gebe alles in eine Kumme und menge es mit den Händen durch, gieße die geschlagenen Eier mit der Milch darunter und rühre es zu einem Teig. Man kocht den Pudding in einer Form oder Serviette 6 Stunden, wobei man beim Verkochen stets kochendes Wasser nachgiebt. Hierzu giebt man einen Rum-Beiguß oder Brandybutter.

Ein Plumpudding für die Weihnachtszeit.

Die Zuthaten sind wie in voriger, nur giebt man für dieselbe Portion 2 Eier mehr, noch ein Glas Brandy und 2 Gläser Sherry daran und nimmt statt Bier alt gelagertes Bier. Nach diesem Verhältniß macht man den Teig soviel man bedarf 14 Tage vor Weihnachten und bewahrt ihn an einem kühlen Ort, läßt dann die Puddinge nach der Größe kochen und reicht den letzten am Neujahrstage.

Abgerührter Mehlpudding.

½ Pint Milch, ½ Pint Mehl, Butter, Zucker, ½ Theelöffel gestoßenen Kardamon, die abgeriebene Schale einer Citrone, 6 Eier. Man reibt die Schale der Citrone auf dem Zucker ab, läßt dieses mit Milch und Butter zusammen aufkochen, schüttet das Mehl hinein, schlägt es auf dem Feuer ab, bis es von dem Topf losläßt, nimmt es vom Feuer, schlägt 2 ganze Eier und 4 Eigelb darunter, das zu Schnee geschlagene Weiße der Eier lockert man unter die Masse, giebt es in eine mit Cutter und Semmelbrößeln ausgestreute Form und läßt es 1 Stunde kochen. Hierzu giebt man einen Frucht-Beiguß.

Reispudding

Man wäscht 1 Pfund vom besten Reis und läßt ihn in Salzwasser 5 Minuten aufkochen, schütet ihn auf ein Sieb, übergießt ihn mit kaltem Wasser und läßt ihn dann in 1 Pint Milch, worin ein kleines Stück Caneel gegeben, weich kochen. Während des kochens schüttele man den Top öfter, lasse es langsam kochen, damit die Körner ganz sind und die Milch einzieht= dann rührt man Butter zu Salbe, nimmt 2 ganze Eier, 4 Eigelb und Zucker nach und nach hinzu, darauf die abgeriebene Schale einer Citrone oder einen kleinen Löffel getrocknete, gestoßene Apfelsinenschale und ¼ Pint dicken Rahm. Man nimmt jetzt den Kancel aus dem bis dahin teilweise kalt gewordenem Reis, streut klein geschnittene

Mandeln, ebenso viel Citronat, große ausgesteinte Rosinen dazu, mengt es mit Reis, nimmt die gerührte Masse hinzu und zuletzt der festen Schnee der 4 Eier. Der Pudding muß in einer mit Butter und Zwieback versehenen Form 1¼ Stunde kochen. Hierzu giebt man einen Citronenbeiguß.

Pudding von Buchweizenmehl.

½ Pfund Buchweizenmehl, ¼ Pfund geriebene Kartoffeln, 250 Gramm fein gehacktes Nierenfett, 2 Eier, 15 Gramm Hefe, einen Theelöffel Salz, ¾ Pint lauwarme Milch.

Man mengt die Kartoffeln, Mehl, Fett und Salz in einer Kumme durcheinander, macht in der Mitte ein Loch, schlägt die Eier hinein, die man mit dem Kochlöffel verrührt, giebt alsdann die Hefe, mit einem Teil der Milch aufgelöst, hinein und rührt alles mit der Milch zu einem glatten Teig, man kocht den Mehlbeutel in der angegebenen Weise 1½ Stunde und übergießt ihn beim Anrichten mit einem Aepfel-Beiguß.

Pfannkuchen Pudding.

Man bäckt 6 bis 7 kleine dünne Pfannkuchen, bestreicht diese mit Apfelsinen- oder Aprikosen-Marmelade und rollt sie übereinander, hierauf bricht man 7 bis 8 Makronen zusammen, legt diese abwechselnd mit den Pfannkuchen, die man über die Quere in einen Zoll lange Stücke geschnitten, in eine mit Butter ausgelaufene Form. Man sprudelt 8 Eigelb mit 2 kleinen Stücken Zucker, die Schale einer geriebener Citrone auf dem Feuer bis zum kochen. Man giebt dieses, nachdem es erkaltet, löffelweise über die eingelegten Sachen, bis alles durchdrungen. Man läßt den Pudding eine gute Stunde kochen und giebt einen Wein-Beiguß dabei.

Eierpudding.

¼ Pfund ebensoviel Zucker, ¼ Pfund Mehl, ¼ Liter Milch die Schale und der Saft einer Citrone, 6 Eier, ein wenig Salz und gut belesene, gewaschene und wieder getrocknete Sultanin-Rosinen. Man rühre die Butter zu Salbe, gebe ein ganzes Ei und das Gelbe der 5 anderen Eier abwechselnd mit einem Löffel Zucker und ein paar Tropfen Citronensaft darunter und rühre es tüchtig, darauf Mehl und Milch dazu und zuletzt den festen Schnee der 5 Eier. Der Pudding muß in einer mit Butter ausgelaufenen Form eine Stunde kochen und es wird beim anrichten ein Fruchtbeiguß darüber gegeben.

Reismehl-Pudding.

½ Pfund Reismehl, ein Liter Milch, ¼ Pfund gehackte Mandeln, die abgeriebene Schale einer Citrone, 125 Gramm geriebenes Weißbrot, 10 Eier ¼ Pfund Zucker. Man setze Milch, Butter und Zucker auf das Feuer, rühre das Reismehl mit etwas kalter Milch glatt, gebe es zu dem andern und backe es auf dem Feuer ab, etwas abgekühlt, schlage man 2 ganze Eier und 8 Eigelb darunter, rühre Mandeln, Weißbrot und Citronenschale hinein und lockere dan den festen Schnee der 8 Eier darunter. In einer mit Butter und Semmelbrösseln versehenen Form muß es 1¼ Stunde kochen und man reicht einen Fruchtbeiguß dabei.

Ein anderer Reismehl-Pudding.

Der Pudding wird ganz wie der voriger zubereitet und beendet, nur nimmt man statt der gehackten, geschnittenen Mandeln und ebenso viel Zitronat und statt der Zitrone, einen Löffel Apfelsinenblütenwasser, welches gleich beim Ab=backen hinzugegeben wird, auch kann man kleine gut gewa=schene Rosinen hineingeben.

Gebackener Reispudding.

Man kocht den Reis wie in der vorigen Nummer, doch nimmt man statt Kaneel ¼ Stange der Länge nach gespaltene Vanille; hat er eine weile damit gekocht, so steckt man ein Stück Zucker, worin die Schale einer Citrone abgerieben und

Butter hinein, rühre den Topf öfter und lasse es eine fernere Viertelstunde dämpfen. Während der Zeit schlägt man 8 Eigelb mit ¼ Pint Rahm gut zusammen, nimmt dann den Reis vom Feuer, zieht die Vanille heraus und mengt die Eiermilch ohne den Reis zu zerbrechen behutsam darunter. Man gebe die Masse in eine mit Butter und Semmelbrösseln versehene Form und lasse ihn auf Sand oder Salz eine gute Stunde backen und stürze ihn dann auf die bestimmte Schüssel. Der Pudding wird mit einem Johanis- oder Himbeer-Beiguß gereicht, bleibt von dem Pudding übrig, so schneide man davon ½ Zoll dicke viereckige Scheiben, brate sie in ein wenig zerlassener Butter über einem gelinden Feuer recht kroß richte sie im Kranze auf einer Schüssel an und gebe Apprikosenmarmelade in die Mitte.

Aepfelpudding.

Man schneidet 8 große, mürbe, geschälte Aepfel in 4 Teile, nimmt das Kernhaus heraus und schneidet jeden Teil in mehrere Scheiben, läßt diese dann mit Zucker, ebenso viel Butter ½ Theelöffel feinen Kaneel auf dem Feuer weich dämpfen, doch muß man verhüten, daß sie braun werden. Nun rührt man etwas Butter zu Soda, gebe ein ganzes Ei und 5 Eigelb mit Zucker löffelweise nacheinander darunter; hierauf giebt man die abgeriebene Schale einer Citrone und das Brot darunter und zuletzt den festen Schnee der 5 Eier. Jetzt legt man auf den Boden einer mit Butter und Semmelbrösseln versehenen Form eine 1 Zoll hohe Lage Teig; diese überlegt man mit den ganz erkalteten Aepfel und drückt sie mit der runden Seite eines Löffels etwas nieder; hierauf wieder Teig dann Aepfel, bis die Form gefüllt ist. Dann muß der Pudding mit einem Papier bedeckt 1¼ Stunde kochen, man stürzt ihn behutsam auf die Schüssel und reicht ihn mit einer Vanille-Creme,

Stachelbeeren-Pudding.

Man befreit unreife Stachelbeeren von Blüte und Stengel, legt sie ohne Gewürz mit dem Zucker in die gefutterte Puddingschüssel und beendet den Pudding wie im vorigen. Man giebt eine Vanillen- oder Citronen-Creme, guten Rahm oder Devonshire-Cream dabei zur Tafel.

Englische Frucht-Rolle (Jam-Poll.

Man bereitet einen Teig (s. Beefsteak-Pudding) und rollt ihn, nachdem er mehrere Mal übereinander geschlagen, zu einer reichlich ¼ Zoll dicken und 10 bis 12 Zoll breiten Platte bestreicht diese überal mit einer beliebigen Marmelade, dick eingekochten Himbeeren, Johannis- oder Erdbeeren, rollt es wie eine Wurst auf und preßt die Enden zusammen. Jetzt legt man den Pudding einmal damit umwickeln kann, mit Mehl, legt den Teig hinein und rollt ihn am Tuche an nimmt die Enden fest zusammen, legt an jedes eine Schlinge von Bindfaden dicht am Teig und bindet es fest zusammen, dann steckt man mit einer Nadel den Saum des Tuches in der Mitte nieder. Der Pudding muß in einem langen Kessel in kochendem Wasser, welches eben über den Pudding geht, 2 Stunden kochen. Beim Anrichten legt man ihn erst auf eine andere Schüssel, damit das Wasser gut abläuft, löst dann das Tuch und stürzt ihn in die Schüssel. Man giebt Zucker und Rahm dabei zur Tafel.

Aufgerollte Frucht= oder Plum=Rolle.

Man wäscht und trocknet ½ Pfund Korinthen, entsteint große Rosinen, rollt den Teig wie in voriger Nummer aus, mischt mit den Früchten einen kleinen Löffel Kaneel, 4 gestoßene Gewürznelken, braunen Zucker und nach Belieben etwas kandierte, feingeschnittene Apfelsinen= oder Citronenschale, streut es ½ Zoll von den Enden recht gleichmäßig über den Teig und beendet den Pudding wie im vorigen. Beim An= richten schneidet man die Enden etwas ab und reicht frische Butter in Plättchen oder Bällen dabei zur Tafel.

Einen sparsamen Pudding bereitet man, wenn der Teig mit 260 Gramm weißem Syrup bestrichen wird.

Erdbeerenpudding.

Von 1 Pfund Erdbeeren sondert man die besten aus und bestreut sie mit feinem Zucker; dann läßt man eine halbe Stange Vanille mit einem Stück Zucker und einer Tasse Milch ¼ Stunde kochen, nimmt die Vanille heraus, giebt 186 Gramm Butter und 375 Gramm Brot hinein (welches man vorher mit ½ Pint Rahm durchgerührt) und bäckt es über gelindem Feuer so lange ab, bis es von dem Topf losläßt. Ist es ab= gekühlt, rührt man 4 ganze Eier und 6 Eigelb tüchtig darun= ter, dann die durchgeriebenen Erdbeeren dazu und zuletzt das zu festem Schnee geschlagene Weiße der 6 Eier mit den gezuck=

erten Erdbeeren. Dann giebt man den Teig in eine steinerne Melonenform, zuvor mit Butter ausgelaufen, und läßt es mit einem Papier bedeckt 2 Stunden kochen. Beim Anrichten bestreut man den Pudding mit Zucker und reicht dabei eine Vanille- oder Erdbeeren-Creme.

Ingwerpudding.

Man bringe ½ Pint Milch mit 186 Gramm Butter und 125 Gramm Zucker zum Kochen, ziehe den Topf etwas von Feuer rühre 250 Gramm Mehl hinein und schlage es dann tüchtig ab, bis der Teig losläßt; dann giebt man sogleich 6 Eigelb und 93 Gramm geschnittenen eingemachten Ingwer hinzu und dann den festen Schnee der 6 Eier leicht darunter. Der Pudding muß in eine mit Butter ausgelaufenen Form 1¼ Stunde kochen. Man bereitet einen Rum-Beiguß, woran man den Saft von Ingwer gießt.

Sechsundzwanzigster Abschnitt.

Die kalten Pudding.
Gestürzte Creme und süße Gelees.

Die kalten Puddinge werden teils mit einem Stand von Hausenblast oder Gelatine angefertigt. Zu einer gewöhnlichen Form rechnet man ¼ Pfund Hausenblase oder ein Achtel

Pfund Gelatine; bei feinen, leichten Puddingen ist die Hausenblase vorzuziehen, dazu gehören vorzüglich die „gestürzten Creme" und Rahmschnee. Zu den Cremen und gerührten Puddingen läßt man eine Form mit feinem Olivenöl auslaufen, und stülpt sie, damit sich keine Tropfen an Ecken und Schnitte der Form setzen, über einen Teller.

Die Auflösung der Hausenblase.

Die beste Hausenblase ist die russische, hat etwas trübes, bläuliches oder graues Aussehen. In England, wo sie künstlich nachgemacht wird, ist sie von einer reinen weißen Farbe, sehr fein geschnitten und löst sich sogleich, in heißes Wasser gelegt, auf. Zur völligen Auflösung der guten Hausenblase rechnet man ½ Stunde. Bekommt man die Hausenblase in Blättern, so schneidet man sie in kleine Stücke, giebt zu 46 Gramm ein Pint kaltes Wasser und rührt es über einem gelinden Feuer bis zum Kochen, dann nimmt man den Schaum gut ab und läßt die Hausenblase langsam von der Seite bis auf 4 bis 5 Löffel Flüssigkeit einkochen, wonach man sie zum Gebrauch verwendet.

Geschlagener Rahm oder Schneemus.

Der zum Schlagen bestimmte Rahm muß sehr frisch und dick abgenommen sein, d. h. keine Milch enthalten. Nachdem der Rahm abgenommen, läßt man ihn eine Zeitlang ruhen, und nimmt ihn dann zum zweiten Male ab; dann in eine zum Schlagen bestimmte Kumme oder Schneekessel mit einem Rahmlöffel gefüllt, schlägt man ihm am besten im Keller oder sonstigem kühlen Ort mit einer Schneerute, doch muß es sehr

vorsichtig geschehen, damit der Rahm nicht zur Butter über=
geht. Man fängt deshalb mit fester Hand leicht an zu schla=
gen, in einigen Minuten wird die Oberfläche schäumig und
dick hervortreten und man kann sogleich merken, ob man den
Rahm durchschlagen kann, welches bei einem vorsichtigen Ab=
nehmen und gutem Schlagen geschehen muß. Ist der Rahm
nicht dick genug, so setzt dieser sich auf die Oberfläche, und man
kann beim Schlagen der Rute merken, daß sich zuviel Milch
darin befindet; dann muß er wieder auf ein Sieb, man läßt
die Flüssigkeit ablaufen und schlägt ihn zum zweiten Mal.
Auf diese Weise abgeschlagen, nennt man es Rahmschnee oder
Schneemas und wird verschieden verwendet.

Vanille=Creme.

Man läßt ½ Stange gespaltene Vanille in ½ Pint kochen=
der Milch oder Rahm 10 Minuten kochen; dann hat man 8
Eigelb in einer Kumme abgeklärt und verschlagen, peitscht den
Rahm daran und giebt ihn ohne die Vanille in den Topf zu=
rück mit 125 Gramm Zucker, schlägt es über einem gelinden
Feuer bis zum Kochen oder bis die Eier sich verdicken (hartes
aufkochen muß man durchaus vermeiden, weil sonst die Eier
gerinnen und die Creme nicht gerät). Dann reibt man es
durch ein Haarsieb, giebt 46 Gramm aufgelöste Hausenblase
hinzu, rührt die Creme damit kalt, doch nicht zum völligen
Setzen, und da sie noch flüssig, ½ Pint Rahmschnee leicht dar=
unter, füllt die Creme in eine zubereitete Form und setzt sie
auf Eis oder in kaltes Wasser; nach dem Setzen stürze man sie
vorsichtig, nachdem der Rand etwas gelöst, auf die Schüssel.

Schokoladen-Creme.

Man schlägt ½ Pint kochender Milch mit 135 Gramm Vanille-Schokolade, 93 Gramm Zucker, 8 Eigelb über einem gelinden Feuer, bis es sich verdickt und reibe es durch ein Haarsieb, dann giebt man 46 Gramm aufgelöste Hausenblase dazu, rühre es kalt und menge ½ Pint Rahmschnee leicht darunter.

Citronen-Creme.

Man läßt die Schale einer Citrone 10 Minuten in ½ Pint Milch kochen, nimmt sie dann heraus und schlägt die Milch mit 186 Gramm Zucker, 8 Eigelb über einem gelinden Feuer zu einer glatten Creme und reibt sie durch ein Sieb. Dann giebt man 46 Gramm Hausenblase und den Saft von 4 Citronen, den man durch ein Sieb gegossen, tropfenweise dazu, und lockert, nachdem es abgekühlt, ½ Pint Rahmschnee leicht darunter und bringt die Creme in eine Form.

Apfelsinen-Creme.

Diese wird ganz wie die vorige bereitet. Man nimmt 1 Citrone und 3 Apfelsinen, die Schale einer halben Citrone und Apfelsine.

Erdbeeren-Creme.

Man zerdrücke ½ Pfund gut belesene Erdbeeren und reibe sie mit 186 Gramm feinem Zucker durch ein Haarsieb, gebe, damit die Creme ein schönes Ansehen bekommt, ein paar Tropfen aufgelöste Cochenille dazu, dann 46 Gramm aufgelöste Hausenblase und ¼ Pint Rahm leicht darunter und vollende

DIE KALTEN PUDDINGE.

sie wie in voriger Nummer. Hat man noch recht schöne Erdbeeren, so übergießt man die kurz vor dem Anrichten mit einem Glas Sherrywein, streut Zucker darüber und legt sie um die gestürzte Creme.

Russische Charlotte.

Man schneidet lange Finger-Biskuits in sehr gleichmäßige Streifen, füttert ganz genau Boden und Seitenwand einer runden und länglichen mit Olivenöl ausgestrichenen Form, giebt jede beliebige vorhergehende Creme hinein, schneidet die über den Rand stehenden Streifen mit einer Scheere ab und stellt die Form kalt zum Setzen. Hierzu kann man auch mit 250 Gramm Zucker eine Platte Biskuit backen und den Boden ganz herausstechen.

Rum-Creme.

Hierzu nimmt man ½ Pint Weißwein, 186 Gramm Zucker, 12 Eigelb, die abgeriebene Schale von 2 Apfelsinen, ein Glas guten Jamaika-Rum. Im übrigen wird die Creme wie angegeben zubereitet.

Maraschino-, Roja-, Kirschenwasser-, Malaga-, Madeira-Creme werden auf dieselbe Weise bereitet.

Wein-Creme mit Citronen oder Citronenmus.

Man reibt die Schale von 4 Citronen auf 250 Gramm Zucker ab und legt diesen in einen gut verzinnten Topf, giebt den Saft der Citronen durch ein Sieb gegossen hinzu, sowie ½ Pint Weißwein und 12 Eigelb, rühre es hiermit über einem gelindem Feuer, bis die Masse sich verdickt, jedoch muß ein

Aufkochen verhütet werden, weil sonst die Eier gerinnen. Jetzt leert man es in eine Kumme, giebt 46 Gramm bis auf eine kleine Tasse eingekochter Hausenblaser dazu und rühre es kalt; da es noch flüssig, gebe man den festen Schnee der Eier darunter und stelle es in einer Form auf Eis oder in kaltes Wasser zum Setzen.

Vanille-Creme.

Man läßt ein halbe, der Länge nach gespaltene Stange Vanille mit einer Tasse Milch ¼ Stunde kochen, nimmt die Vanille heraus und giebt die Milch zu einem Pint kochendem Rahm, den man unter stetem Schlagen hinzurührt, dazu 12 Eigelb und 125 Gramm Zucker; schlägt alles, bis die Creme sich verdickt, über einem gelinden Feuer ab und reibt es dann durch ein Haarsieb, dann giebt man 46 Gramm bis auf eine kleine Tasse eingekochte Hausenblase oder 62 Gramm Gelatine daran und rührt es in der Kumme kalt, giebt es in eine Form und stellt sie zum Setzen in kaltes Wasser. Hierzu reicht man einen glatten Rotwein- oder Frucht-Beiguß.

Ohne Stand wird diese Creme mit Frucht-Pasteten und Puddingen gereicht.

Kaffee-Creme.

Man macht von 62 Gramm vom besten Kaffee ¼ Pint, giebt 186 Gramm Zucker und ¾ Pint guten Rahm dazu und beendet die Creme mit den Eiern wie angegeben.

Man macht diese beiden Creme zum Stürzen, so legt man beim Anrichten mit Vanille gewürzten Rahmschnee darum und reicht kleine Sand- oder Biskuitkuchen.

Schokoladen-Creme.

Man läßt 125 Gramm geriebene Vanille-Schokolade mit 1 Pint Rahm aufkochen, giebt dies mit 12 verschlagenen Eidottern und 93 Gramm Zucker in den Topf zurück, sprudelt es über einem gelinden Feuer, daß die Creme sich verdickt und reibt es durch ein feines Haarsieb.

Rum-Creme.

Man reibt die Schale von 2 Citronen oder Apfelsinen auf 125 Gramm Zucker ab, giebt 1 Pint kochendem Rahm hinzu und schlägt es zu 12 verschlagenen Eidottern, sprudele die Creme über einem gelinden Feuer bis sie sich verdickt, reibe sie durch ein Haarsieb und gebe ein Glas guten Rum dazu.

Blanc-manger (Gestürzte Mandel-Speise).

375 Gramm süße und etwas bittere Mandeln werden abgebrüht und mit etwas Rosen- oder Apfelsinenblütenwasser fein gestoßen. Dann übergießt man sie mit einem Pint gekochtem Rahm, worin $\frac{1}{4}$ Stange Vanille gekocht, und läßt dies eine Stunde zugedeckt stehen. Hierauf giebt man die Mandeln mit der Milch in eine über ein Sieb gelegte nasse Serviette; ist es dann durchgedrungen, so wringt man die übrige Milch aus und bringt die Mandelmilch mit $\frac{1}{4}$ Pfund und aufgelöster Hausenblase über einem gelinden Feuer zu Kochen gießt die Creme in eine Kumme und rührt sie, bis sie seimig ist, wonach man sie in eine mit Milch ausgespülte Form giebt. Ist die Creme gestürzt, so legt man ein beliebiges Eingemachtes um die Schüssel, oder man reicht einen Wein-Beiguß.

Auch kann man eine Melonenform mit schönen grünen, feingeschnittenen Pistazien auslegen, bevor man die Mandel-Speise hineingiebt und verziert dann die gestürzte Form mit gemischten Früchten, sowie schön belesenen Erdbeeren und Apfelsinenscheiben zusammen, die man zuvor in etwas Zucker und Wein gelegt.

Vanille-pudding.

Ein Pint Rahm oder gute Milch wird mit einer halben der Länge nach gespaltenen Stange Vanille ¼ Stunde gekocht. Dann hat man Kartoffelmehl mit etwas von der Milch ausgerührt, giebt es mit Zucker, etwas Salz zu 12 geschlagenen Eiern, rührt es tüchtig zusammen und giebt die kochende Milch hinzu; darauf kommt es in den Topf zurück und wird über einem gelinden Feuer bis zum kochen gerührt, dann muß es eine glatte, dicke Creme sein. Hierauf giebt man es in eine mit Butter ausgelaufene Form, legt einen Suppenteller umgewendet in den Topf, setzt die Form darauf, giebt soviel kochendes Wasser, daß sie halb bedeckt ist, von der Seite zu und läßt den Pudding 1¼ Stunde langsam dämpfen. Dann stellt man die Form in kaltes Wasser zum Setzen und stürzt sie wenn sie gänzlich kalt, auf die Schüssel. Man giebt einen beliebigen süßen Fruchtsaft darum.

Gebackener Vanillepudding.

Man bestreicht eine Auflauf-Schüssel mit Butter und giebt den in voriger Nummer angegebener Pudding hinein (die Schüssel muß ganz gefüllt sein), dann belegt man die

Oberfläche mit nußgroßen Stücken Butter und läßt es in einem mittelheißen Ofen backen. Dieser gebackener Pudding wird mit Aepfel- und Stachelbeeren-Pastete gereicht. Statt Vanille würzt man die Milch mit abgeriebene Citronen- oder Apfelsinenschale oder einem Stück Kaneel.

Kalter Apfelsinenpudding.

Man reibt die Rinde von 4 Apfelsinen auf ½ Pfund Zucker ab, siebt den Saft von 8 Apfelsinen durch ein Sieb und 12 ganze Eier dazu, und schlägt es tüchtig zusammen. Jetzt hat man soviel Milch zum Kochen gebracht, daß sie mit dem Apfelsinensaft ein Pint ausmacht giebt mit Milch oder dünnem Rahm ausgerührtes Kartoffelmehl und den übrigen Zucker zu der kochenden Milch und rührt es glatt und klar; darauf nimmt man den Topf in die linke und rührt mit der rechten Hand die Masse zu den geschlagenen Eiern, giebt alles in eine zubereitete Form und beendet den Pudding wie in Vanillepudding.

Kalter Schokoladen-Pudding.

Statt der Vanille läßt man 186 Gramm Schokolade in der Milch kochen, giebt die Eier, ein wenig Salz, Zucker und das ausgerührte Kartoffelmehl hinzu und beendet die Pudding auf dieselbe Weise.

Kaffeepudding.

Man macht von 62 Gramm Kaffee ½ Pint, giebt ½ Pint guten Rahm, 186 Gramm oder nach Geschmack 250 Gramm Zucker dazu. Dann schlägt man 12 ganze Eier, 46 Gramm in etwas Rahm ausgerührtes Kartoffelmehl, etwas Salz tüchtig zusammen, giebt Kaffee und Rahm hinzu und schlägt alles über dem Feuer glatt und klar ab. Hierauf beendet man den Pudding wie angegeben. Man reicht oder legt um die gestürzte Form mit Vanille-Zucker gewürzten Rahmschnee.

Rumpudding.

Hierzu nimmt man ¼ Pint Rum, ¾ Pint Rahm, die abgeriebene Schale von 2 Apielsinen oder Citronen. Das übrige wird wie vorgehende Pudding bereitet.

Von Brandy, Sherry, Madeira werden sie auf dieselbe Weise gemacht.

Diese Puddinge macht man am besten in kleine steinerne Tassen, läßt sie mit Butter auslaufen, giebt die Masse hinein daß sie halb darin stehen, belegt das Ganze mit einen leichten mit Butter bestrichenem Papier und stellt es über ein gelindes Feuer, damit es langsam dämpft. Sowie die Puddinge sich gesetzt, stellt man sie zum Erkalten in kaltes Wasser und stürzt sie in schöner Ordnung auf die Schüssel.

Reispudding für 10 Personen.

Man brüht ¼ Pfund Reis ab, und kocht ihn in 1 Pint guter Milch mit einem Stück Vanille weich, nimmt die Vanille heraus, giebt Zucker, etwas Gelatine und ½ Pint geschlagenen Rahm darunter. Der Reis muß nicht zu steif und recht mürbe sein, nachdem er etwas abgekühlt, kommt die Gelatine und der Rahm dazu, man formt den Pudding und setzt ihn kalt. Hierzu reicht man einen roten Fruchtbeiguß.

Gelee von Kalbsfüßen.

4 abgebrühte Kalbsfüße werden mit 4 Pint Wasser zu Feuer gebracht und gut abgeschäumt' dann zugedeckt und 4 Stunden langsam bis auf die Hälfte eingekocht, und darauf durch ein feines Sieb gegeben. Diesen Stand kocht man gewöhnlich am Tage vor dem Gebrauch und stellt ihn, nachdem er etwas abgekühlt, an einen kühlen Ort zum Setzen. Man nimmt das Fett mit einem Löffel ab, wringt eine Serviette durch heißes wasser und nimmt vorsichtig das noch übrige Fett damit ab, zieht die Serviette wieder durch heißes Wasser und reinigt das Fett von den Kannten des Gefäßes. Dann stürzt man den Stand aus der Kumme, nimmt den Bodensaft ab, giebt ihn in einen gut verzinnten Topf und nimmt die Schale von 2 und den Saft von 4 Citronen, $\frac{1}{2}$ Flasche Weißwein oder $\frac{1}{4}$ Pint Sherry, $\frac{1}{2}$ Pfund Zucker, 3 Eiweiß mit $\frac{1}{4}$ Pint Wasser verschlagen, 10 bis 12 Koriandersamen dazu, schlägt alles mit einer Rute bis zum Kochen und läßt es dann $\frac{1}{2}$ Stunde zugedeckt langsam von der Seite simmern. Man läßt es eine Zeitlang ruhen und filtriert das Gelee, wie beim sauern Gelee, angegeben.

Gelee von Kalbsfüßen und Hausenblase wird, da Gelatine am einfachsten und billigsten ist, nur für Kranke benutzt. Die Auflösung der Hausenblase ist bereits angegeben, man nimmt 46 Gramm Hausenblase.

Zucker zu klären.

Zu 1$\frac{1}{2}$ Pfund Zucker gebe man 1$\frac{1}{2}$ Pint Wasser und das Weiße von einem Ei, schlage dieses zusammen und lasse es zusammen 5 Minuten kochen, gebe in dieser Zeit mehrere Male einen kleinen Guß kaltes Wasser nach und filtriere es durch eine nasse Serviette in eine Kumme zum Gebrauch.

Kirschen=Gelee.

Man pflückt die Stiele von ½ Pfund sauren Kirschen, stößt diese in einem steinernen Mörser, giebt sie in eine Kumme und übergießt sie mit 375 Gramm mit ½ Pint Wasser geklärtem Zucker, läßt es zugedeckt 2 bis 3 Stunden an einem kühlen Ort stehen und flitriert es durch einen Geleebeutel, bis es klar durchläuft, und giebt zu dem Saft ein Glas Soja oder Kirschenwasser und 62 Gramm aufgelöste Gelatine.

Erdbeeren=Gelee.

250 Gramm rote Johannisbeeren werden mit ¼ Pint kaltem Wasser zerdrückt, man giebe diese mit 375 Gramm roten Erdbeeren in eine Kumme und gießt ½ Pint Läuterzucker darüber, läßt es zugedeckt an einem kühlen Ort 2 bis 3 Stunden stehen und filtrirt den Saft durch ein Geleebeutel, bis er völlig klar durchläuft, woran man dan 62 Gramm Gelatine giebt. Nachdem das Gelee erkaltet, doch noch flüssig ist, giebt man in eine auf Eis oder in kältes Wasser gesetzte Form ein paar Löffel und läßt es sich setzen, dann legt man einige ausgesuchte Erdbeeren darauf, hierüber wieder Gelee; ist dann die Form gefüllt, so stellt man sie zum Setzen an einen kühlen Ort. Beim Anrichten hält man eine Gelee=Form in warmes Wasser, nimmt sie rasch wieder heraus, trocknet sie und stürzt sie behutsam auf die Schüssel.

Geele=Rotes Johannisbeeren.

375 Gramm abgepflückte Johannisbeeren und 125 Gramm Himbeeren werden mit 250 Gramm Zucker und ½ Pint kaltem Wasser zerdrückt, dann filtriert man den Saft mehrere Mal durch einen Geleebeutel, bis er klar durchläuft, und giebt ihn zu 62 Gramm zubereiteter Gelatine. Dann giebt man das Gelee in eine auf Eis gesetzte Form.

Trauben= oder Frucht= Gelee.

Man nimmt eine hohe schlichte Form, stellt sie auf Eis oder in kaltes Wasser und bedeckt den Boden ¼ Zoll hoch mit klarem Wein= Gelee und läßt es sich setzen. Dan bindet man eine grüne oder blaue Traube, woran die Beeren nicht zu dicht sein müssen, an einen Stock, legt diesen über die Form, so daß die Trauben in der Mitte hängen, füllt dann vorsichtig, mit einem Löffel das Gelee herum, bis die Form zum dritten Teil gefüllt ist, läßt es fest werden, läßt den Stock los und schneidet den übrigen Stengel ab, legt dann um die Trauben Pfirsiche und Aprikosen, geschnittene Apfelsinen, Erdbeeren oder Früchte, welche man hat, in schöner Ordnung, füllt die Form mit Gelee und läßt es sich setzen. Dieses Gelee eignet sich am besten für Abendgesellschaften am kalten Buffet.

Siebenundzwanzigster Abschnitt.

Aufläufe und süße Pasteten (Pies).
Vom Backen der Aufläufe.

Die Aufläufe sind leichte abgeschlagene Puddingmassen die wegen ihrer Leichtikeit in den Schüsseln, worin sie gebacken, auf die Tafel gebracht werden. In vielen Häusern hat man eine silberne Auflaufschüssel mit einem Einsatz; man nimmt diesen heraus, bestreicht einen Bogen Papier mit Butter und steckt ihn von außen um die Schüssel eine Handbreit über die Schüssel, stellt den Einsatz auf eine mit Sand belegte Platte und giebt die Masse hinein. Nach dem Backen nimmt man das Papier ab, und stellt den Einsatz mit dem gebackenen Auflauf in die Silberne Schüssel, die man schon vorher auf eine mit einer Serviette belegte Schüssel gesetzt. In Ermangelung einer solchen Schüssel bäckt man den Auflauf in einer Porzellanschüssel mit dem Papier und dem Sand auf dieselbe Weise, reinigt die Schüssel und setzt sie gleichfalls auf eine mit einer Serviette belegte Schüssel.

Eierauflauf.

8 Eigelb und ein ganzes Ei werden mit dem Safte einer halben Citrone, 125 Gramm feinen Zucker, der abgeriebenen Schale einer ganzen Citrone, ein wenig Salz recht schäumig

gerührt, dann lockert man das zu festem Schnee geschlagene Weiße der Eier behutsam darunter und giebt die Masse in eine mit Butter ausgestrichene, wie in voriger Nummer erwähnte Auflaufschüssel. Man bäckt dem Auflauf in einem mittelheißen Ofen 20 bis 25 Minuten.

Vanilleauflauf.

Man kocht ¼ Pint dünnen Rahm oder gute Milch mit einer halben, der Länge nach gespaltenen Stange Vanille 6 Minuten, nimmt die Vanille heraus und giebt 93 Gramm Butter, 93 Gramm Zucker und 93 Gramm in etwas von der Milch ausgerührtes, feines Mehl oder Kartoffelmehl hinein und rührt es so lange auf dem Feuer ab, bis es von dem Topf losläßt. Abgekühlt giebt man das gelbe von 8 Eiern und darauf den festen Schnee von den Eiern darunter. Man giebt die Masse in eine mit frischer Butter ausgestrichene, wie die in voriger Nummer beschriebene Form und läßt sie in einem mittelheißen Ofen 30 bis 35 Minuten backen.

Zitronenauflauf.

Man rührt 93 Gramm Butter zu Salbe, giebt 186 Gramm feinen Zucker, einen Löffel Kartoffelmehl und 10 Eigelb mit dem Saft und der abgeriebenen Schale von 2 Citronen (Eigelb und Saft tropfenweise nach einander hinzu und rührt es zu einer leichten, blasigen Masse. (Um den Saft der Citronen zu gewinnen, reibt man die Schale ab und drückt sie durch ein Sieb.) Zuletzt lockert man das Weiße der Eier behutsam darunter und backt den Auflauf ½ Stunde.

Rumauflauf.

Hierzu nimmt man die Schale einer Citrone oder Apfelsine eine kleine Tasse Rum, behandelt und beendet den Auflauf wie den von Citronen.

Von Soja, Kirschenwasser, Maraschino werden die Aufläufe auf dieselbe Weise gemacht, doch nimmt man von diesen nur ein kleines Glas.

Schokoladen-Auflauf.

Statt des Kaffee nimmt man 62 Gramm gerieben Schokolade, ½ Pint Rahm, 93 Gramm Zucker, im übrigen behandelt und beendet man ihn ganz wie angegeben.

Aepfelauflauf.

Man brate saftreiche Aepfel mit der Schale und reibt sie durch ein Sieb, dann nimmt man 186 Aepfelmus, die abgeriebene Schale einer und den Saft einer halben Citrone und behandelt den Auflauf wie angegeben.

Erdbeeren-Auflauf.

Man reibt 250 Gramm von den Stengeln befreite Erdbeeren mit einem Glas Rotwein durch ein Sieb, rührt 93 Gramm gestoßenen Zwieback, 186 Gramm Zuker, ½ Pint dicken süßen Rahm daran und bäckt es mit 63 Gramm Butter über einem gelinden Feuer ab. Abgekühlt giebt man ½ Theelöffel gestoßenen Kaneel, die abgeriebene Schale einer Citrone und 10 Eigelb hinein und lockert dann den festen Schnee der

AUFLAUFE UND SUSSE PASTETEN, 307

Eier behutsam darunter. Der Auflauf wird wie angegeben ½ Stunde gebacken.

Stachelbeeren-Auflauf.

Man giebt ½ Pfund von Stengel und Blüte befreite Stachelbeeren in eine kleine steinerne Pfanne und läßt sie mit einem Löffel Weißwein, 250 Gramm Zucker, einem kleinen Stück Kaneel, ein wenig Citronenschale zugedeckt in einem mittelheißen Ofen dämpfen, reibt die Beeren durch ein Sieb, giebt 93 Gramm Kartoffelmehl und ½ Pint Rahm hinzu und rührt es mit 63 Gramm Butter über einem gelinden Feuer ab. Abgekühlt schlägt man 10 Eigelb tüchtig darunter und lockert dann den festen Schnee derselben hinzu. Man bäckt den Auflauf in einer mit frischer Butter bestrichenen Schüssel wie angegeben ½ Stunde.

Rahmauflauf mit Mandeln.

Man brüht 92 Gramm süße und ein paar bittere Mandeln ab, läßt sie ¼ Stunde in gesalztem Wasser liegen, hackt sie gröblich und übergießt sie mit ½ Pint Rahm; dann rührt man 93 Gramm Kartoffelmehl mit ¼ Pint guter Milch glatt, giebt die Mandeln mit dem Rahm, die abgeriebene Schale einer Zitrone, 93 Gramm Zucker, einen Löffel Apfelsinenblütenwasser dazu und rühre alles über einem hellen Feuer mit 93 Gramm Butter ab. Abgekühlt schlägt man 10 Eigelb darunter und lockert zuletzt den festen Schnee unter die Masse. Man bäckt den Auflauf wie angegeben wohl ¾ Stunde.

Rahmauflauf mit Makronen.

In ¼ Pint süßen Rahm weicht man 6 bis 7 in kleine Stücke gebrochene Makronen, nimmt 8 Eigelb, 93 Gramm Butter dazu und schlägt alles über einem gelinden Feuer bis zum Kochen und die Eier sich verdicken. Abgekühlt giebt man den Saft einer Citrone und den festen Schnee der 8 Eier hinzu und läßt den Auflauf ½ Stunde backen.

Feiner Mehlauflauf.

186 Gramm feines Mehl wird mit ½ Pint Milch glatt gerührt, dann giebt man ein wenig Salz, 125 Gramm Zucker dazu und bäckt es über einem gelinden Feuer mit 93 Gramm Butter ab. Ist es abgekühlt, giebt man 6 Eigelb, die abgeriebene Schale einer Citrone, ein wenig gestoßenen Kaneel und den festen Schnee der Eier darunter. Dieser Auflauf wird über eine Unterlage von Früchten oder irgend einem beliebigen Eingemachten gebacken.

Reismehl-Auflauf.

250 Gramm Reismehl bäckt man mit einem Pint Milch 195 Gramm Butter über einem gelinden Feuer ab, rührt, wenn es abgekühlt, den Saft und die Schale einer Citrone und 8 Eigelb tüchtig darunter und lockert dann den festen Schnee der Eier unter die Masse.

Auflauf mit Aepfeln.

Man schält 10 bis 12 kleine Borsdorfer Apfel, schneidet sie durch, nimmt das Kernhaus heraus und läßt sie ein paar Minuten mit 31 Gramm Butter, etwas feinem Kaneel zugedeckt dämpfen, daß die Aepfel mit dem Zucker durchzogen, aber nicht weich sind; hierauf legt man sie dicht aufeinander in die zum Backen bestimmte Schüssel, gießt den eingekochten darüber und läßt es erkalten. Dann hat man eine Auflaufmasse zubereitet, legt diese über die Aepfel und bäckt den Auflauf, wie angegeben, ¾ Stunde.

Auflauf mit Kirschen.

Man entsteint ½ Pfund rote Kirschen und giebt auf ½ Pfund Kirschenfleisch 250 Gramm Zucker, ein Glas Rotwein und ein kleines Stück Kaneel, legt es mit den Kirschen in einen steinernen Topf oder eine Schüssel, deckt es mit einem Teller oder Deckel zu und läßt die Kirschen in einen mittelheißen Ofen gehörig weich dämpfen, darauf gießt man den Saft ab, läßt ihn kurz einkochen und giebt ihn mit den Kirschen in die bestimmte Schüssel. Hierüber legt man eine der Auflaufmassen und bäckt den Auflauf ¾ Stunde.

Englische Mince-Pasteten.

1 Pfund ausgesteinte, fein gehackte, große Rosinen, 1 Pfund gut gewaschene und wieder getrocknete Korinthen, 1 Pfund geschälte, fein gehackte Aepfel, 1 Pfund von aller Haut und Sehnen befreites, sehr fein gehacktes Ochsennierenfett, 1 Pfund Puderzucker, einen kleinen Löffel Salz, 125 Gramm fein geschnittenes Citronat, 125 Gramm kandierte Apfelsinenschale, 125 Gramm eingemachten Ingwer, die abgeriebene Schale von 2 Apfelsinen, desgleichen von Citronen, eine geriebene Muskatnuß, 30 Gramm feinen Kaneel und etwas gestoßenen Kardamon oder Koriandersamen.

Man gebe das Nierenfett und den Zucker in eine große Schüssel und arbeite es mit den Händen durch, dann gebe man alles darüber, arbeite es nochmals durch und rühre ¼ Pint Rum oder Brandy und 1 Pint Sherry gut mit allem durcheinander, fülle die Masse in eine steinerne Kruke oder einen Topf, den man gut zugedeckt an einem kalten, trockenen Ort aufbewahrt. Nach Belieben kann man ½ Pfund gehacktes Salzfleisch oder Ochsenzunge hinzu geben. In England bereitet man dies 14 Tage vor Weinachten, die ersten Pasteten werden zum Weinachtsessen gereicht. Von Weinachten bis zum neuen Jahre oder bis Februar fehlen die Mincepasteten selten bei einer Gesellschaft. Auch ist es eine angenehme Überraschung, wenn man den Herren tags vor dem Weinachtsabend oder in der Woche ein paar Pasteten zum Jagdfrühstück sendet. Also gehen wier hiermit zum Backen der Pasteten. Man nimmt kleine blecherne Teller, ein wenig vertieft, von 1½ bis 2 Zoll im Durchmesser, rollt einen Butterteig 2 bis 3 messerrückendick aus, schneidet ihn über Kreuz und Quere in viereckige Platten, bestreicht die Formen schwach mit Butter und legt über jede eine Platte. Dann giebt man die Mincemasse mit einem kleinen Löffel hinein, streicht sie etwas wenig erhöht in die Mitte, nur muß der Rand frei bleiben, nimmt dann einen genäßten, weichen Pinsel streicht damit um den Rand, legt ein anderes Stück Butterteig darüber, drückt es mit dem Daumen leicht nieder und schneidet den überhängenden Teig, indem man das Messer dicht am Rand niedergleiten läßt, schön glatt ab, so daß eine schöne

Kante von Teig über der Form steht. Sie werden leicht mit Ei, welches mit Wasser verschlagen, überstrichen, jedoch muß man nicht den Rand berühren, weil solches das Aufgehen verhindert, dann werden sie in einem ziemlich heißen Ofen gebacken. Sobald der Teig sich gehoben und gesetzt, überlegt man sie leicht mit Papier und läßt sie $\frac{1}{4}$ Stunde durchziehen. Sie werden mit Zucker bestreut auf einer gefalteten Serviette angerichtet.

Aepfelpasteten.

Man schält saftreiche Aepfel, schneidet sie in 4 Teile und nimmt das Kernhaus heraus; von größeren Aepfeln macht man 8 Teile; diese leg man dicht und rund erhöht in eine Pasteten-Schüssel, bedeckt und ebnet die Oberfläche mit feinem Puderzucker und gießt 1 bis 2 Löffel Wasser hinein. Dann belegt man den Rand der Schüssel mit dreimesserrückendick ausgerolltem Butterteig und preßt die innere Seite an die Schüssel, bestreicht die Oberfläche der aufgelegten Randes mit Wasser und legt eine Platte über die ganze Schüssel; auf diese Weise ist der Rand zweimal belegt. Nun schneide man den überhängenden Teig mit einem scharfen Messer ab, bestreiche die oberfläche leicht mit einem nassen, weißen Pinsel und schüttet durch eine gelöcherte Zuckerdose feinen weichen Zucker leicht, jedoch nicht zu dick, darüber. Man giebt die Pastete in einen ziemlich heißen Ofen, und belegt sie, sobald der Teig fest und aufgegangen ist und eine gute Farbe angenommen hat, mit leichtem mit Butter bestrichenem Papier, richtet den Ofen zu einer mäßigen Hitze und läßt sie $\frac{1}{2}$ Stunde kochen. Man giebt die Pastete im Sommer kalt, im Winter abgekühlt zur Tafel und reicht in einer Rahmkanne recht dicken Rahm, oder eine Vanille-Creme, englische Rahmbuter oder einen gebackenen Jakobiner-Pudding dabei. Um mehr Einlage zu bekommen, dämpft man auch die Aepfel nieder. Die Frucht mit der Pastete gebacken ist vorzuziehen.

Aepfel-Charlotte.

Man schält und schneidet 12 bis 14 große Aepfel in Stücke, giebt sie mit einem Glas Wein, 62 Gramm Butter,

der abgeriebene Schale einer Citrone, einem Stück Kaneel in einen Topf und läßt sie zugedeckt langsam weich dämpfen; dann nimmt man den Kaneel heraus, schlägt es mit der Gabel zu einem Mus und läßt es mit reichlich 250 bis 375 Gramm Zucker zu einer dicken Marmelade über einem raschen Feuer kochen. Sodann füttert man mit geröstetem Brot eine runde oder längliche Form folgendermaßen.

Man schneidet aus ziemlich festem Milchbrot 1 Zoll breite Streifen von der Höhe der Form und sticht eine runde Scheibe nach dem Boden der Form passend aus, dann legt man das Brot in eine Pfanne mit frischer Butter, welche abgeklärt sein muß und läßt es auf beiden Seiten schön gelb rösten. Nun bestreiche man die Form mit Butter, legt zuerst den Boden ein, preßt es gut nieder und stellt die Streifen dicht nebeneinander gedrängt an der Seite herum, füllt die Marmelade bis oben an den Rand des Brotes hinein, bestreicht oben das Brot mit einem zerschlagenen Ei und legt die Platte darübe. Darauf läßt man sie in einem mittelheißen Ofen ½ Stunde backen und wenn die Form einigermaßen erkaltet, stürzt man sie behutsam auf die Schüssel. Hierzu reicht man geschlagenen Rahm, oder eine Vanille- oder Citronen-Creme.

Achtundzwanzigster Abschnitt.

Von den Kompotten (Schmor-Obst).

Kompotten von Beeren werden meistens gleichmäßig gemacht. Geschmack und alter der Beeren spielen die Hauptrolle. Man gebrauche wenn möglich immer reife Beeren. Bei alten gewöhnlichen Beeren nehme man ½ Pfund von Stengel und Blüte befreite Beeren mit kochendem Wasser und decke sie einige Minuten mit einem Teller zu. Dann hat man 250 Gramm Zucker, mit der Schale einer halben Citrone und ¼ Pint Wasser aufgekocht; jetzt gießt man das Wasser von den Beeren, giebt die Hälfte derselben hinein, und läßt sie über gelindem Feuer, damit sie nicht brechen, langsam sie= indem man mit einem kleinen Schäumlöffel die Beeren wendet, oder den Topf langsam rüttelt. Nachdem die ersten weich ge= worden, legt man sie mit einem Löffel in die Schüssel und giebt die andere Hälfte in den Topf, bis sie weich sind; dann füllt man auch diese zu den Beeren, läßt den Syrup gut einkochen und gießt ihn darüber.

Kompott von Erdbeeren.

Man läßt 250 Gramm Zucker mit einer kleinen Tasse Wasser einige Minuten aufkochen, schüttet ¾ Pfund gut bele= sene Erdbeeren hinein, rüttelt den Topf und läßt sie einmal aufkochen, dann legt man sie mit einem kleinen Schaumlöffel in die Kompottschüssel, giebt zu dem Syrup eine Tasse Rot= wein, läßt ihn dick einkochen und gießt ihn erst vor dem Auf= tragen über die Beeren.

Kompott von ausgesteinten Kirschen.

Zuvor entsteint man ¾ Pfund schöne rote Kirschen, schält eine sehr dünne Rinde von einer Citrone oder Apfelsine und schneidet sie in kleine nadelfeine Streifen. Alsdann kocht man zu 1½ Pfund Kirschenfleisch 186 Gramm Zucker mit ¼ Pint Wasser; sowie man den Schaum abgenommen und der Zucker klar aufkocht, giebt man die geschnittene Schale hin= ein, läßt es einmal aufkochen und gießt dann die Kirschen mit einem Glas Soja, Kirschenwasser oder Maraschino hinzu;

nachdem sie 10 Minuten gekocht, werden sie in einer Kompottschüssel etwas erhöht angerichtet und dann giebt man den nicht weiter eingekochten Saft abgekühlt darüber. Vor dem Auftragen legt man mit einem Löffel Teilchen von Schneemus um die Schüssel, bestreut das Ganze mit geschnittenen Pistazien und reicht Biskuits oder Makronen mit dem Kompott.

Kompott von Bick= oder Heidelbeeren.

Man wäscht ½ Pfund gut belesene Bickbeern und läßt sie auf einem Sieb abtropfen, dann giebt man sie zu 186 Gramm mit ¼ Pint Wasser und einem kleinen Stück Citronenschale klar gekochten Zucker, läßt die Beeren aufkochen, legt sie mit einem Schaumlöffel auf ein Sieb und giebt es über die in eine Kompottschüssel gelegten Beeren und bestreut das Kompot dann mit feinem Kaneel.

Kompott von Pfirsichen.

Man koche 250 Gramm Zucker mit ¼ Pint Wasser, nimmt, wenn dieses aufkocht, den Schaum ab und giebt ½ Pfund entsteinte Pfirsiche hinein; sowie sie aufkochen, legt man sie auf ein Sieb und zieht die Haut ab. Dann giebt man zu dem Zucker eine Tasse roten Johannisbeerensaft, legt die Pfirsiche hinein und läßt sie 2 bis 2 Minuten simmern. Erkaltet giebt man das Kompott in eine Kompottschüssel.

Kompott von Pflaumen.

Man pflückt die Stengel von den Pflaumen, wischt sie ab und übersticht sie mit einer Nadel, läßt sie 5 Minuten kochen und bereitet das Kompott wie das vorige.

Kompott von getrockneten Aepfeln.

Die besten Aepfel kommen in Körben aus der Normandie; sind sie frisch, so haben sie eine helle Farbe, die überjährigen dagegen sind braun, verlieren an Geschmack und müssen vor dem Gebrauch lange weichen. Man nimmt zu einem Kompott 6 Aepfel, läßt sie ¼ Stunde in warmem Wasser weichen und legt sie nebeneinander am besten in eine steinerne Pfanne. Hierzu giebt man ½ Pint Aepfel- oder Weißwein, 156 Gramm Zucker, die Schale einer halber Citrone, ein Stück Kaneel und läßt die Aepfel zugedeckt in einer halben Stunde langsam weich dämpfen; dann legt man sie zum Erkalten aneinander, legt sie nachher in eine Kompottschüssel, gießt den Saft darüber und bedeckt sie oder legt auf jeden Apfel etwas Schneemus. Die letzten drei Nummern werden im Winter, wenn frische Früchte fehlen, beim Nachtisch gereicht.

Kompott von ganzen Aepfeln.

Man nimmt mit einem langen Ausstecher das Kernhaus aus gleichmäßigen Borsdorfer Aepfeln, schält sie und wirft sie in gesäuertes Wasser. Im übrigen wird das Kompott wie das vorige bereitet und beendet; die Löcher der Aepfel füllt man beim Anrichten mit einem beliebigen Eingemachten und wählt die Verzierung nach Geschmack, statt Pistazien legt man auch wohl eingemachte Quittenscheiben darum.

Apfelmus zu verschiedenen Braten

Man schält und schneidet große weiße Aepfel, wie Paradies-Aepfel halb durch, wirft sie in kochendes Wasser, wendet sie, so bald sie quellen, mit einer Gabel, läßt die andere Seite kochen und legt sie auf ein Sieb, reibt sie durch und läßt das Mus mit dem nötigen Zucker aufkochen. So zubereitet reicht man etwas warm zu verschieden vorkommenden Fleischsachen.

Apfelmus von gebratenen Aepfeln.

Dieses Mus wird im Spätwinter bereitet, wenn die Aepfel ihre Säure verloren haben, man reibt sie dann mit einem Tuche ab und läßt sie langsam mit der Schnee in einem mittelheißen Ofen braten, reibt sie darauf durch ein Sieb und läßt das Mus mit dem nötigen Zucker in einem Topf aufkochen. Nach Belieben kann man auch etwas Citronenschale einlegen und vor dem Auftragen herausnehmen, doch ist dies bei vielen nicht beliebt zum Braten.

Kompott von Apfelsinen.

Man reibe die Schale von 4 Apfelsinen auf 186 Gramm Zucker ab und läßt dieses mit dem Saft und ¼ Pint Wasser zu einem klaren Syrup einkochen. Dann zieht man die Schalen von 5 Apfelsinen ab, teilt letztere mit einem scharfen Messer durch, schneidet die weiße Ader aus, entfernt dann die Kerne und gießt den Syrup heiß darüber. Erkaltet erhöht man die halben Apfelsinen mit der flachen Seite nach oben in einer Kompottschüssel und gießt den Syrup darüber.

Kompott von Birnen.

Man gebe in einen gut verzinnten Topf oder eine steinerne Pfanne 1 Pint Wasser und den Saft einer Citrone, dann schäle man kleine saftreiche Birnen, schabe die Stiele ab, und werfe die Birnen, nachdem sie rasch geschält, in das gesäuerte Wasser, gebe soviel davon hinein, daß sie gut unter Wasser sind und lasse sie zugedeckt mit 125 Gramm Zucker weich dämpfen. Dann nehme man die Birnen mit einem Löffel heraus, richte sie in einer Pyramide mit den Stielen aufwärts in einer Kompottschüssel an, läßt den Syrup einkochen und giebt ihn abgekühlt über die Birnen.

Rahmschnee mit Erdbeeren.

Man würzt ¼ Pint geschlagenen Rahm mit einem Löffel Vanille-, Citronen- oder Apfelsinenzucker und stellt ihn kalt. Dann übergießt man 10 Minuten vor dem Auftragen ½ Pfund gut belesene Erdbeeren, (wovon man 8 bis 10 recht gute Beeren zurück behält) mit einem Glas guten Madeira und streut 125 Gramm Zucker darüber, giebt sie erhöht in eine Kompottschüssel und gießt den Saft daran. Hierüber legt man leicht und lose in einer schönen Pyramide mit einem silbernen Löffel das Schneemus und ringsum die Schüssel die zurück gehaltenen Beerer

Rahmschnee mit Pfirsichen.

Man bereitet die Früchte wie die vorigen und übergießt sie mit heißem, süßen Johannisbeerensaft, woran man ein Glas Roja oder Kirschenwasser gegeben und läßt sie erkalten, hierauf erhöht man sie in einer Kompottschüssel, giebt den Saft darüber und überlegt sie mit Rahmschnee.

Neunundzwanzigster Abschnitt.

Die verschiedenen Getränke.

Gewöhnlicher Punsch.

1 Flasche Rotwein, ¼ Pint Rum oder Arrak, 375 Gramm Zucker, 1½ Pint kochendes Wasser. Man bricht den Zucker, läßt ihn mit ¼ Pint Wasser in der Schüssel zergehen, giebt den Rum, Wein und zuletzt das kochende Wasser hinzu.

Warmer Citronenpunsch.

4 Citronen, 1 Flasche Rotwein, ¼ Pint Rum, ½ Pfund Zucker, 1½ Pint Wasser. Man schält von den Citronen eine dünne Rinde und läßt sie mit dem Zucker und ¼ Pint Wasser ¼ Stunde kochen, dann nimmt man den Saft einer Citrone hinzu und giebt das Ganze durch ein feines Haarsieb in die Schüssel, dazu Wein, Rum und zuletzt das kochende Wasser.

Theepunsch.

½ Pint Rum, ½ Pint Arrak, ½ Pint guten Madeira, ½ Pint von 15 Gramm grünen Thee bereitet, eine zerbrochene Stange Kaneel, 10 Gewürznelken, 8 Apfelsinen in dünne Scheiben geschnitten, ½ Pfund Zucker und 1½ Pint kochendes Wasser. Man legt den zerbrochenen Zucker mit Kaneel, ApfelGewürznelken in einen hohen Topf, übergießt dieses mit bem kochenden Wasser und deckt es mehrere Stunden fest zu. Dann giebt man es durch ein Sieb in die Schüssel fügt die Getränke hinzu und reicht den Punsch kalt.

Champagnerpunsch.

Der Saft von 6 Citronen, ⅜ Pfund Zucker, ½ Pint Arrak, ¼ Pint Madeira, 1 Flasche Champagner, 1 Pint kochendes Wasser. Man giebt den Zucker in die Schüssel, den Citronensaft durch ein feines Sieb hinzu, sowie ½ Pint Wasser und rührt es bis der Zucker zergangen; dann giebt man die Getränke und zuletzt 1½ Pint kochendes Wasser hinzu.

Ginpunsch.

¼ Pint Gin, die Schale einer Citrone auf 186 Gramm Zucker abgerieben, der Saft von 2 Citronen, ein Weinglas Maraschino und 1 Pint Seltserwasser.

Glühwein.

Man läßt 1 Flasche Rotwein, 93 Gramm Zucker, die dünne abgeschälte Schale einer Citrone, eine Stange zerbrochenen Kancel und 6 Gewürznelken aufkochen, und gießt es dann durch ein feines Sieb.

Grog.

In ein gewöhnliches Grogglas giebt man 2 Stücke Zucker ein Weinglas Rum und 2 Teile kochendes Wasser.

ischof.

Zu einer Flasche leichtem Rotwein giebt man 96 Gramm Zucker, die Schale einer Apfelsine oder Citrone, 6 Gewürznelken. Man läßt den Wein heiß werden, jedoch nicht kochen; ist er kalt, so seiht man ihn durch ein feines Tuch in einen Weinbecher.

Sherry-Cobler.

Man giebt in ein Bierglas 2 Scheiben Apfelsinen, einen kleinen Löffel gestoßenen Zucker, 2 Glas Sherry, 1 Stück Eis und frisches Brunnenwasser.

Eiergrog

Man schlägt 2 Eidotter mit 31 Gramm gestoßenem Kandiszucker schaumig. Unterdessen muß man ½ Pint Ale (gutes Lagerbier), ein wenig geriebene Muskatnuß, eine Messerspitze weißen Ingwer, ein kleines Stück Kaneel, 1 Glas Rum heiß machen, giebt dieses, indem man fortwährend mit der Rute schlägt, zu den Eiern und gießt es recht schäumend in Gläser.

Schlaftrunk.

½ Pint Lagerbier, 1 Glas Brandy, 2 Stücke Zucker, ein wenig geriebene Muskatnuß, oder weißen Ingwer. Dieses wird zusammen heiß gemacht und kurz vor dem Schlafen getrunken

Eierwein für Kranke.

Man bereitet von ½ Pfund Fleisch ¼ Pint Fleischthee. Diesen schlägt man mit einem Eidotter, einem Glas dem Kranken bienenden Wein über einem hellen Feuer bis zum Kochen, würzt es mit dem nötigen Salz und giebt es dem Kranken mit trockenem, geröstetem Brot.

Limonade.

Man kocht 250 Gramm Zucker mit der dünnen Schale von 2 Citronen und ¼ Pint Wasser klar. Abgekühlt giebt man den Saft von 6 Citronen daran, gießt es durch ein Sieb in einen Becher und giebt 1½ Pint Brunnenwasser hinzu.

Eine einfache Limonade

Man schneidet 2 Citronen in Scheiben, nimmt die Kerne aus und giebt sie mit 93 Gramm gebrochenem Zucker in einen hohen Topf, gießt einen Pint kochendes Wasser darüber und läßt es zugedeckt erkalten; dann giebt man einen Guß Weißwein daran.

Apfelsinenwasser.

Man kocht 250 Gramm Zucker mit ¼ Pint Wasser und der dünnen Schale von 2 Apfelsinen klar; abgekühlt giebt man den Saft von 12 Apfelsinen hinzu, gießt es durch ein Sieb in einen Becher und gießt jetzt 1½ Pint frisches Brunnenwasser daran

Kirschenwasser.

1 Pfund rote von den Stielen befreite Kirschen werden in einem steinernen Mörser gestoßen und durch ein Sieb gegeben, damit es beßer abläuft, giebt man noch ¼ Pint Wasser darüber; dann mit 250 Gramm Zucker in ¼ Pint Wasser klar gekocht, gießt man dieses zu dem Kirschensaft nnd stellt es 2 Stunden an einen kühlen Ort, hierauf giebt man es vorsichtig damit der Bodensatz zurückbleibt, durch ein feines Sieb, wiederholt es so lange, bis es klar durchläuft, verschönt dann die

Farbe durch ein paar Tropfen aufgelöste Cochenille, giebt 1½ Pint frisches Brunnenwasser daran und setzt ein paar Stunden in Eis.

Ananaswasser.

Man schält und schneidet Ananas in Stücke, stößt diese in einem steinernen Mörser zu einem Mus, giebt zu ½ Pfund Ananas, 250 Gramm mit dem Safte einer Citrone und ½ Pint Wasser klar gekochten Zucker und läßt es gut zugedeckt 2 Stunden stehen. Darauf gießt man 1 Pint Brunnenwasser daran, giebt es, bis es klar ist, durch eine Serviette oder feines Flanelltuch und stellt es auf Eis.

Mandelmilch.

46 Gramm abgebrühte süße und 6 Gramm bittere Mandeln werden in einem Glas Apfelsinenblütenwasser und 46 Gramm Zucker, worauf man zuweilen ein paar Tropfen frisches Wasser giebt, in einem steinernen Mörser sehr fein gestoßen; dann legt man dies mit einem silbernen Löffel in eine Schüssel und rührt, bis der Zucker aufgelöst ist, giebt hierüber ½ Pint kaltes Wasser und setzt es zum Ausziehen an einen kühlen Ort. Dann drückt man die Mandelmilch durch eine Serviette und stellt sie auf Eis und giebt beim Auftragen einen Teil frisches Wasser zu.

Deutsche Erfrischung.

Zu der Manelmich in voriger Nummer giebt man ein Weinglas Rum, ein Weinglas Kirschenwasser und eine Flasche Sodawasser.

Eiswasser.

Man füllt Wasserflaschen bis zu einem Zoll vom Halse mit frischem Brunnenwasser, umbindet die Oeffnung mit Papier, setzt sie in eine Balje (Holzbütte) mit gestampftem und mit Salz gemengtem Eis 4 bis 5 Zoll auseinander. Dann legt man Eisstücke und Salz zwischen die Flaschen; daß sie bis zum dritten Teil fest darin stehen, bedeckt die Balje mit einem Tuch und läßt das Wasser eine Stunde stehen.

Römischer Punsch.

Eine Flasche Champagner, ½ Pint guten Jamaika=Rum, ½ Pfund Zucker, 5 Citronen und 5 Apfelsinen. Man kocht den Zucker, die Schale einer Citrone in ¾ Pint Wasser klar und läßt es erkalten, dann läßt man die Hälfte davon mit dem Saft der Citronen und Apfelsinen in einer Gefrierbüchse zu Eis gefrieren, giebt nun den Rum, Champagner, indem man es mit dem Spaten tüchtig abschlägt, langsam hinein und zuletzt den festen Schnee von 3 Eiern mit dem übrigen Zucker leicht gemengt nach und nach unter stetem Schlagen mit der Schaufel darunter. Der Punsch wird in kleinen Gläschen gereicht.

Ananaspunsch auf indische Art.

Man läßt das Ananaswasser, wie angeben, zu festem Eis gefrieren, giebt nun 1 Flasche Champagner, ¼ Pint guten Rum, 250 Gramm klar gekochten Zucker, worin man den Saft von 3 Citronen gegeben und den festen Schnee von 3 Eiern gerührt, wie in Römischer Punsch angegeben, hinzu.

Ingwerbier, Brause oder Pop.

1 Pfund Zucker, 2 in Scheiben geschnittene Citronen, 46 Gramm zerdrückten, weißen, Ingwer, 62 Gramm Kremortartari, 12 Pint kochendes Wasser. Man legt die Zuthaten in einen steinernen Topf oder Kruke, gießt das kochende Wasser darüber und bedeckt es mit einem Tuch. Nachdem es gänzlich erkaltet, legt mam 2 bis 3 Löffel gute Bierhefe auf eine geröstete Scheibe Weisbrot und diese auf die Limonade, läßt es gut gähren, nimmt die Gährung ab, giebt es durch einen dicken Filtrierbeutel und darnach in Flaschen. Die Korke der Flaschen bindet man mit Garn oder Draht nieder und bewahrt letztere liegend auf. Nach 36 Stunden ist das Bier zum Gebrauch fertig und muß dann recht schäumend und brausend sein.

Milch-Schokolade.

Man rechnet zu 250 Gramm Schokolade 1 Pint Milch, und wenn sie gut sein soll, 3 Eier; Zucker kann mau nach Geschmack hinzugeben; vielen ist es so süß genug. Gute Schokolade läßt sich mit etwas Wasser gleich auflösen, die verfälschte und billige muß man reiben, da diese sich sehr oft in kleine Klumpen setzt. Man legt also 250 Gramm gute GewürzSchokolade in einen steinernen Topf, übergießt sie mit ein wenig kaltem Wasser, läßt sie erweichen und rührt sie glatt, dann giebt man die Milch hinein und sprudelt sie über Feuer bis zum Kochen. Ist die Schokolade süß genug, so rührt man die Eidotter nur mit 2 Löffel Wasser glatt, wenn nicht, nimmt man einen Löffel der heißen Schokolade; darnach giebt man dieses zu der kochenden Masse; dies muß aber nicht mehr kochen, nur heiß gesetzt werden. Vor dem Auftragen rührt man den festen Schnee der Eier unter die Schokolade.

Vom Auftragen des Kaffees.

Der Kaffee nach dem Essen wird in sehr kleinen Tassen, mit heißer Milch, kalten Rahm und feinem weißen Kandies oder sogenanntem Kaffeezucker gereicht. Zum Frühstück giebt man den Kaffee in große oder kleine Tassen.

Thee zu machen.

Man füllt den Theetopf ungefähr halb mit kochendem Wasser, legt den Deckel auf, läßt es 2 Minuten stehen und gießt es wieder auf. Dann giebt man Thee hinein und zwar auf jede Person einen gehäuften Theelöffel, übergießt diesen z. B. 6 Theelöffel mit reichlich ¼ Pint recht kochendem Wasser, läßt es wieder zugedeckt 5 bis 6 Minuten stehen und füllt den Topf nun mit kochendem Wasser an und der Thee ist fertig zum Gebrauch. Macht man Thee für viele Personen und der Topf ist nicht genügend groß, so füllt man die Tassen halb, giebt frisches kochendes Wasse hinzu und macht die Tassen damit voll. Um den Thee erfrischen und gut zu genießen, macht man ihn nur nach der angegebenen Weise und mit möglichst weichem Wasser; durch die übel Gewohnheit, den Theetopf auf Kohlen oder in den Ofen zu setzen, verliert der Thee den Guten Geschmack. Zum gewöhnlichen Trinken ist der schwarze Thee der beste, doch kann man auch ein paar grüne Blätter hinzugeben, das z. B. die Mischung aus 62 Gramm schwarzen und 15 Gramm grünen Thee besteht. Grüner Thee von einer guten Sorte Congo wird als eine Erfrischung den Damen beim Tanz geboten. Man reicht ihn stets in gewöhnlichen kleinen Tassen.

Dreissigster Abschnitt.

Von dem Gefrorenen.

Die dazu nötigen Gerätschaften sind; Erstens ein Eiseimer aus dickem festem Holze mit 2 Spuntlöchern, wovon das eine ½ Zoll vom Boden um das Wasser abzulassen, und das andere 4 Zoll von dem oberen Rand des Eimers, um das steigende Wasser nach dem Gefrieren abzuzapfen, sein müssen. Zweitens: Eine zinnerne Gefrierbüchse mit einem schließenden Deckel, zwischen derselben und dem Eimer muß, wenn sie hinein gesetzt ist, ein Raum von 2 Zoll sein. Drittens gebraucht man eine Schaufel oder Eispaten, eine kleine 3 bis 4 Zoll lange Schaufel mit einem langen hölzernen Stiel um das gesetzte Eis von der Büchse abzustoßen und zu bearbeiten. Man legt in ein Eiseimer zuerst ½ Fuß hoch, in kleine Stücke gestampftes Eis, überstrent es mit groben

Salz und setzt die mit dem Deckel versehene Gefrierbüchse darauf, giebt so viel kleines mit Salz vermischtes Eis herum daß die Büchse eine Hand breit frei bleibt, dann kommt die zum Frieren bestimmte Masse hinein, der Deckel wird geschlossen und man fängt an, rasch die Büchse zu drehen, nach 10 Minuten öffnet man dieselbe, steckt mit dem Spaten das Gefrorene von Seite und Boden los und rührt es gut unter die noch flüssige Masse. Darauf schließt man wieder den Deckel, fängt wieder an zu drehen und wiederholt die Arbeit mit dem Spaten alle 5 Minuten, bis man das Eis zu der Weiche frischgemachter Butter gebracht hat.

Hat sich im Eimer zuviel Wasser angesammelt, so läßt man es durch das untere Spuntloch ablaufen und giebt wieder Eis mit Salz gemischt um die Büchse, damit sie wieder fest wird. Ist das Eis gefroren, so kann man es in Bechern ungeformt anrichten; soll es erst später gebraucht werden, so schließt man man die Büchse und bedeckt den Eimer mit einem großen nassen Tuch, oder man giebt es in Eisformen, verschließt diese mit dem Deckel und setzt sie bis zum Gebrauch, oder gräbt sie zwischen Salz und Eis in dem Eiseimer ein.

Beim Anrichten benutze man 2 Kummen, eine mit kaltem Wasser, worin man die Form vor dem Oeffnen von dem daran sitzenden Eis und Salz befreit und die andere mit warmen Wasser, um die Form vor dem Stürzen rasch einzutauchen. Dann nimmt man den Deckel ab und stürzt es in einen Eisbecher oder Glasschüssel. In neuerer Zeit bedient man sich der Flügel=Eismaschine. Man erzielt Gefrorenes in 10

Minuten Bearbeitung nach Vorschrift der Maschine.

Die erste Regel beim Rahmens besteht in einer sehr vorsichtigen Behandlung der Creme. Vor allem muß man beim Absprudeln derselben auf dem Feuer das Gerinnen der Eier verhütet. Kommt die Creme also zum Kochen und verdickt sich, so zieht man den Topf vom Feuer und schlägt sie darin, bis sie sich verdickt und kalt geworden ist. Dann reibt man sie durch ein Sieb und setzt sie zum Frieren.

Erdbeeren-Eisauflauf.

Man zerdrückt in einer Kumme ¾ Pfund Erdbeeren, kocht 375 Gramm Zucker in ½ Pint Wasser klar, gießt dies über die Frucht, läßt es zugedeckt eine Stunde damit stehen, reicht den Syrup durch ein Sieb, giebt ein Glas Soja oder Kirschenwasser hinzu und läßt es zu einem weichen Eis gefrieren. Dann rührt man ¾ Pint geschlagenen Rahm darunter, schließt die Büchse und dreht noch einige Minuten länger, formt und beendet.

Apfelsinenkörbe zur Füllung verschiedener Sachen.

Man schneidet aus der einen Hälfte der Apfelsinen die Stücke so aus, daß in der Mitte ein halber Zoll breiter Streifen sitzen bleibt, zum Henkel des Korbes. Dann nimmt man das Innere mit einem Messer aus, jedoch ohne die Schale zu verletzen und wirft sie sogleich in kaltes Wasser. Hierauf setzt man eine Pfanne mit kochendem Wasser auf's Feuer, worin man die Körbe 3 Minuten simmern läßt, sticht dan mit einem Ausstecher kleiner Zacken um den Rand derselben, oder schneidet solche mit der Scheere aus, zackt auch den Henkel an beiden Seiten aus, und stecht mit einem Ausstecher kleine Stücke daraus, daß er recht offen wird. Sind die Körbe nun beschnitten und schön ausgeputzt, so wirft man sie in klar gekochten Zucker, läßt sie eben aufkochen, gießt sie in eine Schüssel und läßt sie mit dem Zucker bis zum nächsten Tage stehen. Dann nimmt man sie heraus und legt einige Minuten auf ein Sieb.

Einunddreißigster Abschnitt.

Von den verschiedenen Bäckereien, Kuchen, Torten, kleinem Backwerk, Hefe-, Eisen- und Schmalzbäckerei.

Vom Bäcken im allgemeinen.

Bevor man zum Rühren der Masse schreitet, muß man die dazu gehörenden Zuthaten aufs sorgfältigste zubereiten. Das zu gebrauchende Geschirr muß stets rein und trocken sein; auch darf man nur gute Butter, frische Eier, trockenes Mehl und fein gesiebten Zucker zum Braten verwenden; die zum Auslaufen oder Ausstreichen der Formen bestimmte Butter muß stets abgeklärt sein, will man die Formen nach spätere Angabe mit Mehl ausstreuen, so benutzt man dazu eine gelöcherte Dose mit recht feinem Mehl; sollen mit Wachs bestrichene Platten gebraucht werden, so läßt man diese im Ofen heiß werden, streicht mit einem Stück weißem Wachs, welches in einen losen Lappen gehüllt ist, über die Platte und läßt sie wieder abkühlen. Die Hitze des Ofens erprobt man mit einem Stück Papier oder Eierschale, wirft man dieses in die Mitte eines Ofens und es verkohlt sogleich, so ist es ein Beweis, daß er zu heiß ist, zieht sich das Papier dagegen mit einer gelben Farbe zusammen, so ist der Ofen passend für Brot und Hefebäckerei; bei kleinen Kuchen, Torten und kleineren Backereien nimmt man eine gelindere Hitze.

Eier abzuklären.

Man knickt die Schale der Eier, indem man mit der Mitte derselben an den Rand einer Schüssel leicht anschlägt. doch muß es vorsichtig geschehen, um die über den Eidotter liegende Haut nicht zu verletzen, weil das zusammenrinnen das Schlagen des Eiweißes zu Schnee verhindern würde. Dann nimmt man die Schale mit den beiden Daumen auseinander, gießt das Gelbe von einer Schale in die andere und läßt das Weiße in eine unterstehende Schüssel laufen.

Butter zu klären.

Man giebt die Butter in einen Topf aufs Feuer, so bald sie anfängt aufzukochen, nimmt man sie ab, füllt den aufsteigenden Schaum ab, läßt sie ein paar Minuten ruhen und gießt sie dann in die zum Rühren bestimmte Schüssel leicht von dem Bodensatz ab.

Butter zu Salbe zu rühren.

Man knetet die Butter in einer Schüssel mit einem Löffel weich und gießt das daraus kommende Wasser ab, rührt sie dann mit der rechten Hand, indem man die Schüssel mit der linken hält, mit dem Kochlöffel stets nach einer einer Seite, bis sie weiß cremeartig oder, wie man sagt pflaumig gerührt ist.

Vanille-Zucker.

Man stößt 3 Stangen Vanille, in kleine Stücke geschnitten, mit 6 Löffel gröblichem Zucker in einem steinernen Mörser fein, giebt dies durch ein feines Sieb und stößt das darin Zurückbleibende immer wieder, bis alles durchgerieben ist. Man bewahrt diesen Zucker zum Gebrauch in einer gut verkorkten Flasche auf.

Zitronen-Zucker-

Man bereitet der Zucker von der dünn abgeschälten Schale der Citronen wie angegeben.

Mandeln abzubrühen.

Man läßt die Mandeln ein paar Minuten in kochendem Wasser liegen, gießt es ab und zieht die Haut mit Daumen und Finger von den Mandeln ab; dann wirft man sie in kaltes Wasser, wäscht sie daraus in ein reines Wasser, und läßt sie eine Zeit darin; darauf schüttet man sie auf ein Sieb trocknet sie mit einem Tuch und verwendet sie zum Gebrauch.

Eiweis zu Schnee zu schlagen.

Man giebt beim Abklären das Eiweiß in einen Schneekessel oder in eine Schüssel mit rundem Boden, schlägt es mit der Rute leicht und fest durch, bis man fühlt, daß die Rute fester wird und der Schnee sich auf der Oberfläche setzt; darauf schlägt man es schnell zu einem festen Schnee, den man schneiden kann.

Glasurzucker.

Der Zucker zum Glasieren der Kuchen und Torten muß fein und weich sein; daher bedient man sich hierzu, wo man den Glasurzucker nicht bekommen kann, eines feines Flors oder sogenannten Seidensiebes, wo nur feiner Puberzucker durchgeht, denn man dann zu den Glasuren und feinen Sachen verwendet.

Eiweisglasur.

250 Gramm Zucker wird mit 4 Löffel Rosen- oder Apfelsinenblütenwasser oder einem beliebigen Likör, dem Safte einer Citrone und 3 Eiweiß so lange gerührt, bis die Glasur weiß und glänzend ist.

Schokoladenglasur.

Man giebt 125 Gramm Schokolade und $\frac{7}{8}$ Pint Rosenwasser in einen Topf und setzt diesen zugedeckt in einen Ofen oder über ein gelindes Feuer, bis sie zergangen, dann rührt man sie kalt, giebt den Saft einer Citrone, 3 Eiweiß und 250 Gramm Zucker hinzu und rührt es zu einer blanken glatten Glasur.

Vom Glasieren einer Torte.

Man bestreicht die noch nicht ganz abgekühlte Torte vermittelst einer weichen Bürste mit Citronensaft, gießt die Glasur darauf und glättet sie mit einem Messer darüber, dann läßt man sie in einem abgekühlten Ofen trocknen. Zum verzieren der Torte bedient man sich eingemachter oder kandierter eingemachter Gelees, wovon man verschiedene Blumen formt;

Blätter und Laubwerk sticht man aus dünn geschnittenem Citronat. Zu den verschiedenen Farbe der Glasur nimmt man die zubereiteten französischen Konditorfarben, sowie Cochenille u. s. w. oder man bereitet diese selber.

Die Auflösung der Cochenille.

46 Gramm Cochenille, 1 Pint Wasser, ¼ Pint Spirit, 375 Gramm Zucker, 62 Gramm Kremortartari, 31 Gramm Alaun, 31 Gramm Salz von Wermuth.

Man zerdrückt die Cochenille mit dem Wasser und Kremortartari in einen kupfernen Zuckerkessel und läßt dies mit dem Zucker und Salz von Wermut eben aufkochen, giebt den Alaun hinzu und läßt es noch 3 Minuten damit kochen. Hierauf gießt man es durch einen Beutel, giebt, nachdem es erkaltet, den Spirit hinzu und bewahrt es in Flaschen zum Gebrauch.

Gelbe Safranfarbe.

15 Gramm Safran, ¼ Pint Wasser, ein Weinglas Spirit, 125 Gramm Zucker und 15 Gramm Alaun.

Man kocht alles bis auf Spirit 10 Minuten und gießt es durch ein Beutel oder Serviette. Abgekühlt nimmt man den Spirit hinzu und bewahrt es in einer Flasche.

Butterteig.

½ Pfund frische feste Butter wird in 3 Teile geschnitten und durch ein reines Tuch recht gut ausgedrückt, damit die darin befindliche Milch herauskommt und die Butter recht zähe wird. Jetzt legt man ½ Pfund trockenes, gesiebtes

Mehl auf ein Backbrett, knetet davon in jeden Teil der Butter, indem man diese unter den Ballen der Hand legt, soviel sie fassen will. Darauf legt man die Butter zur Seite, treibt das Mehl auf einen Berg, macht in der Mitte eine Vertiefung, giebt ⅛ Pint kaltes Brunnenwasser mit einem Löffel hinein, rührt dann wohl den dritten Teil des Mehl damit zu einer weichen Butter, sodaß der Teig, nachdem man das letzte Mehl

mit den Händen eingeknetet, recht recht glatt ist; diesen rollt man über den Backbrett 2 Fuß lang aus, wirft ihn mit den Händen von rechts nach links. Dann streut man etwas Mehl übers Backbrett und rollt den Teig auf dieselbe Weise ohne Butter über. Macht man dem Teig bei heißem Wetter, so läßt man ihn wohl einige Minuten ruhen, dann rollt man auf dieselbe Weise den zweiten und dritten Teil der Butter nacheinander ein, läßt den Teig eine Zeitlang ruhen und verwendet ihn zum Gebrauch.

Zu bemerken ist, daß diese Teige sehr leicht mit reinen kalten Händen an einem kühlen Ort verarbeitet werden müssen, wenn möglich, bedient man sich einer Marmorplatte; auch muß man das Durchbrechen der Butter beim Teig vermeiden, welches leicht durch Kneten mit krummen Fingern geschieht, da dadurch die Butter weich und ölig wird; um sie zähe zu erhalten, muß man das Mehl recht leicht mit der flachen Hand und den Fingerspitzen hineinkneten.

Die Butter belegt man mit einer Serviette, bis der Wasserteig gerührt ist.

Dunkelgelbe Farbung (Orange).

Eine Messerspitze Karmin mit etwas Rosenwasser aufgelöst, giebt man zu etwas aufgelöstem Safran.

Butterteig zu Hohlpasteten.

Der Teig wird ganz wie der vorige bearbeitet, nur schlägt zu dem Wasser des Teiges das Weiße von einem Ei und den Saft einer halben Citrone und bereitet damit den Teig. Hat man die Butter zum ersten Mal übers Backbrett ausgerollt, so bestreicht man die Oberfläche mit Citronensaft mittelst einer weichen Bürste, welches beim zweiten und dritten Mal auch geschieht.

Ein anderer Butterteig.

½ Pfund Mehl, 375 Gramm Butter, ein wenig Salz, ein Ei, ½ Pint Wasser. Man drückt die Butter in einem reinen Tuch aus, knetet etwas Mehl hinein, giebt dann das Ei mit dem Salz und einem Löffel Wasser in die Mitte des Mehls und verarbeitet den Teig wie angegeben. Dieser Teig eignet sich zu Frucht- und anderen Pasteten.

Wasserteig zu aufgesetzten Pasteten.

Man macht in einer Schüssel mit 2 Pfund Weizenmehl in der Mitte eine Vertiefung und giebt einen Löffel Salz hinein. Dann läßt man 375 Gramm ausgebratenes Ochsennierenfett mit einem Pint Wasser heiß werden, gießt dieses mit der linken Hand zu dem Mehl, indem man mit der rechten rührt, und verarbeitet es dann mit den Händen zu einem glatten Teig, den man sogleich verwendet oder in einer Serviette aufrollt und in einem zugedeckten Topf warm hält, weil man ihn nur etwas warm verwenden kann.

Man macht den Teig nach der Größe der Pasteten, das Verhältniß ist also: ½ Pfund Mehl, 93 Gramm Fett, ¼ Pint Wasser, eine Messerspitze Salz.

Mürbeteig zu Pasteten.

Man drückt 250 Gramm Butter in einer Serviette zähe, giebt ½ Pfund trockenes Mehl auf ein Backbrett, bricht die Butter in kleine Stücke und reibt sie mit beiden Händen leicht in das Mehl ein, so daß sie mit diesem gleich fein verrieben ist; dann macht man in der Mitte eine Vertiefung, giebt 3 Eigelb, ½ Theelöffel Salz und eine kleine Tasse kaltes Wasser hinein, verarbeitet es zu einem glatten Teig und läßt ihn eine Zeitlang eingeschlagen ruhen.

Nudelteig.

Man schlägt in der Mitte von ½ Pfund Mehl, 5 Eier mit einem Löffel Salz und einem Löffel Wasser zusammen und verarbeitet es zu einem klaren, glatten Teige, diese teilt man dann in 4 bis 5 Teile, rollt messerrückendicke Platten davon und läßt sie, auf ein Tuch ausgebreitet, antrocknen. Hierauf scheidet man den Teig, je nachdem man ihn verwenden will, in beliebige Nudeln.

Biskuittorte.

250 Gramm Zucker, 12 Eier, die abgeriebene Scha.e einer Citrone, 125 Gramm feines Mehl und 125 Gramm Kartoffelmehl. Man rührt den Zucker, Citronenschale, 2 ganze Eier und 10 Eigelb eine gute halbe Stunde nach einer Seite, bis es eine weiße, cremeartige Masse ist und Blasen schlägt, dann lockert man das zu festem Schnee geschlagene Weiße der 10 Eier abwechselnd mit dem Mehl darunter. Man giebt den Teig in eine mit klarer Butter ausgelaufene und mit Mehl bestäubte Form und läßt die Torte bei mittlerer Hitze eine gute Stunde backen.

Abgerührte Biskuittorte.

½ Pfund Zucker, 12 Eier, die Schale von 2 und der Saft einer Zitrone, ein Glas Rum oder Brandy, 156 Gramm Kartoffelmehl, 156 Gramm Weizenmehl

Man rührt den Zucker, Citronenschale und Saft, das Gelbe der Eier, und den Rum in einem Schneekessel zusammen und schlägt alles über einer gelinden Kohlenglut, bis es sich verdickt, nimmt es vom Feuer und rührt es kalt, dann lockert man das zu festem Schnee geschlagene Weiße der Eier mit dem Mehl darunter und bäckt die Torte eine Stunde.

Biskuitrolle.

250 Gramm Zucker, 8 Eier, den Saft und die Schale einer Citrone, 125 Gramm Kartoffelmehl.

Man rührt den Zucker, Saft und Schale einer Citrone, ein ganzes Ei, 7 Eigelb ½ Stunde und lockert dann den festen Schnee der 7 Eier mit dem Mehl darunter, giebt nun die Masse ¼ Zoll dick auf eine mit Butter und Mehl bestimmte Platte, bestreut durch eine Dose die Oberfläche mit feinem Zucker und bäckt den Kuchen zu einer schönen Farbe wohl 25 bis 30 Minuten; dann nimmt man ihn aus dem Ofen, stürzt ihn behutsam, daß die obere Seite nicht nach unten kommt, auf ein Backbret und schneidet die Kanten glatt ab, bestreicht den Kuchen mit einer beliebigen Marmelade und rollt ihn noch warm zu einer Rolle zusammen. Erkaltet kann man ihn ganz zur Tafel bringen oder man schneidet ½ Zoll dicke Scheiben davon ab und richtet sie in schöner Ordnung an.

Diese Schnitte reicht man nach dem Mittagessen, sowie für die Theetafel, man kann die obere Seite nach Belieben mit weißem Zuckerguß überziehen.

Kartoffeltorte.

½ Pfund kalte geriebene Kartoffeln, 250 Gramm Butter, 186 Gramm Zucker, 125 süße und 15 Gramm bittere gestoßene Mandeln, 12 Eier, die abgeriebene Schale und der Saft einer Citrone.

Man rührt die Butter zu Salbe, giebt die Eidotter nach einander hinein, dann Mandeln und Citrone und den Zucker löffelweise, schlägt dieses bis es blasen zeigt, giebt dann die Kartoffeln und zuletzt den festen Schnee der 10 Eier darunter. Man bäckt die Torte in einem ziemlich heißen Ofen.

Citronentorte.

20 Eidotter, der feste Schnee von 10 Eiweiß, $\frac{1}{2}$ Pfund Zucker, die abgeriebene Schale von 3 und der Saft von 6 Citronen, 30 Gramm Butter.

Man rührt den Zucker mit den Eidottern einer Stunde nach einer Seite, giebt nach und nach dabei den Citronensaft hinzu, dann Butter und Citronenschale und lockert zuletzt den festen Schnee der Eier leicht darunter. Zuvor hat man die Form mit 250 Gramm Butterteig, den mann $\frac{1}{4}$ Zoll dick ausgerollt, gefüttert, giebt die Masse hinein und läßt die Torte bei gelinder Hitze 1 Stunde backen.

Apfeltorte.

12 große Aepfel werden geschält, in halbe getheilt, vom Kernhaus befreit, mit etwas Weißwein, Zucker, Kaneel und Citronenschale weich gedämpft und auf ein Sieb gelegt. Dann füttert man die zum Backen bestimmte Form mit 250 Gramm Mürbeteig, $\frac{1}{4}$ Zoll dick ausgerollt; hierauf rührt man 186 Gramm Zucker, 10 Eigelb, 186 Gramm gestoßene Mandeln, den Saft und die abgeriebene Schale einer Citrone eine halbe Stunde, daß es recht weiß und schaumig ist; dann lockert man den festen Schnee der Eier leicht darunter. Nun bestreut

man den Mürbeteig mit gestoßenem Zwieback, legt die Aepfel wohl geordnet darauf und giebt die gerührte Masse darüber. Man läßt die Torte langsam backen.

Apfeltorte mit Butterteig.

1¼ Pfund geschälte, in Stücke geschnittene Aepfel werden mit 250 Gramm Zucker, einem Glas Weißwein, etwas Kaneel und Citronenschale weich gedämpft. Dann macht man 375 Gramm Butterteig, aus dem man wohl eine 12 Zoll im Durchmesser große Platte schneidet; dann rollt man den Teig, der übrig ist, zu einer gleichmäßigen Platte aus, legt davon ein Rand von fingerbreiten Streifen um die große Platte, hierauf dann die Aepfel, zu denen man nach Belieben abgekochte Korinthen hinzugiebt und belegt dann die Torte mit einem Gitter aus dem in Streifen geschnittenen Butterteig. Man läßt die Torte bei ziemlich starker Hitze backen.

Brottorte.

186 Gramm mit Eiweiß nicht zu fein gestoßene Mandeln, 250 Gramm Zucker, 12 Eigelb, 6 Eiweiß, 6 gestoßene Gewürznelken, ein wenig Kaneel, 93 Gramm getrocknetes gestoßenes und gesiebtes Schwarzbrot, 30 Gramm Mehl.

Man läßt das Brot mit einem Glas Wein durchziehen, rührt Eigelb, Zucker, Mandeln und Gewürz recht weiß und pflaumig, giebt dann Brot und Mehl darunter und zuletzt den festen Schnee der Eier. Den Boden und Rand der Form belegt man mit Mürbeteig, läßt die Torte 1 Stunde backen und überzieht sie mit einer Wasserglasur.

Gefüllte Mandeltorte.

125 Gramm mit Rosenwasser gestoßene Mandeln, 125 Gramm Zucker, 12 Eigelb, der feste Schnee von 5 Eiern, 31 Gramm Mehl, die abgeriebene Schale einer Citrone werden gerührt wie angegeben und 2 Böden davon gebacken, die man mit Himbeer= oder Kirschen=Marmelade zusammensetzt. Man überzieht die Torte mit einer weißen Glasur.

Eine gewöhnliche Mandeltorte.

Man rührt 250 Gramm Zucker, 1 ganzes Ei, 11 Eigelb, den Saft und die Schale einer Citrone, 93 Gramm süße und 15 Gramm bittere mit Eiweiß gestoßene Mandeln eine Stunde, giebt dann 125 Gramm Kartoffelmehl darunter und zuletzt den festen Schnee der Eier. Die Torte wird bei ziemlicher Hitze gebacken.

Makronentorte.

Man rührt 186 Gramm Butter zu Salbe, giebt 186 Gramm Zucker, 186 Mehl und 3 Eier nach und nach hinein; von dieser Masse bäckt man einen 14 Zoll im Durchmesser großen Boden auf mit Butter bestrichenem Schreibpapier. Dann rührt man ½ Pfund gestoßene Mandeln mit ½ Pfund Zucker über dem Feuer kochend heiß, doch darf der Zucker keine Farbe annehmen; ist er etwas erkaltet, so giebt man fein gehacktes Citronat, Kaneel und den Schnee von 5 Eiern darunter. Nun belegt man eine Backplatte mit Oblaten, zeichnet genau die Größe der anderen Platte darauf, giebt die Masse darüber und läßt sie langsam backen. Ist der erste

Boden erkaltet, so giebt roten Johannisbeersaft darüber, setzt den zweiten gebackenen Boden mit der Oblate darauf, überzieht die Torte mit einer weißen Glasur und verziert sie mit Blättern von Citronat und süßem Gelee.

Nußtorte.

93 Gramm mit Rosenwasser gestoßene Mandeln, 93 Gramm Zucker, 9 Eigelb, werden ¼ Stunde zusammen gerührt, dann giebt man 31 Gramm Mehl und den festen Schnee von 5 Eiern darunter, bäckt hiervon 2 Böden, 14 Zoll im Durchmesser groß, die man mit folgender Creme zusammensetzt: ½ Pint geschlagener Rahm, 62 Gramm sehr fein geriebene Nußkerne und 93 feiner Zucker.

Reistorte.

Man läßt 375 Gramm in heißem Wasser gut abgewaschenen Reis in 2 Pint Milch nicht zu mürbe kochen, dann kocht man eine halbe Stange gespaltene Vanille mit einem Teil der Milch aus und läßt diese zuletzt mit dem Reis durchkochen. Nun rührt man 125 Gramm Butter zu Salbe, giebt 16 Eibotter mit 250 Gramm Zucker nach und nach hinzu und rührt es eine halbe Stunde, dazu giebt man die abgeriebene Schale einer Citrone, 125 Gramm in kleine Stücke geschnittenes Citronat und den erkalteten Reis, zuletzt giebt man den festen Schnee der Eier darunter.

Man läßt die Torte in einer mit Butter ausgelaufen und mit Zwieback bestreuten Form langsam backen.

Zwetschentorte von getrockneten Zwetschen.

1 Pfund getrockneten Zwetschen oder Pflaumen werden mit einem Stück Kaneel und Citronenschale weich gedämpft, daß man die Steine ausnehmen kann, darauf läßt man sie mit dem Safte und dem nötigen Zucker zu einem Mus einkochen. Man bereitet die Torte wie Apfeltorte mit Butterteig.

Schaumtorte.

Man rollt von 250 Gramm Mürbeteig einen Boden $\frac{1}{4}$ Zoll aus dick und läßt ihn leicht anbacken, dann belegt man ihn mit Johannisbeeren-, Himbeeren- oder Kirschenmarmelade. Darauf schlägt man 7 Eiweiß zu festem Schnee und giebt 156 Gramm Zucker dazu, streicht diese Masse gleichmäßig über die Torte und läßt sie bei sehr mäßiger Hitze backen.

Schmelztorte.

Man rührt $\frac{1}{2}$ Pfund Butter zu Salbe, giebt 3 ganze Eier, 3 Eidotter, 375 Gramm Zucker und die abgeriebene Schale einer Citrone nach und nach hinzu und rührt es eine halbe Stunde, dann giebt man $\frac{1}{2}$ Pfund Kartoffelmehl daran und rührt es noch eine Viertelstunde. Man läßt die Torte in einer mit Butter ausgestrichenen Form $1\frac{1}{4}$ Stunde backen.

Pfandkuchen.

$\frac{1}{2}$ Pfund Mehl, $\frac{3}{4}$ Pfund Butter, $\frac{1}{2}$ Pfund Zucker, die abgeriebene Schale einer Citrone, 10 Eier, 62 Gramm in kleine Würfel geschnittenes Citronat.

Man rührt die Butter zur Salbe, giebt die Eigelb, Zucker und Citronenschale hinzu und rührt es damit eine

Stunde, darauf das Mehl und zuletzt den festen Schnee der Eier darunter. Der Kuchen muß in einer mit Butter ausgelaufenen und mit Mehl bestäubten Form bei mäßiger Hitze 1½ Stunde backen.

Kümelkuchen.

Der Kuchen wird ganz wie der vorige zubereitet, nur nimmt man statt Citronat und Citronenschale, 31 Gramm Brotkümmel.

Plumkuchen.

½ Pfund Butter, ½ Pfund Mehl, ½ Pfund Zucker, 186 Gramm gut abgewaschene getrocknete Korinthen, 62 Gramm Citronat und kandierte Apfelsinenschale in kleine Stücke geschnitten, 12 Eier, etwas Kaneel und die abgeriebene Schale einer Citrone. Die Butter wird abgeklärt und wenn erkaltet, zu Salbe gerührt, dan giebt man das Gelbe der Eier abwechselnd mit dem Zucker hinein, rühre es eine Stunde und giebt dann Mehl Corinthen und Gewürze nach und nach darunter, zuletzt den festen Schnee der Eier leicht dazu und bäckt den Kuchen bei mäßiger Hitze.

Kümmelkuchen oder Kümmelbrot

625 Gramm Mehl, 6 Eier, 125 Gramm Zucker, 125 Gramm Butter, reichlich ¼ Pint Milch, 15 Gramm Brotkümmel, 31 Gramm Hefe. Man macht in der Mitte des Mehls eine Vertiefung, worin man die mit etwas lauwarmer Milch aufgelöste Hefe hinein gießt, streut etwas Salz dazu und rührt es zu einem Teige, den man auf warmes

Wasser oder in einen warmen Ort gesetzt um das zweifache aufgehen läßt, dann schlägt man die Eier mit der Butter, dem Zucker und Brotkümmel tüchtig darunter. Hierauf giebt man die Masse in eine mit Butter bestrichene Form, läßt sie aufgehen und bäckt dann den Kuchen in einem ziemlich heißen Ofen zu einer schönen Farbe. Der Kuchen wird zum Frühstück mit Butter gereicht.

Muffins oder Theekuchen.

½ Pfund Mehl, 1 Pint lauwarme Milch, 31 Gramm Hefe, ein Theelöffel Salz. Man löst die Hefe mit etwas von der Milch auf und rührt alles zu einem Teige, den man mit einer Serviette bedeckt mit einem warmen Ort um das zweifache aufgehen läßt, dann schlägt man ihn wieder zusammen und läßt ihn zum zweiten Mal aufgehen. Diese Kuchen werden dann in blechernen Ringen reichlich einen Zoll hoch und von der Größe einer kleinen Untertasse gebacken. Man läßt nämlich die Rinde auf einer Backplatte im Ofen heiß werden, zieht die Platte heraus, bestreicht das Innere der Rinde mit feinem Oel mittelst einen Bürste, giebt obigen Teig in 12 solche Ringe, setzt die Platte rasch wieder in den Ofen und läßt sie unten anbacken. Hierauf nimmt man sie ab kehrt mit einem Messer um und bäckt sie völlig gar zu einer hellbraunen Farbe. Diese Theekuchen werden, nachdem sie erkaltet, auseinandergeschnitten, dann röstet man die innere Seite über einem hellen Feuer oder hält sie mit einer Gabel darüber, bestreicht sie mit frischer Butter setzt sie wieder zusammen und schneidet sie in 4 Teile. Die Theekuchen werden heiß beim Thee aufgetragen.

Heiße Wecken.

1 Pfund Mehl, 312 Gramm Butter, 4 Eigelb, ⅛ Pint Milch, 46 Gramm Hefe, 46 Gramm Zucker, ein Theelöffel Salz, 125 Gramm halb gar gekochte und wieder getrocknete Rosinen, etwas gestoßener Kardamon.

Man giebt in die Mitte des Mehls die mit warmer Milch aufgelöste Hefe und Salz, rührt soviel Mehl dazu, daß es ein weicher Ballen ist, den man mit dem noch übrigen Mehl und einer Serviette bedeckt 20 Minuten zum Aufgehen setzt. Dann rührt man zuerst Eigelb, Zucker und die halbe Butter hinein, darauf die übrige Butter mit den anderen Sachen und dem Mehl; diesen Teig bearbeitet man nun zehn Minuten, formt ihn zu einem runden Ballen und läßt ihn zugedeckt an einem warmen Ort um das zweifache aufgehen, dann knetet man ihn auf einem mit Mehl bestäubten Backbrett mit leichter Hand nieder und formt die Wecken zu einer beliebten Größe. Diese setzt man nun auf eine mit Butter bestrichene Platte, läßt sie mit einer Serviette bedeckt an einen warmen Ort 20 Minuten aufgehen, bestreicht sie mit verlassener Butter und bäckt sie in einem ziemlich heißen Ofen.

Milchbröte.

1 Pfund Mehl, ⅛ Pint Milch, ein kleiner Theelöffel Salz, und 31 Gramm Hefe. Man giebt in die Mitte des Mehls mit der Milch zu einem glatten Teige und läßt ihn mit einem Tuch bedeckt um das zweifache aufgehen. Dann

knetet man das übrige Mehl hinein, bearbeitet den Teig tüchtig, formt einen runden Ballen davon und läßt ihn wieder ugedeckt 2 Stunden aufgehen. Jetzt legt man ihn auf ein mit Mehl bestäubtes Backbrett, knetet ihn leicht über und formt Bröte davon zu einer beliebigen Größe, die man auf eine mit Butter bestrichene Platte legt, darauf setzt man sie wohl 20 Minuten mit einer Serviette bedeckt an einen warmen Ort und läßt sie mit verschlagenem Ei bestrichen bei ziemlicher Hitze backen.

Grahambrot oder ganz Weizen.

2 Pfund rohes h. h. nicht gesiebtes Weizenmehl, 1½ Pint Wasser, ein Löffel Salz und 46 Gramm Hefe. Man giebt das Mehl in eine steinerne Schüssel und rührt in die Mitte desselben die in lauwarmen Wasser aufgelöste Hefe, dann macht man die Hälfte des Mehls mit dem Wasser, worin das Salz gegeben, zu einem glatten Teig, überstreut ihn dick mit Mehl und setzt ihn mit einem Tuche bedeckt zum Aufgehen auf einen warmen Ort. Ist der Ansatz aufgegangen und zeigen sich auf der Oberfläche Risse, so knetet man das andere Mehl hinein, bearbeitet den Teich tüchtig mit dem Ballen der rechten Hand, so daß er leicht von der Schüssel springt, bestäubt ihn überal mit Mehl und läßt ihn zugedeckt zum zweiten Mal aufgehen. Hat der Teig sich um das ganze zweifache gehoben, welches wohl in reichlich 2 Stunden geschieht, so legt man ihn auf ein mit Mehl bestäubtes Backbrett, schneidet ihn in 3 gleiche Teile, überknetet ihn

leicht, formt ihn zu runden Bällen und läßt diese auf eine Platte gesetzt in einem heißen Ofen 1½ Stunde backen.

Holländische Waffeln.

375 Gramm Mehl, 186 Gramm Butter, 8 Eier, die abgeriebene Schale einer Citrone, 31 Gramm Hefe, ein Theelöffel Salz, ein Theelöffel Zucker, ½ Pint lauwarme Milch.

Man rührt das Mehl mit der in etwas von der Milch aufgelösten Hefe, dem Zucker, Salz, der Milch und Citronenschale zu einem glatten Teig, giebt die leicht geschmolzene Butter dazu und schlägt die Eier nacheinander tüchtig darunter, dann läßt man ihn zugedeckt ¾ Stund aufgehen. Die Waffeln werden über einem hellem Kohlenfeuer gebacken. Man läßt das Eisen heiß werden, bürstet die innere Seite mit klarer Butter aus, legt auf die untere Seite einen Löffel Teig, und bäckt ihn unter einmaligem Wenden zu einer goldgelben Farbe. Die Waffeln werden mit Zucker bestreut zum Gabelfrühstück, zum Thee und Kaffee gereicht.

Berliner Pfannkuchen.

½ Pfund Mehl, 31 Gramm Hefe, 6 Eigelb, 31 Gramm Zucker, 93 Gramm Butter, ein wenig Salz, etwas gestoßener Kardamon, ¼ Pint Milch. Man macht in der Mitte des Mehls eine Vertiefung, worin man die mit etwas lauwarmem Wasser aufgelöste Hefe, die Eidotter und den Kardamon giebt, dann rührt man die mit Butter, Zucker und Salz eben erwärmte Milch hinzu und knetet alles mit den Händen zu einem glatten Teig, den man mit einem Tuche bedeckt an einem warmen Ort um das zweifache aufgehen läßt. Dann legt man den Teig auf ein mit Mehl bestäubtes Backbrett, knetet ihn leicht über, rollt ihn ¼ Zoll dick aus und sticht mit einem großen Weinglas runde Platten davon ab, die Hälfte davon belegt man in der Mitte mit einem Häufchen Pflaumenmus oder Eingemachtem, bestreicht die Ränder mit verschlagenem Eigelb, legt die anderen Platten genau darüber und läßt sie auf einem Backbrett zugedeckt eine weitere halbe Stunde aufgehen. Nun überstreicht man sie leicht mit in Wasser verschlagenem Ei, and bäckt sie in halb abgeklärter Butter, halb Schmalz zu einer schönen Farbe.

Die Hitze erprobt man mit einem Stück Brot, dieses muß, in das Fett geworfen, sofort wieder steigen.

Hirschhörner.

Man rührt zu 140 Gramm feinem Zucker 2 ganze Eier und eine Messerspitze voll Salz, giebt dann 62 Gramm zu Schaum geschlagene Buttter, 62 Gramm gestoßene Mandeln, worunter ein paar bittere, 250 Gramm Mehl, reichlich ein Theelöffel gestoßenes Hirschhornsalz und ein wenig Rosenwasser hinzu. Dann knetet man den Teig auf einen Backbrett gut durch, rollt ihn aus, schneidet 5 bis 6 Zoll lange Streifen davon, rollt dieser mit der Hand rund und legt sie genau in der Mitte zusammen; man schneidet die Enden einen Zoll in der Mitte ein, legt sie sogleich wie angegeben in heißes Backfett und bäckt sie unter Wenden mit der Gabel zu einer schönen Farbe. Sind sie alle fertig, so bestreut man sie mit Zucker und reicht sie warm beim Kaffee oder Thee.

Spritzkuchen.

Man läßt 62 Gramm Butter in ¼ Pint Wasser aufkochen, giebt 125 Gramm Mehl hinein und bäckt es über dem Feuer ab, schlägt dann 4 Eier und 62 Gramm mit Eiweiß geriebene Mandeln dazu, füllt es in eine Spritze und spritzt Ringe davon auf ein mit Backbutter getränktes Papier. Diese Ringe legt man umgewendet in kochende Butter und läßt sie unter Wenden mit der Gabel zu einer goldbraunen Farbe backen.

Kleine Kümmelkuchen.

250 Gramm Mehl, 250 Gramm Butter, 250 Gramm Zucker, 15 Gramm Brotkrümmel, 6 Eier.

Man rührt die Butter zu Salbe, giebt die Eidotter abwechselnd mit einem Löffel Zucker, sowie das Mehl hinein und rührt alles zu einem pflaumigen Teige, hierzu dann den Kümmel und den festen Schnee der Eier. Dann füllt man den Teig in kleine mit Butter ausgestrichene Tortenpfannen und läßt die Kuchen in einem mittelheißen Ofen zu einer schönen Farbe backen.

Eierkringel.

250 Gramm Mehl, 250 Gramm Butter, 250 Gramm Zucker, 12 Eier, die abgeriebene Schale einer Citrone, 46 Gramm gehackte Mandeln. 6 Eier werden hart gekocht und die Dotter durch ein Sieb gerieben; dann rührt man die Butter zu Salbe, giebt 2 ganze Eier und 4 Eidotter mit dem Zucker abwechselnd hinein, darauf Citronenschale, Mandeln

und Mehl. Man formt durch eine Spritze kleine Kringel, die man zu einer leichten Farbe backen läßt.

Schokoladenplättchen

125 Gramm geriebene Schokolade, 185 Gramm feinem Zucker, 7 Eier, 93 Gramm Kartoffelmehl und ein wenig Kaneel. Man rührt 2 ganze Eier und 5 Eigelb mit dem Zucker schaumig, giebt ½ Theelöffel Kaneel und die Schokolade hinein, dann das Kartoffelmehl und zuletzt den festen Schnee der Eier darunter. Hiervon setzt man kleine Plättchen auf ein mit Butter bestrichenes und mit Mehl bestäubtes Backblech und backt sie in einem mittelheißen Ofen.

Zuckerplättchen.

½ Pfund feiner Zucker, 375 Gramm Mehl, die abgeriebene Schale einer Citrone, 8 Eier, ein wenig Kardamon, 1 Löffel gepulvertes Hirschhornsalz.

Man rührt die Eidotter mit dem Zucker ½ Stunde, giebt die Gewürze und Hirschhornsalz darunter, darauf das Mehl und zuletzt den festen Schnee der Eier. Dann setzt man sogleich kleine Plättchen davon mit einem Löffel auf ein mit Butter bestrichenes und mit Mehl bestäubtes Backblech, reichlich einen Zoll auseinander und bäckt dieselben bei mittlerer Hitze.

Kleine Mandelkuchen.

250 Gramm sehr fein gehackte Mandeln, 375 Gramm feiner Zucker, 186 Gramm Kartoffelmehl, 12 Eier, 62 Gramm in kleine Stücke geschnittenes Citronat, 1 Löffel Apfelsinen- oder Citronenzucker.

Man rührt die Eidotter mit dem Zucker ½ Stunde, giebt die Mandeln, Citronenzucker und Zitronat hinein, darauf das Mehl und lockert zuletzt den festen Schnee der Eier leicht darunter. Dann giebt man den Teig in kleine mit Butter ausgestrichene Tortenpfannen und bäckt sie bei mittlerer Hitze.

Windbeutel.

Man läßt 186 Gramm Butter in ½ Pint Wasser aufkochen, dann giebt man ½ Pint Mehl hinein und rührt es, bis der Teig von dem Topfe läßt. Etwas abgekühlt, schlägt man 7 bis 8 Eier tüchtig darunter, setzt dann wallnußgroße Teilchen davon auf ein mit Butter bestrichenes und mit Mehl bestäubtes Backblech und läßt sie bei mittlerer Hitze zu einer leichten Farbe backen.

Makronen.

186 Gramm süße und 6 bis 8 Gramm bittere, abgebrühte Mandeln, 3 Eiweiß, 375 Gramm Zucker.

Die abgebrüteten und wieder abgewaschenen Mandeln werden getrocknet, in einen steinernen Mörser mit etwas von dem Eiweiß gestoßen und sehr fein gerieben, dann giebt man den Zucker mit dem übrigen Eiweiß nach und nach darunter, daß es ein fester Teig wird. Hiervon setzt man wallnußgroße Teilchen auf kleine Stücke auf Backblech gelegte Oblaten einen Zoll auseinander, drückt sie etwas mit dem Daumen nieder, überstreicht sie mit einem in Wasser getauchten Pinsel und läßt sie in einem sehr gelinden Ofen zu einer schönen Farbe backen. Sind die Makronen erkaltet, so schneidet man

Weiche Makronen

½ Pfund Mandeln, 375 Gramm Zucker, 31 Gramm kandierte, gehackte Apfelsinenschale, 31 Gramm gehacktes Citronat, 3 Eiweiß und reichlich ein Eßlöffel Apfelsinenblütenwasser. Die Mandeln werden mit dem Apfelsinenblütenwasser fein gerieben und mit dem Zucker so lange über dem Feuer gerührt, bis letzere Fäden zieht. Ist die Masse erkaltet, so giebt man den Citronat und Apfelsinenschale darunter und arbeitet es mit dem Eiweiß fest zusammen. Man bäckt die Makronen von der Länge eines halben Fingers auf Oblaten bei mäßiger Hitze.

Makronenkuchen.

250 Gramm Mandeln werden mit 4 Eireiß sehr fein gerieben, dann rührt man mit einem Löffel ½ Pfund feinen Zucker und die abgeriebene Schale einer Citrone darunter. Man streicht die Masse kaum ¼ Zoll dick über große Oblatenbogen, schneidet fingerlange und dreifingerbreite Kuchen davon, übersiebt sie mit feinem Zucker, legt in die Mitte ein viereckig geschnittenes Stück Citronat und läßt sie in einem mittelheißen Ofen zu einer schönen Farbe backen.

Theekuchen.

_) Eier, ½ Pfund Zucker, 625 Gramm Mehl, die abgeriebene Schale einer Citrone, 12 Gramm Hirschhornsalz.

Man rührt den Zucker mit einer Citronenschale und den

Eidottern schaumig, giebt Hirnholzsalz und Mehl hinein und lockert dann den festen Schnee der Eier behutsam darunter. Man setzt sogleich kleine Plättchen auf ein mit Butter bestrichenes Blech und bäckt sie bei ziemlicher Hitze.

Pumpernickel.

125 Gramm rohe d. h. mit der Schale gehackte Mandeln, 125 Gramm Mehl, 93 Gramm Zucker, 93 Gramm Butter, ½ Theelöffel gestoßener Kaneel, ein Ei

Man rührt die Butter glatt und giebt alles hinein zu einem Teige, rollt diesen mit den Händen zu langen fingerdicken Rollen und rollt diese mit dem Rollholz wieder glatt. Dann schneidet man schräge über den Teig wohl 5 Zoll lange Stangen davon ab, bestreicht sie mit verschlagenem Ei und läßt sie auf einer mit Butter bestrichenen Platte bei mittlerer Hitze zu einer schönen Farbe backen.

Butterbiskuit.

250 Gramm Zucker, 250 Gramm Mehl, 186 Gramm Butter, 12 Eier, die abgeriebene Schale einer Citrone.

Man schlägt die Eidotter mit dem Zucker recht schaumig, giebt die zu Salbe gerührte Butter, Citronenschale und den festen Schnee der Eier darunter und zuletzt das Mehl. Die Biskuits werden mit einem Löffel aufgelegt und bei mittlerer Hitze gebacken.

Grahamsbiskuits.

½ Pfund rohes Weizenmehl, 46 Gramm frische Butter, ein kleiner Theelöffel Salz, reichlich ¼ Pint Wasser.

Man erhöht auf einem Backbrett etwas Mehl und macht in demselben eine Vertiefung, giebt das lauwarm gemachte Wasser nebst Butter und Salz hinein, arbeitet es mit den Händen zu einm glatten Teige und macht einen runden Ballen davon. Diesen Ballen schlägt man mit dem Rollholz derbe nieder, legt den Teig wieder über sich zusammen und schlägt ihn wieder auseinander; dieses wiederholt man 5 bis 6 Mal, dann nimmt man ihn zusammen und läßt ihn zugedeckt eine Stunde ruhen. Dann schneidet man den Teig in 12 gleiche Teile, formt sie mit dem Ballen der Hand zu runden Bällen, die man mit dem Rollholz zu der Größe einer kleinen Untertasse ausrollt und mit einer Gabel überall durchsticht. Man Man bäckt sie auf einer mit Mehl bestäubten Platte bei ziemlicher Hitze.

Wasserbiskuits.

½ Pfund Mehl, reichlich ¼ Pint lauwarmes Wasser, 62 Gramm Butter, ein kleiner Theelöffel Salz.

Man mengt den Teig wie den vorigen, rollt ihn einigemal über und dann sehr fein zu der Dicke eines Messers aus, sticht mit einem runden Ausstecher kleine Plättchen, 3 bis 4 Zoll im Durchmesser, davon ab und bäckt sie auf einem mit Mehl bestäubten Blech bei mittlerer Hitze.

Dünne Milchbiskuits.

Man rollt denselben Teig so dünn wie möglich aus, sticht Platten 3 Zoll im Durchmesser davon ab, übersticht sie mit einer Gabel und läßt sie bei mittlerer Hitze 6 Minuten backen.

Honigkuchen.

¾ Pfund Mehl, ½ Pfund warmer Hanig, 15 Gramm gestoßene Gewürznelken und Kaneel zusammen, etwas gestoßene Apfelsinenschale, ½ Theelöffel weißer Ingwer, 23 Gramm in 2 bis 3 Löffel Rosenwasser gerührte Pottasche.

Man mengt das Mehl und die Gewürze untereinander und rührt es mit dem Pottasche und dem Honig zu einem Teige, den man bis zum nächsten Tage nicht zu warm ruhen läßt. Dann streut man etwas Mehl auf ein Backbrett, knetet den Teig darauf wieder weich und rollt ihn gleichmäßig ungefährt ½ Zoll dick aus, legt ihn auf eine mit Butter bestrichene Platte, bestricht die Oberfläche mit einem in Milch verschlagenen Ei, bestreut sie mit feingeschnittenen Mandeln und und läßt sie bei ziemlicher Hitze backen. Nach dem Backen schneidet man die Kuchen zu einer beliebigen Größe.

Gewöhnliche braune Kuchen.

2 Pfund Mehl, 2 Pfund Syrup, 8 Gramm Gewurznelken, 15 Gramm gestoßener Kaneel, 31 Gramm in Rosenwasser aufgelöste Pottasche und 15 Gramm in einem steinernen Mörser oder in einen Läppchen gestoßenen Hirschhornsalz.

Man kocht den Syrup, läßt ihn erkalten und rührt ihn mit der Pottasche, dem Hirnholzsalz, dem Gewürz und dem Mehl zu einem Teige, den man zugedeckt bis zum nächsten Tage ruhen läßt. Dann knetet man ihn auf einem mit Mehl bestäubten Backbrett wieder weich, rollt ihn ¼ bis ½ Zoll aus, und formt die Kuchen zu einer beliebigen Größe. Darauf legt man sie auf mit Butter bestrichene Platten, überstreicht sie mittelst einer weichen Bürste mit in Milch verschlagenem Ei und bäckt sie bei mittlerer Hitze.

Man belegt auch die Kuchen nach Belieben vor dem Backen überall mit Mandelstreifen, sowie halben Mandeln oder mehreren dünnen Scheiben Citronat; auch überzieht man sie nach dem Backen mit Eiweißglasur.

Weiße Kuchen.

Man läßt ½ Pfund Zucker in ⅜ Pint Wasser und ⅛ Pint Rosenwasser aufkochen und setzt dies zum Erkalten; dann rührt man 186 Gramm abgeklärte Butter, 15 Gramm Hirschhornsalz, 125 Gramm sehr fein gehackte Mandeln und 1½ Pfund Mehl hinzu.

Gewöhnliche braune Pfeffernüsse.

2 Pfund Mehl, ½ Pfund Schmalz, ½ Pfund Butter, 1 Pfund Syrup, 15 Gramm Kaneel, 8 Gramm Gewürznelken, 22 Gramm Hirschhornsalz.

Kleine Wiener Torten.

Man rollt einen beliebigen Mürbeteig reichlich ¼ Zoll dick aus und sticht kleine Platten, wohl 3 Zoll im Durchmesser davon ab. Die Hälfte derselben bestreicht man mit in Wasser verschlagenem Ei und bestreut sie mit Zucker, legt dann alle auf ein mit Butter bestrichenes Blech und bäckt sie zu einer schönen Farbe. Dann giebt man auf die nicht gezuckerte Platte eine beliebige Marmelade und legt eine andere darüber.

Zweiunddreiszigster Abschnitt.

Von dem Aufbewahren der Kräuter und Kräuteressige.

Kräuteressig.

Die Kräuter müssen sehr jung und bei trockenem Wetter gepflückt sein. Man giebt eine Handvoll Thymian, Majoran, Esdragon, Basilikum, Trittmadam, Citronmalisse, Portulak, Schnittlauch, kleine abgeschälte Schalotten (diese werden mit einem Wiegemesser sehr fein gehackt), Nasturzen und 10 Gewürznelken in einen steinernen Topf, gießt 1½ Pint französischen Weinessig darüber und stellt es dann zugedeckt zweimal 24 Stunden an die Tonne zum Distillieren. Hierauf gießt man die Kräuter auf ein sauberes, über ein Sieb gelegtes Flanelltuch, bindet es darüber zusammen und legt diesen Beutel in eine starke steinerne Schüssel zwischen zwei hölzerne Teller, beschwert den obersten davon mit einem Gewicht und preßt den Saft gut aus, darauf nimmt man den obersten Teller ab, giebt nochmals ½ Pint Weinessig darüber und drückt die Kräuter zum zweiten Mal ab, jetzt giebt man den durchgepreßten Essig zu dem ersteren, stellt ihn zum Setzen an einen kalten Ort, zieht ihn auf Flaschen und bewahrt denselben an einem kalten Ort zum Gebrauch.

Teufelessig.

Eine Handvoll fein gehackte Schalotten, ebenso viel ganze Nasturzen, 2 frisch geschnittene Schoten spanischen Pfeffer, 10 bis 12 Schoten Radieschensamen, 6 Gewürznelken, 10 schwarze Pfefferkörner und 4 Lorbeerblätter, giebt man mit einem Pint Weinessig in Flaschen und stellt letztere zugekorkt einige Tage in der Sonne zum Distillieren. Nach einigen Wochen nimmt man den Essig in Gebrauch zu scharfen Beigüssen und Ragouts, doch wird er nur sehr mäßig beigegeben.

Eingemachte Petersilie.

Die Petersilie wird recht jung geschnitten, gut gewaschen und getrocknet, dann fein gehackt, in eine Kruke gefüllt, mit kochender jedoch nicht brauner Butter übergossen, mit einem silbernen Löffel durchgerührt, daß die Butter durch die Petersilie dringt. Nach dem Erkalten wird die Kruke zugebunden und für den Gebrauch aufbewahrt.

Englische Mixed Piñles.

Man nimmt zu gleichen Teilen Blumenkohl, grüne Schlangengurken, kleine Fingergurken, Perlzwiebeln und nicht halbgewachsene, zarte, türkische Bohnen; zerlegt nun den Blumenkohl in Röschen, schneidet die Schlangengurken der Länge nach durch und wieder über die Quere in ein Zoll lange Stücke, läßt die kleinen Gurken ganz, befreit die Zwiebeln von der Haut und zieht von den Bohnen an beiden Seiten die Fasern ab.

Dann macht man in einer kupfernen Einmachpfanne eine starke Salzlake, bestehend aus 4 Pint Brunnenwasser und $\frac{1}{4}$ Pfund Salz, wirft die zubereiteten Sachen in die kochende Lake, belegt sie dick mit Traubenblättern und läßt sie vom Feuer genommen darin erkalten; jetzt nimmt man die Weinblätter ab, schüttet alles auf Siebe auseinander und läßt es in der Sonne völlig trocknen. Nun kocht man soviel Essig, daß die Pickles damit bedeckt werden können, giebt zu jedem Pint Essig, 15 Gramm Gewürznelken, 7 Gramm Muskatblüte, 15 Gramm schwarzen Pfeffer, 93 Gramm Senfsamen, läßt ihn hiermit wieder $\frac{1}{4}$ Stunde kochen und gießt ihn durch ein Sieb. Man legt nun die getrockneten Sachen durcheinander mit ein paar Schoten spanischem Pfeffer in Einmachgläser und gießt den kalten Essig darüber, am andern Tage wird der Essig wieder abgegossen, aufgekocht und wieder kalt über die Pickles gegossen, ebenfalls so am dritten Tag, darauf versieht man die Gläser mit Korken, bindet Blasen darüber und bewahrt sie an einem trockenen Ort.

Eingemachter Schnittlauch.

Der Schnittlauch wird bei trockenem Wetter abgeschnitten und nicht gewaschen, man schneidet ihn aus der Hand fein, behandelt ihn wie die Petersilie und verwendet ihn im Winter zu Eierspeisen und Beigüssen.

Scharfe Senfpickles (Piccallila.)

Man bereitet die Gemüse ganz wie in voriger Nummer kocht den Essig mit denselben Gewürzen, ohne den Senfsamen, gießt ihm durch ein Sieb, das die Gewürze herauskommen, rührt mit 46 Gramm englisches Senfmehl mit 15 Gramm Currypulver und ein wenig kaltem Essig glatt, giebt nun dieses zu dem durchgesiebten Essig und läßt es unter stetem Rühren aufkochen. Dann ordnet man die getrockneten Pickles in Einmachgläser mit ein paar Schoten spanischem Pfeffer, giebt die erkaltete Brühe darüber, verschließt die Gläser mit Korken und Blasen und bewahrt sie trocken auf.

Eingemachter roter Kohl.

Die Zeit des Einmachens ist Ende Oktober oder Anfang November. Man schneidet recht feste Köpfe in 4 Teile, nimmt die Knorpel aus und schneidet sie über die Quere in nicht zu feine Streifen, giebt zu jedem halben Pfund Kohl 62 Gramm Salz, arbeitet es gut mit den Händen durch und läßt es mit einem Tuche bedeckt an einem kühlen Ort über Nacht stehen. Am nächsten Tag drückt man das Salz fest mit den Händen ab, legt den Kohl in eine steinerne Kruke, kocht so viel guten Essig, als man zum Uebergießen desselben bedarf, nimmt zu jedem Pint 46 Gramm gemischte Gewürze, als: Muskatblüte, schwarzen Pfeffer, Nelkenpfeffer und Gewürznelken, kocht den Essig mit diesen $\frac{1}{4}$ Stunde, gießt ihm durch ein Sieb und giebt ihn enkaltet über den Kohl. Am nächsten Tag gießt man den Essig wieder ab, kocht ihn zum zweiten Mal und gießt ihn kalt über den Kohl, dieses wird auch am dritten Tage wiederholt, darauf bindet man die Kruke zu und bewahrt sie an einem trockenem Ort auf.

Roter Kohl ist ein beliebtes Eingemachtes zum kalten Fleisch sowie zum Käse.

Eingemachte Perlzwiebeln.

Man befreit die Perlzwiebeln von der Schale und wirft sie sogleich in eine Schüssel mit weißem Essig, sind alle zubereitet, so gießt man den Essig von den Zwiebeln ab in einen gut verzinnten Topf, nimmt zu einem Pint Essig 15 Gramm weißen Ingwer, einen Löffel Salz, ein paar Blättchen Muskatblüte, 15 Gramm schwarze Pfefferkörner und 15 Gramm Gewürznelken und Nelkenpfeffer, läßt ihn paar Minuten damit kochen und giebt ihn ein wenig abgekühlt über die in Einmachgläser geordneten Zwiebeln. Man wiederholt das Aufkochen am zweiten und dritten Tage und bedeckt dann die Gläser, wen sie erkaltet, auf die gewöhnliche Weise.

Süße Gurken.

Die Gurken werden wie angegeben geschält, geschnitten und 24 Stunden in schwachen Essig gelegt, dann giebt man sie auf einen Durchschlag, trocknet sie gut ab, schneidet sie in kleinere Stücke und packt sie in Einmachgläser. Nun kocht man zu jedem halben Pfund Gurken 250 Gramm Zucker in ¼ Pint Essig klar, gießt es etwas erkaltet über die Gurken, wiederholt dieses am zweiten Tag; am dritten Tag kocht man den Syrup mit etwas Kaneel, Gewürznelken, der Schale einer Citrone, etwas gepreßtem weißen Ingwer auf, läßt die Gurken darin aufkochen, füllt sie in die Einmachgläser zurück, und giebt den Syrup darüber.

Salzgurken.

Grüne, noch nicht ausgewachsene Schlangengurken werden mit Wasser abgebürstet und an der Sonne getrocknet, dann packt man sie schichtweise mit Lorbeerblättern, sauren Kirschblättern, Dill, schwarzem und Nelkenpfeffer und kleinen Stücken Meerrettig in einen steinernen Topf, mache eine Salzlake aus 8 Pint frischem Brunnenwasser und 1½ Pfund Salz, schäumt sie gut ab und gießt sie etwas abgekühlt über die Gurken. Darauf legt man ein leinenes Tuch darauf und beschwert es mit Schiefer und Steinen. In Fässer verpackt werden jene zugeküfert.

Erdbeeren in Zucker.

Man nimmt zu jedem halben Pfund Beeren ½ Pfund Zucker, läutert denselben, kocht ihn zum „starken Faden", läßt die Erdbeeren eben darin aufkochen, nimmt dann die Pfanne vom Feuer, füllt die Beeren in Gläser und giebt den Syrup abgekocht darüber. Das Aufkochen des Syrups wird 2 Tage wiederholt und stets kalt übergossen; am vierten Tage giebt man die Beeren in den kochenden Syrup, läßt sie darin aufkochen und giebt sie in die Gläser zurück.

Rote Johannisbeeren einzukochen.

Zu 2 Pfund Beeren läutert man 2 Pfund Zucker bis zum „starken Faden", giebt die Beeren hinein und läßt sie unter stetem Rühren und schäumen rasch einkochen.

Pfeffergurken.

Man nimmt kleine fingerlange Gurken, (welche gewöhnlich in September eingemacht werden) bürstet sie im Wasser ab, legt sie eine Nacht in Salzlake und läßt sie wieder an der Sonne trocknen, dann läßt man sie in kochendem Essig eben aufkochen und gießt sie in ein Gefäß. Am nächsten Tage werden die Gurken in Topfe gelegt mit in Scheiben geschnittenen Meerrettig, Dill, Nelken- und schwarzem Pfeffer, etwas Muskatblüte, jungen Weintrauben und sauren Kirschblättern, ein paar Zweigen Esdragon und Fenchel, der Essig wieder aufgekocht und erkaltet über die Gurken gegeben.

Apfelsaft.

Man schneidet unreife Grauensteiner Aepfel oder Reinetten mit der Schale in 4 Teile und nimmt das Kernhaus aus, schneidet dann zu 2 Pfund Aepfel 2 von den Kernen befreite Citronen und läßt diese mit Wasser bedeckt in einem steinernen Topf so lange kochen, bis sie entzwei gehen, dann stellt man sie bis zum andern Tag hin. Nun gießt man den Saft, doch ohne zu drücken, durch ein Tuch, nimmt zu jedem halben Pfund des klar abgelaufenen Saftes 250 Gramm Zucker und läßt ihn 10 Minuten kochen.

Pfirsiche in Brantwein.

Man schneidet die Pfirsiche halb durch, nimmt die Steine heraus und läßt sie in geläuterten Zucker (zu ½ Pfund Frucht 375 Gramm Zucker) eben aufkochen, dann legt man sie auf Siebe, zieht die Schale ab und läßt sie wieder in demselben

Syrup 5 Minuten simmern und in der Pfanne bis zum nächsten Tag stehen. Darauf legt man die Früchte mit einem Löffel auf Siebe, legt sie wohl geordnet in Gläser, läßt den Syrup bis zum „Flug" einkochen, gießt soviel französischen Branntwein als Syrup hinzu und dieses dann abgekühlt über die Pfirsiche. Sind die Gläser gänzlich kalt, so korkt man sie gut nieder, überbindet sie mit Blasen und bewahrt sie an einem trockenem Ort auf.

Aprikosen in Branntwein.

Diese werden in halbe zerlegt, dünn abgeschält und ganz wie die Pfirsiche eingemacht.

Besonders zu empfehlen sind jedoch die ganzen mit der Schale eingemachten Aprikosen.

Birnen in Branntwein.

Man schält reife, saftige, jedoch harte Birnen, schneidet sie in Halbe oder Viertel und wirft sie gleich, damit sie nicht braun werden, in mit Citrone gesäuertes Wasser. Nun läutert man zu jedem halben Pfund Birnen 375 Gramm Zucker, giebt den Saft einer Citrone hinzu, läßt die Birnen teilweise weich kochen und gießt sie in steinernes Gefäß. Am andern Tage gießt man den Syrup ab, legt die Birnen wohlgeordnet in Einmachgläser, läßt den Syrup aufkochen, giebt zur Hälfte französischen Branntwein hinzu und dieses dann abgekühlt über die Birnen.

Dreiunddreissigster Abschnitt.

Vom Einsalzen und Wurstmachen.

Schinken auf gewöhnliche Art zu salzen.

Zu 2 Schinken von 6 bis 7 Pfund nimmt man 3 Pfund Salz, 126 Gramm Salpeter und 375 Gramm weißen Zucker. Man mengt alles zusammen, reibt den Schinken tüchtig mit reinen, kalten Händen, bis das Salz daran feuchtet und legt sie in eine sehr saubere, vorher mit kochendem Wasser ausgewaschene und gut ausgelüftete Ballje. (Holzbütte.) Unter täglichem Wenden und Reiben läßt man die Schinken 14 Tage in der Lake.

Geräucherte Hammelkeule.

Hierzu nimmt man nur die Keulen von guten, fetten Hämmeln. Zu einer Keule von 5 Pfund mengt man $1\frac{1}{2}$ Pfund Salz, 46 Gramm Salpeter und 125 Gramm weißen Zucker gut zusammen und reibt sie mit reinen, kalten Händen damit, bis die Haut weich und feucht wird. Dann legt man die Keule in eine Balje, worin sie sehr geschlossen liegt und läßt sie unter täglichem Wenden und Reiben 10 Tage salzen, hängt sie 24 Stunden in einen luftigen Raum und giebt sie darnach in den Rauch.

Beim Einsalzen von Speck, wenn man ihn in Stücken in der Pökelbalje dicht zusammen packt, rechnet man auf 50 Pfund Speck 3½ Pfund Salz und 93 Gramm Salpeter.

Gesalzene Ochsenzunge.

Die Ochsenzunge wird wegen der dicken Haut vor dem Einsalzen durch kochendes Wasser gezogen, hierauf rasch mit ⅓ Pfund Salz und 15 Gramm Salpeter eingerieben; dann schlägt man die Spitze der Zunge um den Haken und legt sie in einen Topf. Am andern Tage wird sie gewendet, wieder eingerieben und dann mit der Lake, daß sie ganz damit bedeckt ist, übergossen. Ist jedoch gesalzenes Fleisch mit Lake vorhanden, so kann man die Zunge zu demselben legen und nach 10 Tagen räuchern oder kochen.

Auf einer Schüssel angerichtet, wird sie mit gut eingekochter Glasur bestrichen und mit Aspick, Trüffeln oder macedonischem Gemüse verziert.

Soll die Zunge auf Butterbrot gelegt oder kalt geschnitten werden, so läßt man sie in der Brühe erkalten.

Geräucherte Gänsebrust.

Zum Räuchern nimmt man nur die Brüste und die Keulen von sehr fetten Gänsen; diese werden mit Salz und Salpeter eingerieben; man läßt sie eine Nacht damit liegen, packt sie dann in einen Topf, übergießt sie mit Lake und läßt sie 3 Tage darin. Aus dem Topfe genommen werden die Brüste unten mit einem Bindfaden durchzogen, um die Schenkel eine Schlinge gelegt und einen Tag aufgehängt, damit sie von der Luft durchzogen werden; darauf giebt man sie in den Rauch. (Siehe die Zubereitung einer Lake).

Die geräucherte Gänsebrüste werden roh zum Butterbrot gegessen; die Scheiben werden der Länge nach geschnitten mit Petersilie schön angerichtet. Gänsebrust und Kartoffelsalat ist ein vorzügliches Abendessen.

Mettwürste.

Diese werden gewöhnlich vom Fleischausschnitt aus den Blöcken zc. zubereitet. Am besten ist es, wenn man das sogenannte Mett zu Würsten gleich nach der Bearbeitung, wie später angegeben, in Därme stopft; dadurch bleiben sie saftiger und erhalten eine bessere Farbe. Mettwürste werden in Ochsendärme, sowie auch in Flomenfelle gestopft. Letztere zieht man, nachdem die Flomen erkaltet sind, behutsam ab und spannt sie zum Trocknen über ein sauberes Brett. Dann schneidet man sie in passende Stücke, näht sie der Länge nach und unten zusammen. Man macht hiervon recht dicke Würste, und verwendet sie nach dem Räuchern gewöhnlich zum Butterbrot. Bei dem Stopfen der Würste hat man sehr darauf zu achten, daß sie fest werden; deshalb sticht man die mit Wind aufgeblasenen Stellen leicht mit einer Nadel ein, wodurch man das Fleisch enger zusammen bringt. Würste, welche nicht fest gestopft sind, lassen sich nach den Räuchern nicht gut aufbewahren; die eingezogene Luft verursacht Schimmel und auch einen herben Geschmack. Beim Räuchern dürfen die Würste nicht zu nahe zusammen hängen, damit die Luft durchziehen kann. Es ist am besten, wenn sie erst 4 Wochen nach dem Räuchern in Gebrauch genommen und am einem luftigen Ort hängend aufbewahrt werden. Viele Hausfrauen geben bei dem Kneten des Metts Blut darunter, um die Wurst saftiger zu erhalten; dieses ist jedoch ein Irrtum, denn Blut ist kein Ersatz für Fleischsaft; das Blut verdickt sich und macht die Wurst trocknen. Eine gute und saftige Wurst zu erhalten, liegt nur an dem sofortigen und festen Stopfen. Da ich jetzt die Behandlung der Mettwürste im allgemeinen angegeben, so werde ich zu den verschiedenen Sorten übergehen

Gekochte Mettwurst.

5 Pfund sehr fein gehacktes Mett, 30 Gramm feinen weißen Pfeffer, 15 Gramm Nelkenpfeffer, 80 Gramm Salz, 15 Gramm Salpeter.

Die Würste werden in dicke Schweinsdärme sehr fest gestopft, dann legt man sie auf kochendes Wasser und läßt sie eine halbe Stunde brühen; das Wasser muß stets kochend bleiben, jedoch muß man ein Aufkochen verhindern.

Cervelatwurst.

4 Pfund vom feinsten Schweinefleisch, 625 Gramm Rückenspeck, 625 Gramm Flomenfett. Alles wird sehr fein mit 23 Gramm feinem, weißem Pfeffer, 140 Gramm Salz und 15 Gramm gehackt. Die Würste werden in die geraden, dicken Schweinsdärme oder in Flomenfelle gestopft. Diese Sommerwurst wird roh zum Butterbrot und als Beilage zu Gemüsen verwendet.

Bratwurst.

Man hackt beim Einschlachten etwas von dem Mett recht fein, würzt es mit schwarzem Pfeffer, Nelkenpfeffer, gestoßenen ganzen Nelken, sowie Salz nach Geschmack und stopft die Wurst in dünne Schweinsdärme.

Gehirnwurst.

Das Gehirn von 2 Schweinen, ¼ Pfund Schweinsmürbebraten und mageres Schweinefleisch, 250 Gramm Speck vom Rücken, 125 Gramm Weißbrot.

Der Speck wird mit etwas Abfall oder Knochen eben mit kaltem Wasser bedeckt gar gekocht und mit dem Fleisch sehr fein gehackt; das Gehirn wird gut ausgewässert, von allen Blutfasern befreit und gröblich geschnitten; das Brot wird in der Brühe eingeweicht. Nach Belieben kann man eine gehackte in Butter gebratene Zwiebeln hinzugeben. Man würzt die Masse mit feinem, weißen Pfeffer, geriebener Muskatnuß und Salz, knetet alles zusammen durch, giebt sie in dünne Schweinsdärme, dreht die Würste einen Fingerlang ab und bratet sie in Butter zu einer schönen Farbe.

Ochsenwurst.

1 Pfund mageres Ochsenfleisch wird mit 375 Gramm Nierentalg sehr fein gehackt; dann würzt man dieses mit Nelkenpfeffer, schwarzem Pfeffer und Salz, füllt es nicht zu fest in Ochsendärme, bindet diese zu und kocht dann die Wurst auf Kohl; sie wird auch gebraten.

Blutwurst.

Durchgewachsener Speck, am besten vom Bauch, wird in wenig Wasser gekocht und in Würfel geschnitten. Hierzu giebt man durch ein Sieb gegossenes Schweineblut, das Füllfett und etwas Mehl, sodaß es von der Dicke eines Beigusses und der Speck reichlich darin ist. Dann wird es mit Nelken Nelkenpfeffer, Salz, Thymian und Majoran gewürzt in dicke Därme halb gefüllt und 1½ bis 2 Stunden gekocht. Ob die Würste gar sind, erkennt man daran, wenn beim Einkochen das Fett herausfließt.

Blutwurst mit Zunge.

Mageres Schweinefleisch, etwas Rückenspeck und die Schwarten werden gekocht. Dann hackt man das Fleisch recht fein und schneidet Speck und Schwarten in kleine Würfel. Hierzu giebt man durchgesiebtes Blut, Salz, Nelken, Nelkenpfeffer, Thymian und Majoran und mengt alles gut durcheinander. Mit dieser Masse werden die Därme halb gefüllt, dann steckt man in jeden eine gekochte Schweinszunge oder eine gespaltene Ochsenzunge, bindet die Würste zu und läßt sie 2 Stunden kochen.

Feine Leberwurst auf Butterbrot.

Eine große Schweinsleber, 1 Pfund feines Schweinefleisch, 1 Pfund Speck vom Rücken.

Fleisch und Speck werden gekocht und sehr fein gehackt; dann nimmt man alles Fett von der Brühe und läßt die in Scheiben geschnittene Leber darin aufkochen, so daß sie sich durch ein Sieb reiben läßt, mengt nun alles mit dem abgenommenen Fett, einer Tasse Brühe, feinem, weißen Pfeffer, Nelken, Nelkenpfeffer, Salz, Thymian und Majoran durch, füllt die Därme bis zum dritten Teil und läßt sie ½ Stunde kochen.

Gewöhnliche Leberwurst auf Butterbrot.

Die Leber wird roh gehackt und durch ein Sieb gerieben; hierzu giebt man Zunge, Nieren, Schwarten, etwas Speck, gekocht und recht fein gehackt, das abgenommene Fett von der Brühe, Pfeffer, Salz, Thymian und Majoran und mengt alles gut durcheinander. Dann giebt man die Masse ins Schweinsdärme, zum dritten Theil gefüllt und läßt sie eine halbe Stunde kochen. Sollen die Würste aufbewahrt werden, so läßt man sie etwas anräuchern.

Isländischer Moosthee.

gegen Husten und Brustleiden. Man spült einen Theetopf mit kochendem Wasser aus, thut 15 Gramm isländisches Moos und übergießt es mit $\frac{1}{2}$ Pint kochendem Wasser. Man trinkt hiervon eine kleine Tasse mit Kandis oder Honig gesüßt.

Isländisches Moosgelee.

Zu einem Pint Wasser giebt man 62 Gramm isländisches Moos und läßt es langsam, ungefähr in $\frac{3}{4}$ Stunden bis zum dritten Teil einkochen, dann gießt man es durch ein feines Sieb und läßt es mit dem Safte einer Citrone, einem Glas Sherry oder Madeira und 62 Gramm Zuker zu einem Gelee einkochen.

Man giebt es dem Kranken löffelweise kalt oder erwarmt.

Isländisches Moos.

gegen Husten Husten und Erkältungen. Man giebt soviel Moos als man mit den Fingern halten kann, ungefähr eine Löffel voll in eine steinerne oder gut verzinnte Pfanne, gießt reichlich ¼ Pint kaltes Wasser darauf und läßt es 2 Minuten kochen. Dann giebt man es durch ein Sieb in eine große Tasse und würzt es mit Zucker oder Honig und dem Saft einer halben Citrone. Isländisches Moos wird von Bustleidenden als eine große Labung getrunken.

Ein gutes Mittel für Kalt.

Man nehme 2 Unzen Flachssamen in einen Quart Wasser, siebe es durch und gebe zwei Unzen Kandel Zucker, ¼ Pint Honig, den Saft von drei Citronen, mische es zusammen und lasse es gut kochen und lasse es darauf abkühlen. Man nehme als Dose für eine erwachsene Person eine Tasse voll vor Bettzeit, und eine halbe Tasse vor dem Essen.

Haferwasser für Kranke.

Man übergießt 93 Gramm Hafermehl oder feine Hafergrütze mit einem Pint kalter Brunnenwasser, stellt es einige Stunden auf Eis oder an einen kühlen Ort. Wird von dem Kranken das Wasser zum Trinken begehrt, so rührt man es eben um, gießt das klare Wasser ab und läßt es über einem hellen Feuer aufkochen. Es ist alsdann ein recht seimiges Wasser, welches den Hauptnahrungsstoff des Hafers enthält. Man würze es nach Belieben mit Salz oder Zucker und bringt es dem Kranken in einer Tasse mit geröstetem Brot.

Ein Mittel für einen rohen Hals.

Man schneidet Scheiben vom Seitenstück oder Schinken, lasse es ein wenig in heißen Essig simmern und wickle es um

Hals so heiß wie möglich. Wenn es nun abgenommen wird, ist der Hals viel erleichtert, dann wickle man einen Bandage aus weichen Flannel darum. Nebenbei nehme man gleiche Teile von Borax und Alaun, lasse es aufgehen in Wasser und gurgle mit dies öfters. Dies wird gewöhnlich alles sein was nötig ist.

Um das Bluten zu stillen.

Man binde eine Handvoll Mehl auf dem Schnitt.

Magerheit.

Kommt gewöhnlich davon, daß die Organen die Kraft nicht besitzen das Fett des Essens zu verdauen. Um dasselbe zu bessern sind folgende Regel absolut notwendig.

Erstens. Verdauungsfähigkeit zurück zu rufen. Man nehme sich genügend Schlaf, des Morgens trinke man soviel Wasser, als der Magen ertragen kann, nehmt ein kleinen Spaziergang darauf in die Frische Luft und zum Essen nehme man Hafergrütz und Beef, man halte lachlustige oder fröhliche Umgang mit Personen und bade sich täglich.

Der Athmen.

Nichts ist mehr wiederwärtig zu nebenstehende Personen als ein ungesundes Athmen. Es kommt gewöhnlich durch faule Zähnen, ein kranker Magen oder Nase. Sauberkeits- und Gesundheitsmaßregel wie beschrieben vertreiben es meistenteils.

Das Bluten der Nase.

Viele Kinder, besonders vollblütige Temperamente sind diesem Falle ausgesetzt. Gewöhnlich ist man diesem Bluten im Frühling und Sommer besonders ausgesetzt. Man soll es nicht zu schnell abschließen. Um es zu verhüten, wenn es zu häufig vorkommt, nehme man ein naßkaltes Tuch und lege es plötzlich auf den Rücken zwischen die Schultern, und lege sich den Kopf zurück. Dieses ist gewöhnlich genug um es zu stillen; sollte es dennoch diese Mittel wiederstehen, so nehme man kalte Tücher und lege sie über die Nase und Stirn, lege die Hände in kaltes Wasser und die Füße auf eine heiße Flasche. Um es gänzlich zu verhüten, wasche man den Körper jeden Morgen mit einem Schwamm.

Einen Schwamm zu reinigen.

Man reibe eine Citrone gut durch den Schwamm und dann tauche ihn mehrere Male in lauwarmes Wasser.

Schmucksachen zu reinigen.

Nichts ist besser dafür als eine Portion Ammonia und Wasser. Man reibe sie mit dieser Auflösung und einem weicher Bürste und darauf in kaltes Wasser.

Um Glas zu reinigen.

Um Fenster, Spiegeln und dergleichen zu reinigen nehme man dieselbe Auflösung wie vorhergehend.

Um eine gute harte Seife zu machen.

12 Quart kochendes Wasser auf 2½ Pfund ungelöschter Kalk, löse 5 Pfund Soda in 12 Quart warmes Wasser, dann mische alles zusammen und laß es 24 Stunden stehen. Dann schütte es ab, koche 3½ Pfund sauberes Fett und 3 bis 4 Unzen Rosin in obere Auflösung, lasse dann alles in eine Form laufen und 24 Stunden erhärten und schneide es dann in Stangen.

Um Fettflecken zu vertreiben.

Man nehme einen Teil Alkohol, ein Teil Ammonia und 2 Theile Ether. Reibe den Fleck mit einem in dieser Auflösung getauchter Schwamm und dann mit etwas kaltem Wasser. Sollte man Oel auf einen Teppich verschütten, so streue man sogleich etwas Kornmehl darauf, welches das Fett sogleich einsaugt, oder man lege Löschpapier darauf und bügle das Papier mit einem heißem Eisen.

Kohlenfeuer.

Wenn das Feuer zu niedrig geht, so nehme man einem Eßlöffel Salz und werfe es ins Feuer. Das Feuer wird sogleich frisch brennen.

Einen Kamm zu reinigen.

Man soll einen Schwamm nie in Wasser waschen. Man nehme eine Bürste und bürste den Kamm damit. Dies ist sogleich wirksam und der Kamm wird nie hart und bricht nicht.

Ueber die Speisezettel im allgemeinen.

Einen guten und richtigen Speisezettel zu entwerfen, sodaß die Speisen für die Zeit passend und mit einer guten Auswahl dargeboten werden, verlangt namentlich bei einer großen Mittagstafel große Vollkommenheit und Erfahrung in der Kochkunst. Kleine oder Familienessen werden gewöhnlich nach Landessitte aufgetragen, ein größeres Essen nach gemischter Küche in mehreren Gängen; die kleinen Schüsseln werden geschmackvoll angerichtet und gereicht; die großen Stücke werden auf einem Nebentische geschnitten und vorgelegt, die Beigüsse und Gemüse gereicht. Die Speisen oder Gänge werden folgender Weise gereicht:

1. Die Suppe, eine oder Zwei, je nach der Personenzahl; werden zwei Suppen gereicht, so muß die eine klar, die andere gebunden sein.

2. Die kleinen Schüsseln nach der Suppe, wie sie im Buche angegeben.

3. Die warmen Fische, ein oder zwei. Sind zwei Fische da, so muß der eine gekocht, der andere gebraten oder auf andere Art hergerichtet sein.

4. Die Mittelschüsseln. Hierzu gehören die Ragouts, kleine Fleischsachen und Beilagen, wie sie im Buche angegeben.

5. Die großen Fleischstücke, wie: gedämpfte, gebratene, geschmorte Fleischstücke, Wild und Geflügel.

6. Geröstetes, das letzte warme Tischgericht, bei großen Gesellschaften bestehend aus wilden und zahmen Geflügel,

Wildpret mit Kompotts, Salaten und schönen Gemüsen aufgetragen.

7. Die kalten Schüsseln, wie die kalten Fische, Mayonnaisen, kalte Pasteten ꝛc. Mann kann bei diesem Gange statt einer kalten Schüssel auch eine warme Eierspeise reichen, oder ein besonders hergerichtetes Gemüse als alleiniges Gericht wie: Blumenkohl mit Krebsguß, Blumenkohl mit Käsekruste, Meerkohl, Spargel, ꝛc.

8. Die süßen Speisen, ein warmer Pudding oder Mehlspeise kommen vor den kalten.

Hierauf folgt der Käse, Brot, frische Butter, ofters mit kleinen, zum Käse beliebten Beilagen, wie Sardinen, geräucherte Fischschnittchen, Kaviar, Radieschen, Brunnenkresse, Stauden oder englischer Sellerie. Statt einfachem Brot reicht man auch kleine Brötchen, Wasserbiskuits (Cakes), Haferkuchen und geröstete Brotschnittchen, ferner reicht man statt Käse kleine Käsesachen, wie; Käsebällchen, Käsekrusten, Käsestroh, Käsetoast, Käsewaffeln. Bei großer Mittagstafel beide Teile. Hierauf folgt der Nachtisch, bestehend aus Torten, kleinem Backwerk, Bonbons, Kompotts, in Branntwein eingemachten Früchten, frischen und getrockneten Früchten, wie sie die Zeit bietet. Gefrorenes sowie Creme und Wassereis, Eispudding oder Aufläufe werden vor dem Käse aufgetragen. Eisbecher, sowie römischer Punsch und Granito werden nach einer kräftigen Suppe z. B. Schildkrötensuppe gereicht, auch nach dem Gerösteten.

Nachstehend werde ich mich bemühen einige große und kleine Speisezettel für die verschiedenen Küchen darzulegen.

Ein warmes Essen für den Neujahrsabend.

Fleischbrühe in Tassen, kleine Pasteten, mit Mus von Geflügel.—2. Gekochte Karpfen, Meerrettig-Beiguß, geschmolzene Butter und Kartoffeln.—3. Gebratene Kalkute (Puter), gekochter Schweineschinken, gestobte Sellerie und gebratene Kartoffeln.—4. Gebratener Hase, rotes Johannisbeeren-Gelee, Kompott von Aepfeln und Rotkraut.—5. Ochsenaugen mit Zucker.—6. Gänseleber-Pastete, geröstete Brotschnitte. Nachtisch: Wienertorte, Früchte, eine heiße Bowle, Citronen- oder Apfelsinenpunsch.

Für Brandwunden.

Diese Wunden sind immer sehr schmerzhaft, aber der Schmerz kann gewöhnlich sogleich gestillt werden, wenn man sofort zwei Eßlöffel Salerätus in eine halbe Tasse auf einem leinenen Tuch schüttet und diese auf die Wunde legt. Der Schmerz ist dann augenblicklich fort. Sollte aber die Wunde zu tief gebrennt sein, so daß die Haut fort ist, dann lege man den trockene Salerätus darauf.

Flecken auf Leinnen Kleider und Tücher.

Man nehme Ammonia in genug Wasser um den befleckten Artikel einzuweichen, läßt es ein oder zwei Stunden darin liegen vor dem Waschen. Wenn man ungefähr eine Tasse voll dieser Mischung in die eingeweichte Wäsche hineinschüttet, ist des Morgens die halbe Arbeit schon gemacht, denn es löst den Schmutz und man bekommt eine feine reine Wäsche, welches sehr befriedigend ist zu einer Hausfrau, die ihren Stolz setzt in Reinlichkeit. Man kann keinen Bleichartikel irgendwo kaufen oder so billig herstellen. Bei Handtüchern läßt man sie erst eine halbe Stunde einweichen, reibt sie dann gut und tüchtig ab, gut geschwenkt darauf, dann in der Sonne, damit eine reine weiße Farbe erreicht wird.

Kroup.

Man gebrauche Alaun und Zucker. Der Alaun wird auf einem Gräten beinahe pulverirt (ein Eßlöffel voll genügt) mit doppelter Quantität Zucker, sodaß es eßbar wird und gebe es so schnell wie möglich. Augenblicklich wird Erleichterung eintreten.

Im Sommer kommt es häufig vor, daß man sich im Wald mit irgend einem Pflanze vergiftet. Man nehme ein Tell Saleratus zu zwei Theelöffel voll Wasser und dann ein Tuch genäßt mit Hammamellis Extrakt. Nachher nehme man etwas für den Stuhlgang wie z. B. Epsom Salts.

Schweiß.

Der unangenehme Geruch welcher oftmals der Schweiß bei Personen mitbringt verursacht viele, welcher diesen besonders ausgesetzt sind manche unangenehme Stunden. Es ist sehr leicht dieses zu vermeiden. Man nehme Geist von Ammonia in einem Basin Wasser und wasche Gesicht, Hände, Arme und Füße mit diesem. Dieses läßt darauf die Haut so zart und rein wie man es nur wünschen kann. Dieses Mittel ist ganz gefahrlos und billig und wird verschrieben von den besten Aerzten.

Motten in Teppiche.

Um dieses Uebel zu vermeiden wasche man den Fußboden zuerst mit starkem, heißen Salzwasser. Dann lege den Teppich und sprenkle ihn einmal die Woche mit etwas Salz ehe man auskehrt. Dieses ist ein sehr zuverlässiges Mittel.

Ein Arzt sagt, daß man ein Geschwür nicht reif werden lassen soll, wenn man es im Anfang verhindern kann, da der Körper wahrscheinlich mehr durch die sich sammelnde Masse vergiftet als erleichtert wird. Das Geschwür sollte mit Jod bepinselt werden und wenn das rechtzeitig geschieht, wird es nicht schlimm werden.

Ein anderes Mittel gegen Motten.

Rainfarn, auch Wurmkraut genannt, hänge man in grünen Büscheln in die Kammern und Schränke und stecke sie unter die Teppiche. Es soll ein sicheres Präservatifmittel sein, doch muß es gepflückt werden, ehe es in Saamen schießt.

Wenn man einen Baum umpflanzt und die Wurzeln sind kurz und augenscheinlich ungenügend, so beschneidet man die Krone und der Baum wird viel besser gedeihen, als wenn die Zweige bleiben. Die Wurzeln sind wichtiger als der Teil über der Erde.

Einen Ring zieht man von einem geschwollenen Finger am besten so: Wickle von der Fingerspitze nach unten eine glatte Gummilitze. Dann halte die Hand eine kleine Weile über den Kopf. Ist dies zwei oder 3 Mal wiederholt, so wird der Finger sicher leicht durch den Ringen gehen.

———

Man bereitet einen elastischen Kleider folgendermaßen: Zu 20 Teilen Alkohol nimm 1 Teil Salicylsäure, 3 Teile weicher Seife und 3 Teile Glycerin. Schüttle es gut und füge eine Flüssigkeit aus 93 Teilen Gummi Arabicum und 180 Teilen Wasser bestehend, hinzu. Dies hält sich vorzüglich und ist durchaus elastisch.

———

Gegen eingewachsene Nägel gebraucht man zu gleichen Teilen Hammeltalg, weiße Seife und weißen Zucker zu einer Salbe zusammengerührt. Sie ist so lange aufzulegen, bis die Geschwulst sich gelegt hat und dann beschneide man den Nagel in der Mitte.

———

Manche Hausfrau hat Noth, Papier an Zinn haften zu machen. Sie mache sich am besten einen Kleister aus Tragant und Wasser und setze einige Tropfen Vitriol hinzu. Der Droguist bei dem sie das Material kauft, kann ihr am besten die Anweisung geben, wieviel sie von jedem nehmen soll.

Eine Gesundheitsmaßregel.

Ein Sachverständiger macht auf die Nothwendigkeit aufmerksam, die Zimmer gründlich zu lüften und die Abflußröhre auszupühlen, wenn eine Familie nach längerer Abwesenheit nach Hause zurückkehrt. Ein verschlossenes Haus ist oft mit verderblichen Gasen angefüllt, die sich nicht immer durch übeln Geruch ankündigen. Viele Halskrankheiten sind auf Vernachlässigung dieser Vorsichtigkeitsmaßregel zurückzuführen.

Es ist konstatiert, daß in einer Gallone abgerahmter Milch fast ein Pfund fester Nahrung ist, magerem Fleisch fast gleich vom chemischen Standpunkt aus. Dies ist also das Fleisch der Milch und es ist gar kein Grund vorhanden, weshalb es nicht als Nahrungsmittel gerade so wie Fleisch genossen werden sollte, mit Zuhülfenahme irgend einer Art von einem Fett. Aber da es mit einer Flüssigkeit vermischt ist, sind die Leute nicht im Stande es zu würdigen und bemerken selten die Thatsache, daß es überhaupt ein Nahrungsstoff ist.

Gegen Husten koche man eine Unze Flachssamen; in 1 Pint Wasser, kläre ab, thue ein wenig Honig, eine Unze Kandis und den Saft von drei Zitronen hinzu und lasse es gut zusammen durchkochen. Es muß so heiß wie möglich getrunken werden.

Gegen Sonnenbrand.

Ein kleiner Beutel voll Hafermehl, ein Zoll im Quadrat in heißes Wasser getaucht und auf die sonnverbrannte oder fieberheiße Stelle im Gesicht gelegt, ist eine angenehme Linderung.

Einfluß von kalten und heißen Bädern.

Ein französischer Forscher hat kürzlich den Einfluß kalter und heißer Bäder auf Athmungs- und Ernährungsprozesse studirt. Er kommt zu dem Schluß, daß unter dem Einfluß kalter Bäder Sauerstoff absorbirt wird und mehr Kohlensäure ausgeschieden. Zugleich geht mehr Luft durch die Lungen. Warme Bäder wirken in ähnlicher Weise, aber nicht so auffallend.

Kleine wiederholte Portionen von Schwefel werden von einem englischen Arzt bei Behandlung von Diphtheritis sehr gepriesen. 15 Gramm Schwefel können in einer Unze Schleim aufgelöst und nach Geschmack gewürzt werden. Hiervon kann stündlich oder halbstündlich ein Theelöffel oder mehr genommen werden, je nach dem Alter des Patienten.

Der beste Dünger für Trauben ist Knochenmehl und Kali. Nicht gemahlene Knochen sind langsamer in Wirkung als das Mehl, doch wenn man einen Scheffel davon an den Wurzeln des Weinstocks eingräbt, so werden sie mit der Zeit absorbirt und zu Trauben umgewandelt. Holzasche und eigen gemachte weiche Seifenlauge liefern das Kali.

Ein Kubikzoll Gold ist $210 werth, ein Kubikfuß $362,-380; eine Kubikelle $9,797,762. Der Werth ist $18 die Unze angenommen. Beim Beginn der christliche Zeitrechnung gab es $427,000,000 Gold in der Welt. Das hatte sich bis auf $57,000,000 verringert, als Amerika entdeckt wurde. Dann nahm es wieder zu. Jetzt wird der Goldbetrag auf $26,000,000,000 geschätzt. Und doch, wäre dies alles zu einer Masse zusammen geschweißt, würde es nur einen Würfel von 26 Fuß bilden.

Cement für Oefen.

Wenn ein Ofen einen Riß bekommen hat, kann man Holzasche und Salz zu gleichen Teilen nehmen, daraus mit kaltem Wasser einen Kleister machen und zwischen die Risse streichen, wenn der Ofen abgekühlt ist. Es wird bald hart

---

Die Süßigkeit des Brots hängt davon ab, daß man gerade den rechten Moment abzupassen versteht, um die Gährung zum Stillstand zu bringen, sonst wird es säuerlich. Wird am besten durch Erfahrung gelernt.

Die Einheit bei der Berechnung der Leuchtkraft ist die Kerze, d. h. soviel Licht als eine Wallrathkerze von ein Sechstel Pfund Gewicht hervorbringt, wenn sie mit der Schnelligkeit von 120 Gramm die Stunde verbrennt.

---

1 Gramm Strychnin kann seinen Geschmack auf 1,750,000 Gramm Wasser übertragen, und obgleich in jeden Gramm Wasser nur der 1,750,000te Theil eines Granes Strychnin enthalten ist, kann man es deutlich schmecken

Gegen schlucken.

Dr. Henry Tucker empfiehlt folgendes einfache Mittel gegen das Schlucken: Man befeuchte körnigen Zucker mit gutem Essig. Einem Säugling kann hiervon eine Messerspitze bis zu einem Theelöffel voll gegeben werden. Er hat es bei jedem Lebensalter gebraucht, bei Säuglingen von einigen Monaten bis zum Greisenalter, und nie hat es seine Wirkung verfehlt. Das Mittel ist so einfach, daß es einen Versuch werth ist.

Kalk kann auf drei Arten befruchtend wirken. Er ist eine direkte Quelle für Pflanzen-Nahrungsstoff; er schließt die Vorräthe von schlummernder Nahrungskraft auf und macht sie nutzbar, ob sie mineralisch oder organisch im Boden enthalten sind; und er verbessert und lockert den zu festen Acker.

Wie man Seidenzeug konservirt.

Man soll niemals eine Bürste gebrauchen, sie schadet dem Zeug. Statt dessen sorgfältig mit einem weichen Stück abwischen, gelegentlich den Sammt ausschütteln und zwischen jede Falte wischen, wenn man das Kleid wohl erhalten will und wenn es so gut wie neu aussehen soll.

Auf Glas zu schreiben.

Tinte, die auf Glas haftet, macht man aus Fluor-Ammonium in Wasser aufgelöst und mit dem dreidoppelten Gewicht von Schwefelsaurem Barium vermischt.

Inhaltsverzeichnis.

Kraftsuppen.

	SEITE.			SEITE.
Vorbereitete Suppen,	11	Spanische Suppe,	=	29
Leichte Fleischbrühe,	12	Schleim "	=	29
Königliche Kraftsuppe, =	13	Graupen "	=	30
Hühnerbrühe, =	14	Königin "	=	30
Kalbfleischbrühe, =	15	Weiße Sago "	=	31
Fleischbrühe v. Wildgeflügel,	14	Hasen "	=	32
Fleischthee, =	16	Indische "	=	34
" von Kalbfleisch,	16	Kohl "	=	35
Kraftsuppe, =	16	Erbsen "	=	36
Maccaroni Suppe =	17	Kerbel "	=	36
Eierschaum, =	17	Kartoffel "	=	38
Austern, =	17	Grüne Kohl " mit Rahm		40
Spargel, = =	18	Getrocknete Erbsensuppe,		40
Julienne, =	18	Weiße Bohnen "		41
Brunoise, = =	19	Linsen "		41
Frühlings, =	20	**Fischsuppen.**		
Französische Gemüsesuppe,	20	Hechtsuppen,	=	42
Ochsenschwanz "	22	Sturen "	=	42
" " Klare,	24	Hamburger Aalsuppe,		44
Kalbschwanz "	25	Schildkrötensuppe,	=	45
Ochsennieren "	26	Schlachten der Schildkröte,		46
Hammelfleisch "	27	Weiße Krebssuppe		47
" Brühe,	27	Braune "	=	48
Hühnersuppe, =	28			

INHALTSVERZEICHNIS.

	SEITE.
Hummersuppe,	49
Krabben " =	49
Austern " =	50
Milchsuppen.	
Reis = =	52
Klößen, =	52
Sago, =	52
Nudel, =	52
Madominsuppe, =	53
Fasten " =	53
Hasergrütze "	53
Eiermilch, =	53
Schokoladen, =	54
Buttermilch, =	54
" mit Birnen u. Klößen,	54
Weinsuppe mit Graupen,	55
Schaum, =	55
Weißwein mit Sago,	56
Rotwein " "	56
Eierbier " "	56
Biersuppe zum Trinken,	56
" mit Brot,	57
Weißbiersuppe mit Sargo,	57
Hafer, = =	57
Haferschleim für Kranke,	58
Graupenschleim "	58
Haferbrei für Kinder,	58
Fruchtsuppen.	
Von gemischten Früchten,	59
Stachelbeer mit Sago,	60
Bickbeer, = =	60

	SEITE.
" mit Weißbrot,	60
Kirschensuppe, =	61
Gerstengrütze, =	61
Himbeeren, =	61
Haferschleim mit Aepfel.	62
Stachelbeeren, =	63
Erdbeeren, =	63
Himbeeren, =	64
Kirschen, =	64
Aprikosen, =	64
Bier mit Rahm, =	65
Reismehlklöße,	65
Kartoffelklöße, =	66
Reisklöße,	67
Schokoladenklöße, =	68
Russische Klöße,	69
Fleischklöße, =	70
Fischklöße, =	71
Eierschwamm, =	72
Beilagen.	
Eierklöße, = =	73
Suppenreis =	73
Pfannkuchen zur Suppe,	73
Gebratene Brotkrümel,	74
Geröstetes Brot,	74
Gemüsen.	
Vorbereitung der Gemüse,	75
Geschälte Kartoffeln,	76
Junge Kartoffeln,	76
Gebackene " =	76
Kartoffelbrei, =	77
Gedämpfte Kartoffeln,	77

INHALTSVERZEICHNIS.

	SEITE		SEITE
Kartoffeln in der Schale,	78	Brey "	87
Gebratene Kartoffeln,	78	Schwarzwurzeln,	88
Kartoffel Schmarren,	78	Gelbe Wurzeln	88
" Pudding zum Sauerbraten,	78	Junge Wurzeln mit Rahm,	88
		" " " Erbsen,	89
Kartoffel Bällchen,	79	Artischotten,	90
Blumenkohl mit Rahm,	80	Kopfsalat mit Beiguß,	90
Gebackener Blumenkohl,	80	Gedämpfter Kopfsalat	90
Weißer Kohl,	80	Pasteten von Tomaten,	91
Sauerkohl,	81	Pasteten von Champignons,	91
Winterkohl,	81	Champignonmus,	92
Kohlrabi,	82	Frische Trüffeln,	92
Teltower Rüben,	82	Geschwenkte Trüffeln,	93
Selerie mit Rahm,	82	Gehackte Petersilie,	93
Mairüben,	83	Gebackene Zwiebeln,	93
Selleriemus,	83	Glasierte Zwiebeln,	93
Englische Selerie,	83	Kastanienmuß,	94
Schitrat,	83	Geröstete Kastanien,	94
Ausgetrockener Selerie,	84	Getrocknete weiße Bohnen,	94
Spinat Pudding,	84	Bohnenmuß,	95
Gestobte Erbsen,	84	Erbsenmuß,	95
Grüne Erbsen,	85	Geschwenkte Linsen,	95
Pahl " englische Art,	85	Kartoffelsalat,	96
Schneidebohnen, deutsche "	85	Kartoffelsalat mit Schinken,	96
" englische "	86	" mit Heringen,	97
" und Rahm,	86	" mit Puddinge,	97
Brechbohnen mit Lammfleisch,	86	Heringssalat,	97
Wachsbohnen und Rahm,	87	Krabbensalat,	98
Große Bohnen	87	Gurkensalat,	98
Schlepp Spargel	87	Rotkohlsalat,	98

INHALTSVERZEICHNIS.

	SEITE.
Bohnensalat, =	98
Muschelsalat, =	99
Fischsalat, =	99
Selleriesalat, =	99
Englischer Selleriesalat,	100
Kopfsalat mit Beiguß,	100
Tomatensalat. =	100

Beigusse.

	SEITE.
Kraft zum braunen Beiguß,	102
Weißer Butterbeiguß,	102
" Esdragonbeiguß,	103
Reformbeiguß, =	103
Trüffelbeiguß, =	103
Brauner Zwiebelbeiguß,	103
Anderer "	103
Weißer Zwiebelbeiguß,	104
Portweinbeiguß, =	104
Schnittlauchbeiguß,	105
Brauner Gurkenbeiguß,	105
Apfelbeiguß, =	105
Butter zu Beigüssen,	105
Anchovis oder Sardebeiguß,	106
Eierbeiguß, =	106
Maitre d'Hotel-Beiguß,	106
Tomatenbeiguß, =	106
Deutscher Beiguß, =	106
Brotbeiguß, =	106
Blumenkohlbeiguß, =	107
Meerrettig-Beiguß, =	107
Kalter Mintbeiguß, =	107

	SEITE.
Mayonnaise o. Oel-Beiguß,	107

Wein Beigusse.

	SEITE.
Champagner-Beiguß,	108
Weißwein-Beiguß, =	108
Rotwein-Beiguß, =	109
Rum-Beiguß, =	109
Englische Brandybutter,	109
Citronen-Beiguß, =	110

Bemerkungen von Fische.

	SEITE.
Gekochter Kabeljau,	111
Gebratener Kabeljau,	111
Kabeljau auf dem Roste,	111
Gebackener Kabeljau,	112
Gekochtes Störfleisch,	112
Stör mit scharfer Kruste,	112
Grillirtes Störfleisch,	113
Gekochter Schellfisch,	113
Gebackener Schellfisch,	113
Gebratener " =	114
Gekochter Steinbutt,	114
Gekochter Stockfisch,	115
Ragout vom Stockfich,	115
Gebratene Seezunge,	116
Gekochte Seezunge,	116
Bilets von Seezungen,	116
Gekochter Dorsch, =	116
Gekochte Makrelen, =	117
Gebratene " =	117
" Stinte, =	117
" Scholle, =	117
Geröstetete " =	**118**

INHALTVERZEICHNIS.

	SEITE.		SEITE.
Gekochter Hering,	118	Geröstetes Störfleisch,	129
Frischer Hering in Essig,	119	Geräucherter Lachs,	130
Heringe auf Jr'dsche Art,	119	Geräucherter Hering,	130
Gebratener Hering,	120	**Kräuter und Fisch.**	
Gesalzener Hering,	120	Rindfleischfüllsel,	130
Saurer Hering,	121	Leber-Füllsel zum Pasteten,	130
Gefüllter Taschenkrebs,	121	Bratwurst-Füllsel,	131
Krebse zu kochen,	122	Wild-Füllsel zum Pasteten,	132
Gekochte Karpfen,	122	Englisches Brot-Füllsel	132
Gebackene " mit Rotwein-Beiguß,	123	Ein anderes Füllsel,	132
		Hecht-Füllsel,	133
Gebackene Karpfen mit Blätterteig,	123	**Schüsseln nach der Suppe**	
		Englische Rahmbutter,	133
Gespickter Karpfen,	124	Reibbrot,	135
Ausgebackene Karpfen,	125	Semmelbrösel,	135
Gebratene "	125	Wasserteig zum Ausbacken,	135
Gebackener Hecht,	125	Deutscher Bierteig,	135
Gekochter Hecht,	126	Muscheln von Austern,	136
Gebackene Filets vom Hecht,	126	Bälchen von Kalbfleisch,	136
Gebackene Lachsschnitte,	126	Bällchen von Hühnern,	137
Frischen Lachs zu kochen,	127	Bällchen von Fisch,	137
Lachsschnitte auf dem Roste,	127	Reiskrusten mit Fleisch,	138
Gekochte Forellen,	127	Kleine Pasten,	138
Schleie zu kochen,	127	Brotkrust mit Caviar,	139
Gebratene Forellen,	128	Reis mit Bratwürstchen,	139
Gekochter Aal,	128	Turkischer Pilau,	139
Gebackener "	128	Kleine Reispasteten,	140
Gebratener Aal,	129	Tomaten-Reis,	141
Frikassee von Aal,	129	Königlicher Reis,	142
Die kleinen Fische,	129	Frische Austern,	143

INHALTVERZEICHNIS.

	SEITE.		SEITE.
Holländische Heringe,	143	Gekochtes Rauchfleisch,	162
Störfleisch-Schnitte, =	143	Gefüllte Kalbskeule,	162
Lachsschnitte, =	143	" Kalbsbrust,	163
Koteletten von Hummer,	143	Gebratenes Kalbsstück,	164

Von den feinen Ragouts.

Ragouts v. jungen Hühnern,	145	Gebratenes Frikandeau,	165
Toulonsisches Ragout,	145	Gebratener Hammelrücken,	165
Reiches Ragout, =	146	Gekochte Hammelkeule,	166
" gemischtes Ragout,	146	Gebrühte "	166
Schildkröten-Ragout,	147	Gebratene Hammelschulter,	167
Falsche Schildkröten-Ragout	147	Geschmorte Hammelkeule,	167
Hasen-Ragout, =	147	Gekochte Hachmelrippen,	168
Ragouts von Hühner,	148	Gebrühte Hammelnierenstück	168

Von Fleischstücken.

		Hammelbrust aus dem Roste,	169
Bemerkungen über Fleisch,	149	Gefüllte Hammelbrust,	169
Vom Spicken, =	149	Gebratenes Lammsviertel,	169
Rostbraten, =	150	Lammsviertel, eng. Art,	170
Roast-Beef zu braten,	151	Gekochte Lammskeule, =	170
Rippenbraten, =	152	Gebratener Schweinschinken,	171
Gedämpfte Rippen,	152	Schweinsrippenbratten,	172
Ochsenschwanzstück, =	153	Gedämpfte Rippen, =	173
Wiener Rostbraten,	153	Schweins-Mürbebraten,	174
Gedämpftes Ochsenschwanz,	154	Spanferkel, =	174
Sauerbraten, =	154	Gekochter Schinken,	174
Eingekochtes Sauerfleisch,	155	Gebackener "	175
Schmorbraten nach Mode,	156	**Wildpret.**	
Gespickter Mürbebraten,	157	Gebratener Rehrücken,	176
Gebrühter "	157	" Hirschkeule,	177
Gesalzene Ochsenlende,	158	Abziehen eines Hasen,	177
Gekochte Ochsenzunge,	159	Gebratene Rehkeule, =	178
Gewürzte Rippen,	160	" Hase, =	178

INHALTVERZEICHNIS.

	SEITE.		SEITE.
Gebratenes Kaninchen,	178	Hühner-Pastete, eng. Art,	200
Geschmortes "	180	Kalbfleisch-Pastete, =	200
Vom Zahmen Geflügel.		Auf andere Art, =	201
Die großen Schüsseln,	181	Fasanen-Pastete, =	201
Gedämpfte Kapaunen,	182	Hasen-Pastete, =	202
Gebratene "	182	Beefsteak-Pasteten,	203
Gebratenes junges Huhn,	183	" u. Austern-Pastete,	203
Frühlingshühner, =	183	Tägliche Beefsteak "	204
Gedämpftes Huhn, =	184	Pastete von Hammelfleisch,	204
Geschmorte Hühner,	185	" Schweinefleisch,	205
Gebratene Tauben,	185	Lammfleisch-Pastete, =	205
" Hühner,	186	Mock-Turtle-Pastete, =	206
" Ente, =	186	Englische Fisch-Pastete,	207
Gefüllte Tauben, =	186	Eingelegte Wildpastete,	207
Gebratene Ente mit Mandel-füllung, =	187	Gänsewurst, =	209
		Fleisch u. Fisch Pudding.	
Gebratene Gans, =	187	Kalbfleisch-Pudding,	210
Geschmorten Enten,	187	Beefsteak-Pudding,	210
Gefüllte Gans, =	188	Hammelfleisch Pudding,	212
Gebrühte Gans,	188	Nieren-Pudding, =	212
Einschlachten der Gänse,	189	Bratwurst-Pudding,	213
Gebratene Gänsebrust,	189	Auflauf von Hühnern,	213
Wildgeflügel.		Hühner-Pudding, =	214
Gespickte wilde Ente,	190	**Beefsteaks.**	
Gebratene wilde Gans,	191	Rindstück, =	215
Gebratener Fasan, =	192	Englisches Beefsteak,	216
Gedämpfter Fasan, =	192	Geschmortes Rumpsteak,	216
Gebratener " mit Leber-füllsel, =	193	Rumpsteak mit Austern,	217
		Französisches Beefsteak,	217
Gebrühter Fasan m. Ragout,	193	Gebratene Filets, =	218
Gebratene Rebhühner, =	194	Beefsteak, Wohlschmeckers,	218
" Auerhahn,	194	" mit Spiegeleiern,	219
" Schnepfe, =	195	Ochsenfleisch-Schnitte,	219
Von den Pasteten.		Ochsenschwanze, =	220
Die Pasteten, =	196	Goulasch, =	220
Tauben-Pastete, =	197	Kalbsteak, =	221
" " auf eng. Art,	199	Gebratener Kalbsleber,	221

INHALTVERZEICHNIS.

	SEITE.
Scharfe Leberschnitte,	222
Kalbsleber a la Mode,	222
Gekochtes Kalbsgehirn,	223
Gebratene Kalbsschnitte,	223
Kalbskopf auf eng. Art,	224
Gerösteter Kalbskopf,	224
Kalbsbrust-Knorpel,	225
Kalbsbrust Frikassee,	226
Kalbskoteletten,	226
Gedämpfte Kalbzungen,	227
Geröstete Kalbslungen,	227
Frikassee von Kalbszungen,	228
Gedämpfte Hammelzungen	228
" " mit Tomaten-Beiguß	229
Gebackene Hammel-Koteleten	229
Hammelragout,	231
Lammskarbonade,	232
Hammel-Mürbebraten,	332
Scharfe Hammel-Filets,	233
Lamms-Klein,	233
Schweinefleisch mit Curry,	234
Schwein-Filets,	235
Gekochte Ochsenzunge,	236
Gebratene Panze,	236
Gänsesauer,	226
Gedämpfte Gänseleber,	237
Hasenpfeffer,	237
Hasen-Koteletten,	238
Geschwenkte Rebhühner,	239
Koteletten von Tauben,	240
Tauben-Frikasse,	240
Hühner "	241
Lammfleisch "	242
Hammelfleisch Frikassee,	243
Filets von Hühnern,	243

	SEITE.
Gedämpfte Hühnerklößchen,	244
Klößchen von Kalbs-Leber,	244
Gedächpfte Fischklößchen,	245
Eingeschnitener Ochsenbraten	245
" Hammelbraten,	246
Hühnerwürste,	247
Geröstetes Suppenfleisch,	247
Ein englisches Gericht,	248
Die kalten Schusseln.	
Aspick, saures Gelee,	249
Ein sparsamer Aspick,	250
Mayonnaise von Hühnern,	251
Frikasse " "	251
Schweinsrippen in Aspick,	252
Gesalzene Schweinsfüße,	252
Brötchen mit Eiern,	253
Brötchen mit Rührei,	254
Brötchen mit Geflügel,	254
" mit Hühnern,	255
Eine andere Art,	255
Brötchen mit Fischen,	255
Gewöhnliche Brötchen,	256
Getöpfres Hühnerfleisch,	256
Eier zum Thee,	256
Filets von Sardellen,	257
Harte Eier mit Sardellen,	257
Gehackte Eier,	257
Sardellen-Toast,	257
Butter-Brotschnitte,	258
Gekochter Schinken,	259
Rohe Schinken,	258
Kalter Ochsenbraten,	259
" Lammsbraten,	260
" Hammelfleisch,	260
Käse und Butter,	261
Käse aufzubewahren,	**261**

INHALTVERZEICHNIS.

	SEITE.		SEITE.
Weich gekochte Eier,	262	**Die warmen Puddinge.**	
Pflaumenweiche Eier,	262	Ueber die Puddinge,	277
Gartgekochte Eier,	262	Brotpudding,	278
Eier mit Curry,	262	Feichter Brotpudding,	279
Spiegeleier,	263	Gewöhnlicher Brotpudding,	280
Spiegeleier mit Speck,	263	Butterbrot Pudding,	280
Spiegeleier mit Schinken,	264	Markpudding,	281
Rühreier,	264	Kabinetpudding,	281
Rühreier mit Trüffeln,	264	Citronenpudding,	281
Französischer Eierkuchen,	265	Apfelsinenpudding,	282
Eierkuchen mit Schaum,	265	Schokoladenpudding,	283
Deutscher Eierkuchen,	266	Englischer Pumpudding,	283
Gefüllte Eierpfannkuchen,	266	Weinachts' "	283
Gewöhnliche Pfannkuchen,	267	Abgerührter Mehlpudding,	284
Aepfelpfannkuchen,	267	Reispudding,	284
Zwetschen-Pfannkuchen,	268	Pudding von Buchweizen,	285
Kartoffel-Kuchen,	268	Pfannkuchen Pudding,	285
Buchweizenmehl-Pfankuchen	268	Eierpudding	286
Maccaroni, ital. Art,	269	Reismehl-Pudding,	286
Palerms-Nudeln,	269	Anderes Pudding,	287
Gekochte Nudeln	270	Gebackener Reispudding,	287
Damp-Nudeln,	270	Aepselpudding,	288
Gebackene Aepfelklöße,	271	Stachelbeeren-Pudding,	289
Englische Bepsel Klöße,	271	Englische Frucht-Rolle,	289
Buchweizenmehl-Klöße,	272	Plum-Rolle,	290
Hamburger Klöße,	272	Erdbeerenpudding,	290
Birnenspeise im Ofen,	273	Ingwerpudding,	291
Aepfelspeise,	273	**Die kalten Puddings.**	
Aepfel-Fritter,	273	Gestürzee Creme,	291
Ananas-Fritter,	274	Auflösung der Hausenblase,	292
Hamburger Kepfelkuchen,	274	Geschlagener Rahm,	292
Gestürzter Reis,	274	Vanille-Creme,	293
Reisform mit Zitronen	275	Schokoladen-Creme,	294
Reisbrot,	275	Citronen-Creme,	294
Griesmehlbrei,	276	Apfelsinen-Creme,	293
Mandamin Waismehlbrei,	276	Erdbeeren-Creme,	294

INHALTVERZEICHNIS.

	SEITE.		SEITE
Russische Charlotte,	295	Auflauf mit Aepfeln,	808
Rum-Creme,	295	" mit Kirschen,	309
Wein-Creme,	295	Aepfelpasteten,	311
Vanille-Creme,	296	Aepfel-Charlotte,	312

Von Kompotten.

Kaffee-Creme,	296	Die Kompotten,	313
Schokolade-Creme,	297	Kompott von Erdbeeren,	314
Rum-Creme.	297	" von Kirschen,	314
Blanc-manger,	297	" von Heidelbeeren,	315
Vanille-pudding	298	" von Pfirsichen,	315
Gebackener Vanillepudding,	298	" von Pflaumen,	315
Kalter Apfelsinenpudding,	299	" " getr. Aepfeln,	316
" Schokoladen "	299	" " ganze "	316
Kaffeepudding,	299	Apfelmus,	316
Rumpudding,	300	" von gebr. Aepfeln,	317
Reispudding f. 10 Personen	300	Kompot von Apfelsinen,	317
Gelee von Kalbsfüßen,	301	" " Birnen,	317
Zucker zu klären,	301	Rahmschnee mit Erdbeeren,	318
Kirschen-Gelee,	302	" " Pfirsichen,	318
Erdbeeren-Gelee,	302		

Die Getränke.

Gelee-Rotes,	303	Gewöhnlicher Punsch,	319
Frucht-Gelee,	302	Warmer Citronenpunsch,	319

Süße Pasteten.

		Theepunsch,	319
Vom Backen,	304	Champagnerpunsch,	320
Eierauflauf,	304	Ginpunsch,	320
Vanilleauflauf,	305	Glühwein,	320
Zitronenauflauf,	305	Grog,	320
Rumauflauf,	306	Bischof,	320
Schokoladen-Auflauf,	306	Sherry-Cobler,	321
Aepfelauflauf,	306	Eiergrog,	321
Erdbeeren-Auflauf,	306	Schlaftrunk,	321
Stachelbeeren-Auflauf,	307	Eierwein,	321
Rahmauflauf mit Mandeln,	307	Limonade,	322
Rahmauflauf mit Makronen	308	Einfache Limonade,	322
Feiner Mehlauflauf,	308	Apfelsinenwasser,	322
Reismehl-Auflauf,	308	Kirschenwasser,	322
Englische Mince-Pasteten,	309		

INHALTVERZEICHNIS.

	SEITE		SEITE
Ananaswasser,	323	Biskuitrolle,	340
Mandelmilch,	323	Kartoffeltorte,	340
Deutsche Erfrischung,	323	Citronentorte,	341
Eiswasser,	324	Apfeltorte,	341
Ananaspunsch ind. Art,	324	″ mit Butterteig,	342
Ingwerbier,	325	Brottorte,	342
Milch-Schokolade,	325	Gefüllte Mandeltorte,	343
Vom Auftragen des Kaffees	326	Gewöhnliche ″	343
Thee zu machen,	326	Makronentorte,	343
Gefrorenes.		Nußtorte,	344
Von dem Gefrorenem,	327	Reistorte,	344
Erdbeeren-Eisauflauf,	329	Zmetschentorte,	345
Apfelsinenkörbe,	330	Schaumtorte,	345
Backwerk.		Pfankuchen,	345
Von Bäckern,	331	Schmelztorte,	345
Eier abzuklären,	332	Kümelkuchen,	346
Butter zu klären,	332	Muffins,	347
″ zur Salbe,	332	Heiße Wecken,	348
Vanille-Zucker,	333	Milchbröte,	348
Zitronen ″	333	Grahambrot,	349
Mandeln abzubrühen,	333	Holländische Waffeln,	350
Eiweis zu Schnee,	333	Berliner Pfannkuchen,	350
Glasurzucker,	334	Hirschhörner,	351
Eiweisglasur,	334	Spritzkuchen,	352
Schokoladenglasur,	334	Kleine Kümelkuchen,	352
Glasiren einer Torte,	334	Eierkringel,	352
Auflösung der Cochenille,	335	Schokoladenplättchen,	353
Gelbe Safranfarbe,	335	Zuckerplätchen,	353
Butterteig,	335	Kleine Mandelkuchen,	353
Dunkelgelbe Farbung,	337	Windbeutel,	354
Butterteig zu Hohlpasteten,	337	Makronen,	354
Ein anderer Butterteig,	337	Weiche Makronen	355
Wasserteig zu Pasteten,	338	Makronenkuchen,	355
Mürbeteig ″ ″	338	Theekuchen,	355
Biskuittorte,	339	Pumpernickel,	356
Abgerührte Biskuittorte,	339	Butterbiskuit,	356

Grahamsbiskuits,	356
Wasserbiskuits, =	357
Dünne Milchbiskuits,	357
Königkuchen, :	358
Gewöhnliche braune Kuchen,	358
Weiße Kuchen, =	359
Gewöhnliche Pfeffernüsse,	359
Kleine Wiener Torten,	359

Vom Eingemachtem.

Kräuteressig, =	360
Teufelessig, =	361
Eingemachte Petersilie,	361
Englische Pickles, =	361
Eingemachter Schnittlauch,	362
Scharfe Senfpickles,	363
Eingemachter roter Kohl,	363
" Perlzwiebeln,	364
Süße Gurken, =	364
Salzgurken, =	365
Erdbeeren in Zucker,	365
Rote Johannisbeeren,	365
Pfeffergurken, =	366
Apfelsaft, =	366
Pfirsiche in Brantwein,	366
Aprikosen in "	367
Birnen in Brantwein,	367

Vom Einsalzen,

Schinken zu salzen,	368
Geräucherte Hammelkeule,	368
Gesalzene Ochsenzunge	369
Geräucherte Gänsebrust,	369
Mettwürste, =	370
Gekochte Mettwurst,	371
Cervelatwurst, =	371
Bratwurst. =	371
Gehirnwurst,	371
Ochsenwurst, =	372
Blutwurst, ,	372
Blutwurst mit Zunge,	373
Feine Leberwurst,	373
Gewöhnliche Leberwurst,	374
Isländische Moosthee,	374
" Moosgelee,	374
" Moos, =	374
Gutes Mittel für Kalt,	375
Haferwaser für Kranke,	375
Mittel für rohen Hals,	375
Blut zu stillen, =	386
Magerheit, =	376
Der Athmen,	376
Bluten der Nase, =	377
Schwamm zu reinigen,	377
Glas " "	377
Seife zu machen,	378
Fettflecken zu vertreiben,	378
Kohlenfeuer,	378
Kamm zu reinigen,	378
Ueber Speisezettel im allgemeinen,	379
Ein warmes Essen,	381
Für Brandwunden,	381
Flecken auf Leinnen Kleider,	381
Kroup, =	382
Schweiß, =	382
Motten in Teppische	383
Anderes Mittel ge. Motten,	383
Gesundheitsmaßregel,	384
Gegen Sonnenbrand,	385
Kalte und Haße Bäde,	386
Cement für Oefen,	387
Gegen schlucken, =	387
Zeug zu konservieren,	387
Auf Glas zu schreiben	388